내 마음속에 울고 있는 내가 있어요.

내적치유의 이론과 실제

내 마음속에 울고 있는 내가 있어요

주서택 · 김선화

숲이나무에게

예수 그리스도 안에서 나를 찾아 가는 여정

타박타박 타박네야 너어드메 울고가니
우리엄마 무덤가에 젖먹으러 찾아간다
물깊어서 못간단다 물깊으면 헤엄치지
산높아서 못간단다 산높으면 기어가지
명태줄라 명태싫다 가지줄라 가지싫다
우리엄마 젖을다오 우리엄마 젖을다오
우리엄마 무덤가에 기어기어 와서보니
빛깔곱고 탐스러운 개똥참외 열렸길래
두손으로 따서물고 정신없이 먹어보니
우리엄마 살아생전 내게주던 젖맛일세
명태줄라 명태싫다 가지줄라 가지싫다
우리엄마 젖을다오 우리엄마 젖을다오
명태줄라 명태싫다 가지줄라 가지싫다
우리엄마 젖을다오 우리엄마 젖을다오

성서적 내적치유는 나를 찾아 가는 여정이다.

타박네처럼 우리 안에 지침과 외로움, 기댈 곳 없는 설움이 있다. 그래서 어릴 때 나를 품어 주던 그 온기를 찾아 마음속의 어린 아이는 안길 곳을 찾는다.

하나님은 정말 계실까?
하나님은 내게 관심이 있을까?

하나님을 '아버지'라고 부르는 수많은 그리스도인들의 마음이 고아처럼 긴장되어 있고, 슬픔과 두려움에 지친 것을 보았다.
하나님은 이토록 무력하신 분인가? 아니면 그분은 흔들리는 마음의 문제들은 아예 관심도 없고 보지도 않으시는 분인가?
명절 끝 날에 예수님은 외치셨다.

"누구든지 목마르거든 내게로 와서 마시라. 나를 믿는 자는 성경에 이름과 같이 그 배에서 생수의 강이 흘러나오리라"
(요 7:37~38).

우리는 이 외침 속에 전해지는 주님의 사랑과 약속 때문에 세미나를 시작하게 되었다.

한국 교계 처음으로 내적치유세미나를 연 이후 지금까지 하나님은 깊은 상처와 슬픔을 가진 수많은 자들을 보내주셨다. 죽음을 앞둔 팔순의 노모도 다녀갔고 어린 청소년들도 다녀갔다.
성령께서는 각 사람에 맞는 언어와 방법으로 그들의 마음을 만지셨고 일으키셨다.

　엄마를 찾던 마음들은 하나님 안에서 그 엄마를 만났고 잃어버린 자신을 찾고 울었다.

　타박네가 찾아 헤매던 엄마의 품은 무덤 속에, 어린 기억 속에만 있는 환상이 아니다. 실존하시는 하나님, 예수 그리스도다.

　나를 찾아 가는 여정은 예수님 안에서 시작되며 예수님 안에서 완성된다. 치유는 그 여정 속에서 자연스럽게 일어나는 일들이다.

　이 책은 세미나에 참석할 수 없는 분들을 위해 세미나에서 행하는 강의들과 참석자들의 실제 경험들로 구성되어 있다. 간증을 실을 수 있게 허락해주신 분들과 수년 동안 한결 같이 이 일에 함께 동역하고 계신 분들께 감사드린다. 또한 세미나를 시작한 이후 세미나 기간이면 항상 부모와 떨어져 있어야 했던 우리 귀한 두 자녀에게 미안함과 고마움을 전한다.

　우리는 기도한다.

　"주님! 타박네처럼 외롭고 지친 마음이 어미의 차가운 무덤가가 아닌 살아 계신 아버지를 만나게 하소서. 세미나 속에서 역사하셨던 것처럼, 이 책을 읽는 자들을 만나주셔서 속사람이 행복해지고 성장하게 하소서. 함께 계신 주님과 동행하는 인생이 되게 하소서."

1997년 10월

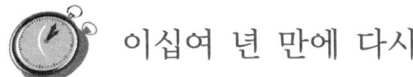 이십여 년 만에 다시

『내 마음속에 울고 있는 내가 있어요』가 나온 지 벌써 이십 년이 가까워 오고 있습니다. 이번에는 내적치유사역연구원 자체의 도서출판「숲이 나무에게」에서 새롭게 출판하게 되어 내용 전체를 새로이 다듬어 출간하게 되었습니다.

많은 분들이 이 책을 읽고 치유와 회복을 얻었다는 전화를 주실 때마다 기쁘고 큰 보람을 느낍니다. 내적치유사역연구원에서 개최하는 성서적 내적치유세미나는 수천여 명의 목회자와 선교사를 포함하여 오만여 명이 참여함으로 인해 한국 교계 안에 내적치유사역을 일으키는 불씨가 되었다고 봅니다.

내적치유사역이 사방에서 확장되어 갈수록 이 사역에 대한 정확하고 바른 이해와 목적 그리고 방향성의 제시가 필요함을 느낍니다. 속사람을 치유하는 내적치유는 예수님께서 행하시던 사역이었고 속사람이 성숙하는 과정이며 중세의 수도원의 영성 훈련 안에도 이와 비슷한 수련 과정들이 포함되어 있습니다.

내적치유란 심리적 위로가 아니라 성령이 주도하시는 내면의 성숙과 총체적 복음화의 과정입니다.

내적치유사역연구원에서는 기독교의 복음 즉 예수 그리스도의 십자가의 복음 안에 담긴 구속의 약속들을 구체화시켜 인간의 문제를 풀어가는 'The New Covenant Model'을 만들었고 이 모델을 기반으로 교육과 세미나와 치유사역을 진행하고 있습니다.

세상의 물질적인 유혹, 명예, 세상의 권력, 이런 갈등 앞에서 끝까지 주님의 편에 설 수 있는 힘은 종교적 의지가 아니라 주님과 나누는 순결한 사랑의 관계 속에서 만들어집니다. 역사 속에서 충성되게 신앙을 지킨 하나님의 사람들의 공통적인 특징은 영적 능력의 강약보다는 그들이 주님과 가진 순수한 사랑의 관계였습니다.

그러나 마음의 상처들이 이런 관계를 방해하는 딱정이 구실을 합니다. 그리스도인임에도 불구하고 딱정이처럼 마음 안에 오해와 불신이 자리 잡고 있는 경우들을 무수히 보았습니다.

성령께서 상처로 인해 만들어진 굳은 딱정이를 떼어 주시고 마음의 밭을 갈아 주실 때 순한 아이가 되어 주님의 사랑을 신뢰하고 그 안에서 무럭무럭 자라나게 됩니다. 사랑의 관계는 노력이 아니라 신뢰로 커 나갑니다.

내적치유는 스트레스에 시달린 마음을 풀어주기 위한 것이 아닙니다.

내적치유란 시대의 변화에 따라 등장한 방법이 아닙니다

예수님으로는 부족해서 심리적 기법을 보완한 것이 아닙니다.

내적치유는 예수님의 구속의 약속 안에 들어 있는 인간 변화의 과정입니다.

아나콘다가 살고 있는 브라질 밀림 지역의 원주민 사역을 하시는 선교사님께서 이 책의 내용으로 나눔을 했을 때 그들이 복음을 더 분명히 이해하고 받아들이는 성령의 역사가 있었다고 전해오셨습니다.

  밀림 지역 뿐 아니라 사회복지가 잘되어 있는 일본과 멀리 스웨덴, 노르웨이에서도 이런 보고들을 보내 주셨습니다. 원주민도, 사회복지가 잘된 국민도 예수 그리스도만이 치유하실 수 있는 마음의 문제들이 있습니다. 예수님이 마음의 아픔을 이해하신다는 체험을 가진 자는 그분을 종교적 대상이 아니라 살아계신 나의 주님으로 고백하게 합니다.

2015년 7월에

주서택 · 김선화

|차례|

예수 그리스도 안에서 나를 찾아가는 여정 • 4
이십여 년 만에 다시 • 7
내 마음속에 울고 있는 내가 있어요 • 12
성서적 내적치유와 새 언약 모형 • 23

과정 01 성서적 내적치유란 무엇인가 • 33

실제1 보리밭 속에 숨어있던 나에게 오신 주님 • 52
실제2 데려가시든지 이혼하게 해 주시든지 • 56
실제3 밥그릇을 엎으면 복이 달아난다고 하셨는데 • 61

과정 02 지식인가 관계인가 • 67

과정 03 나는 누구인가 • 79

실제4 새롭게 발견한 나의 진정한 모습 • 94

과정 04 성경적 인간 이해 • 99

과정 05 쓴뿌리와 용서 • 121

실제5 내가 니 엄마냐? • 133
실제6 밤마다 배가 아프고 몸이 아팠던 이유가 있었습니다 • 136
실제7 나의 가슴과 주님의 가슴에 꽂힌 화살들 • 138

과정 06 성령의 권능을 받으라 · 141

실제 8 바른 그리스도인의 삶을 사는 것이 갈수록 불가능 했었다 · 152
실제 9 30년 교육이 아닌 3일간의 성경공부가 나를 바꾸었다 · 158

과정 07 나의 진정한 아버지를 바로 알지 못하게 하는 굴레들 · 161

실제 10 석양그늘 운동장에서 혼자 놀던 나와 놀아주신 하나님 · 181
실제 11 음식 알레르기가 없어졌어요 · 185

과정 08 내 마음속의 영적 전쟁 · 189

실제 12 너는 너의 어머니를 죽이고 나온 사람이었다 · 207
실제 13 너는 이중인격자다 · 212
실제 14 나의 운명을 만들었던 사탄의 저주 · 214

과정 09 나를 위하여 인간이 되신 예수 그리스도 · 219

실제 15 나도 너의 아버지처럼 그렇게 가난했다 · 235
실제 16 나에게도 그들은 귀신 들렸다고 했다 · 238
실제 17 나와 함께 야단맞고 계신 예수님 · 243

과정 10 치유가 성숙으로 · 245

실제 18 짐이 너무 무거워요 · 263
실제 19 나의 손에 칼이 들려져 있었다 · 270
실제 20 마음에 치명상을 입히는 성적인 문제의 치유 · 284

내 마음속에 울고 있는 내가 있어요.

시간은 새벽 5시였다. 윤이는 친구 집에서 나와 아직도 어둠이 채 가시지 않은 싸늘한 새벽 거리를 걸었다. 차가운 공기보다 더욱 차가운 것이 가슴 속에서 올라왔다. 그것이 무엇인지 정확히 알 수는 없었지만, 굳이 말한다면 혼자 울다가 지친 그런 쓸쓸함에 가까웠다.

"너 거기가 어디냐?"

어젯밤 늦게 들어간다는 말끝에 던진 엄마의 물음이었다.

"여기? 응, 생맥줏집이야."

전화기 저편 너머로 스치는 엄마의 표정, 괴로워하는 얼굴을 상상하며 마음에 잔인한 쾌감이 일었다. 하지만 그것보다 몇 배나 더 큰 죄책감과 슬픔이 밑에서부터 올라온다. 항상 그런 식이었다. 친구 집에 있으면서도 맥줏집인 것처럼 가장하며 엄마를 괴롭힐 생각만 하는 자신의 마음을 도저히 이해할 수가 없었다. '나는 악으로 가득 찬 인간일까? 할머니의 말대로 나는 우리 집을 망하게 하는 애물단지여서 그런 걸까?' 죄책감과 함께 항상 들었던 생각들이 다시 머릿속에서 빙빙거린다. '그래, 그 말이 맞을지도 몰라. 나는 엄마 아빠에게 아무 도움이 되지 못하고 오히려 해만 되는 자식인지도 몰라.' 이런저런 생각 가운데 벌써 발은 집 앞에 머물렀다. 어둑한 마루에 누군가가 앉아 있었다. 엄마였다.

"너 어디서 오는 길이냐?"

"……"

"너 나랑 얘기 좀 하자."

"이야기? 무슨 이야기? 엄마, 나 집 나갈 거야. 도저히 더는 이 집에서 못 살겠어!"

윤이는 자기 말이 더욱 거칠어지는 것을 느꼈다. 밤사이 내내 마음을 아프게 했던 죄책감과는 달리, 엄마의 말소리를 듣자 마음속에서 분노가 울컥 치밀어 올랐다. '아니, 이 여자가 무슨 이야기를 하자는 거야? 지금까지는 악만 쓰고 나를 괴롭히더니 왜 이렇게 갑자기 달라져서 이야기를 하자고 그래?' 부드럽게 물어보는 엄마 말을 듣는 순간 왜 그렇게 화가 나는지 자신도 알 수가 없었다. 급기야 눈물이 범벅되면서 윤이는 악을 써 대기 시작했다. 자신의 입에서 무슨 말이 나오는지도 알 수 없었다. 다만 놀라서 쳐다보는 엄마의 얼굴…. 그리고 다음은 기억이 없다.

자신의 그런 예기치 못한 행동으로 윤이는 너무나 혼란에 빠졌다. 부모에게 못할 욕을 하고 짐승 같은 괴성을 질러대며 발작하고 난 후 정신이 들었을 때는 식구들이 염려스러운 눈길로 자신을 쳐다보고 있었다. 부모에게 그런 행동을 했다는 것에 대한 절망과 죄책감이 그녀를 괴롭혔다. '내가 왜 그런 행동을 했을까? 정말 왜? 내가 미쳐 가고 있는 건 아닐까, 아니면 내 안에 악한 신이 있는 것일까? 아! 하나님, 나를 살려주세요. 내가 왜 이럽

니까?' 윤이는 절망적으로 공중을 향해 외쳤다.

　윤이의 집은 기독교 집안이 아니고 절을 섬기고 있는 집이었다. 가족들은 윤이가 귀신이 들렸다며 중을 데리고 와 목탁을 두드리며 악한 잡신을 몰아내려 했다. 그녀의 행동은 식구들이 보기에 악한 잡신이 든 것으로 밖에는 달리 이해할 수가 없었다. 그뿐만 아니라 윤이는 정신과 치료를 받기도 했으며, 또 어떤 사람은 기가 약해서 그렇다면서 기공에 탁월하다는 사람을 불러 기를 강하게 해야 한다고 기공사를 부르기도 했다. 하지만 아무 소용이 없었다. 도리어 상태는 더욱 악화되고 급기야 다리가 마비되는 증세까지 나타나자 가족들은 마지막으로 교회로 데리고 갔다. 교회에서는 윤이에게 귀신이 역사하는 것이라며 3일 동안 교회 안에 재우면서 귀신을 몰아내는 기도를 했다. 그러나 이 모든 방법은 오히려 그녀의 상태만 더욱 악화시킬 뿐이었다.

"무언가 다른 도움이 필요할 것 같아요. 우리 언니를 도와주세요."
　기를 수년간 공부하고 있다는 윤이의 동생이 윤이를 데리고 와서 한 말이다. 내가 윤이를 만난 것은 매서운 바람 소리가 문을 흔드는 겨울밤이었다. 그날 우리 집에 와서 윤이는 이렇게 말했다.
"제 마음속에는 울고 있는 내가 있어요. 오른쪽도 아니고, 이쪽 왼쪽 가슴에요. 이곳, 바로 이 속에 내가 울고 있어요. 밑의 하반신은 보이지 않는데 머리는 길게 늘어뜨리고 검은 옷을 입고 얼굴은 핏기도 없이 창백해져서 울고 있는데, 내가 왜 울고 있는지 나도 모르겠어요. 밖의 내 얼굴은 항상 이렇게 웃고 있지만 내 왼쪽 가슴에 있는 나는 너무 슬퍼서, 너무 슬퍼서…. 한없이 울고 있어요.

이렇게 울다가 결국은 죽을 것 같은데 도대체 어떻게 해야 할지 모르겠어요."

윤이는 과연 가족들 말대로 귀신들린 것일까? 아니면 기가 약하고 마음이 약해서 일시적으로 정신이 이상해진 것일까?

윤이는 나와 첫 만남이 있었던 다음 주간에 열린 내적치유세미나에 참석했다. 세미나 둘째 날, 작은 그룹으로 모여 강의 내용에 대해 서로 토의하는 시간이었다. 한 어머니가 강의를 들으면서 자신이 깨닫게 된 것을 말했는데, 참석자의 이야기를 듣는 가운데 윤이는 자신을 이해하는 놀라운 실마리를 찾기 시작했다. 그 참석자는 자신의 딸과의 관계에 대해 말했는데 이제 막 유치원을 다니기 시작한 딸아이의 행동이 예사롭지 않았다고 했다.
"아이가 말썽을 많이 피우는 것도 힘들었지만 더 무서웠던 것은 아이의 말이었어요. 그 애가 제게 '나는 엄마를 괴롭히고 싶어'라고 할 때마다 어린 애가 할 수 있는 말이 아니다 싶어 소름이 끼쳤거든요. 너무 걱정되어 능력이 있다고 하는 분에게 기도를 받아 보았습니다.
그런데 그분 말씀이 우리 딸에게 귀신이 들렸다고 하시더군요. 그 말을 믿기 싫었지만 딸의 행동이나 말이 어린 애가 하는 것이라고 보기에는 너무 이상해서, 저도 점점 애가 이상하게 보이고 싫어졌어요. 그럴수록 아이의 상태는 더욱 심해져 갔고요. 그런데 어린 자식을 이렇게 싫어하다가는 무슨 일이 일어날 것만 같고, 미칠 것 같아 내적치유세미나에 참석하게 된 겁니다.

그런데 오늘 강의를 들으면서, 딸에게 문제가 있는 것이 아니라 바로 저에게 문제가 있다는 것을 처음 알게 되었습니다. 그리고 주님이 아니고는 어느 누구도 결코 가르쳐 줄 수 없는 문제의 원인을 알게 해주셨습니다.

강의 시간에 이상한 모습이 눈앞에 어른거렸습니다. 제가 아주 어린 모습으로 서 있는데 무언가 저를 향해 달려드는데 자세히 보니 그것은 굵은 통나무 장작이었습니다.

저는 그 장작을 피해서 도망가고 싶었지만 제 뒤는 더 이상 도망갈 수 없는 막다른 곳이었습니다. 그리고 그 장작을 들고 있는 사람이 있었는데 바로 저의 엄마였습니다. 저는 점점 자세하게 그 사건이 그려졌습니다. 무슨 일 때문이었는지는 정확하게 기억나지 않지만, 제가 엄마의 말을 듣지 않았던 것 같습니다. 저의 그런 행동으로 주위에 같이 있던 사람들에게 엄마가 매우 자존심이 상하게 된 것입니다. 엄마는 화가 나서 처음에는 작은 자 같은 것으로 때렸는데 그 자가 부러지자 다시 통나무 장작을 가지고 쫓아오셨습니다. 저는 그때 제가 잘못해서 매를 드는 것이 아니라 엄마의 자존심을 건드렸기에 화가 나서 때린다는 것을 느꼈습니다. 그리고 엄마가 아니라 굵은 통나무 장작이 저를 때리려는 것처럼 느껴졌습니다. 처음에는 그 장작이 왜 보이는지 몰랐는데, 기도 시간에 하나님이 통나무 장작을 보여 주신 이유를 알게 되었어요. 다름 아니라 엄마와 저의 관계를 결정적으로 끊어 버린 사건이 되었기 때문에 하나님이 저에게 보여 주셨던 것입니다. 저는 평생 동안 엄마의 사랑을 느껴보지 못했습니다. 그리고 제가 엄마와 사랑의 관계를 맺지 못한 것처럼, 제 아이에게도 사랑을 바로 주지 못했습니다. 아이는 제가 사랑을 해주지 못하니 화가 났던 것인데 저는 그 마음을 이해하지 못하고 아이가 귀신이 들려서 나를 괴롭힌다고 생각하며 애를 더 싫어했던 것입니다. 그러니 아이의 상태가 심해지는 것은 정말 당연한 일이겠지요.

이제야 저는 아이에게 몹쓸 짓을 했다는 것을 알았습니다. 너무나 마음이 아픈 것은, 결혼하기 전 수없이 다짐하기를 '내가 아이를 낳으면 우리 엄마가 나에게 했던 것처럼 하지 않고 좋은 엄마가 되어야지.' 했는데 알고 보니 우리 엄마보다도 더욱 나쁜 엄마가 되어 있음을 알았습니다."

그때였다. 그 어머니의 고백을 듣고 있던 윤이가 갑자기 울기 시작한 것이다. 울고, 울고 또 우는 울음은 갓난아이가 죽을 힘을 다해 우는 것 같은 통곡으로 변했다. 그 모습을 보며 성령께서 그 어머니의 고백을 통해 윤이가 자신의 모습을 이해하도록 하신다고 생각했다. 윤이는 그때부터 마음을 집중해 세미나에 참석했다. 그리고 세미나가 끝나는 마지막 시간에 윤이는 다음과 같이 사람들 앞에서 말을 했다.

"첫날 내적치유세미나에 참석하고 난 후 가족과 친구들에게 전화했어요. 죽으려고 생각했기 때문이었죠. 사실 저는 제 인생의 마지막 희망을 이 내적치유세미나에 걸었는데, 첫날 강의를 들은 뒤에도 어쩐지 나와는 상관없는 것 같았어요. 그래서 생각했지요. '역시 나는 안 돼. 나는 이미 하나님께 버림받은 몸이야. 그래서 나에게 귀신이 들어온 거야. 나의 이 고통은 결코 해결될 수 없어. 이제 남은 한 가지 길은 죽는 것 뿐이야.' 이런 결론이 들자 불현듯 내 곁에 있었던 사람들이 그리워지더군요. 그들의 목소리가 듣고 싶어서 한 사람 한 사람 전화를 돌렸던 거죠. 그리고 의식도 못했는데 오늘 생각해보니 엄마에게는 전화를 안했더라고요.

그런데 세미나 두 번째 날 강의를 듣고 있는데 갑자기 한 가지 사건이 또렷이 생각났어요. 사실 이 사건은 전에도 가끔 기억 속에 스쳐간 적은 있었지만 별 생각도 없었고 아무 느낌도 들지 않았지요. 물론 그 기억이 내게 주는 의미도 알지 못했고요.

그런데 어제 어떤 어머니가 딸과의 관계에 대해 말씀하시는 것을 듣던 중 강의 시간에 스쳐간 장면이 다시 떠오르면서 가슴이 찢어지는 것 같은 통증과 함께 그 사건에 담긴 의미가 이해가 되었어요. 그리고 내가 항상 알고 싶었던 것! 내 마음속에서 그렇게 오랫동안 울고 있던 나의 실체가 무엇인지 이해가 되는 것이었어요. 너무나 이상하지요? 전에는 한 번도 이런 생각을 한 적이 없었는데 지금은 전부 다 이해가 돼요. 도저히 다르게 생각할 수가 없어요. 너무나 분명한 걸요. 강의 시간에 내가 본 그 사건은 내가 세 살 때 일이라고 알고 있어요. 나는 둘째 딸로 태어났어요. 할머니는 손자를 기다리셨는데 또 계집애가 나오자 화가 나서 엄마에게 아들 못 낳는다고 시집살이를 많이 시키셨대요. 그러잖아도 미운털이 박힌 내가 울기도 많이 울어서 할머니는 나를 더 미워하셨다고 해요. 식구들에게 '집마다 그 집을 말아먹는 애물단지가 하나씩 있는데 우리 집은 바로 이 애인가 보다' 하고 자주 말씀하셨대요. 할머니가 나를 보고 '애물단지! 어이구, 저 애물단지'

하시던 말씀이 많이 생각나요. 심지어는 노망이 드신 후에도 애물단지라고 하실 정도였으니까요. 그래서 그저 그런가 보다 했지요. 내 기억 속에 떠오른 사건도 내가 굉장히 많이 울어서 생긴 일이었어요.

그날은 아버지가 재판을 받는 날이어서 식구들이 모두 걱정을 하고 있는데 제가 계속 울었나 봐요. 아무리 달래도 울음을 멈추지 않자 화가 난 할머니가 나를 데리고 나가셔서 비가 오는 대문 밖 진흙탕 속에 버리셨다고 해요. 애가 자꾸 울어대니까 재수가 없다고 생각하셨던 것 같아요. 그렇게 진흙탕에 박혀 애가 꼴딱 숨이 막혀 죽으려고 할 때 식구들이 나와서 나를 데리고 들어갔어요. 그런데 그 장면이 생생하게 기억나면서 나의 슬픔 덩어리가 뭔지 이해가 됐어요. 내가 진짜 슬픈 이유는 바로 엄마 때문이었더라고요. 할머니는 그렇게 할 수 있으시다해도 엄마만큼은 날 지켜 줬어야 하지 않았나 하고 생각했던 거죠. 엄마마저도 나를 비 오는 진흙 거리에 놔두고 그대로 집으로 들어가 버린 채, 혼자 버려져 진흙탕 속에서 있던 외로움과 슬픔이 20년이 지난 지금까지도 내 마음속에 있었고, 엄마마저도 나를 버린 집은 더는 내가 살 곳이 아닌 것처럼 여겨져서, 나를 사랑해줄 누군가를 찾아 항상 방황하고 있었더라고요. 그런데 나를 사랑한다 싶었던 한 남자와 관계가 깨지면서 그때부터 내 왼쪽 가슴에 아이가 울고 있는 것이 느껴지기 시작했던 거예요. 내가 미쳐가고 있나 무서웠는데 이제 알고 보니 그 울음이 진흙탕에서 엄마를 불렀던 그것이더라고요. 나는 정말이지 너무도 엄마의 사랑을 받고 싶었어요. 자라면서 엄마의 착한 딸이 되려고 많은 노력을 했던 것 같아요. 엄마에게 인정받고 사랑받고 싶었지만, 엄마는 왜 그런지 내게 매우 쌀쌀하셨어요. 어디 가서 점을 봐도 '당신 집은 종교가 다른 둘째 딸 때문에 안 된다'는 점괘가 나오고, 항상 할머니가 나를 집을 망치는 애물단지라고 미워하셨기 때문에 엄마도 나를 미워하는 것 같았어요. 심지어 아빠도 가끔은 할머니 말이 사실이 아닌가 하는 생각이 든다고 내게 말한 적도 있어요. 이러니 나는 집에 있을 수가 없었어요. 내가 처음 발작을 일으킨 그 날도 새벽까지 교회 친구 집에 가서 놀다가 들어갔는데 엄마가 마침 마루에 나와 앉아 계셨어요. 그런데 그날 엄마가 다른 때와 전혀 딴 사람처럼 제게 말씀하시는 거예요.

'너 왜 그러니? 너 나랑 이야기 좀 하자.' 아주 차분하고 친절한 말투로요. 전 갑자기 그 말투에 당황했어요. 항상 날 보면 눈을 치뜨고 악을 쓰고 야단치던 분이 그렇게 하시니 어떻게 반응을 해야 할지 몰랐어요. 항상 엄마와 이렇게 도란도란 말하고 싶었는데 갑자기 내가 그토록 그리던 친절한 말투로 바꿔셔서 물어보니까 좋다기 보다는 울컥! 하면서 머리가 하얘지고 할 말을 잊고 말았어요. 그래서 나도 모르게 집을 나가겠다고 말이 툭 튀어나온 거예요. 당황해서 그냥 나온 말인 것 같은데 엄마가 내 말을 듣고 다시 예전으로 돌아가 눈을 치뜨고 험한 말을 해대자 그때 내가 잠깐 정신이 돌았나 봐요. 차마 입에 담을 수 없는 욕을 엄마에게 해대고 이상한 짐승 같은 소리를 내며 울고불고 난리가 난 거죠. 사람도 못 알아본 것 같았고요.

나중에 정신이 들어서 내가 했던 말을 들려주는데 식구들 앞에서 얼굴을 들지 못하겠더라고요. 내가 정말 귀신이 들린 게 아닌가 생각했어요. 엄마가 급하니까 정신과를 데려갔고, 후에는 교회에 갔는데 목사님이 나에게 귀신이 들렸다면서 귀신을 쫓아내는 기도를 해 주셨어요. 그리고 이제는 귀신이 나갔으니 평안함이 올 거라고 했지만 내 마음속은 조금도 평안하지 않았어요. 오히려 더욱 죽을 것만 같았고, 하나님도 나를 버린 것만 같았어요. 하나님이 나를 사랑하신다고 억지로 믿어 보고 싶었지만 완전히 어둠 속에 혼자 버려진 것 같은 기분이었어요.

 사실 나는 대학 때에도 기독 동아리에 들어가서 아이들과 기도도 하면서 열심히 활동했어요. 하나님 사랑을 느끼고 싶었어요. 하지만 전혀 느낄 수가 없었어요. 느끼려고 할수록 오히려 하나님께도 미움 받고 있다는 쓸쓸하고 차가운 느낌만 항상 들곤 했어요. 그런 마음이 들 때는 허전하고 죽고 싶을 뿐이었고요.

 그런데 어제 진흙 속에 울고 있는 어린 내 모습을 보면서 가슴이 너무도 아파서 소리를 지르는데 엄마를 용서하라는 생각이 드는 거예요. 하나님의 음성이라고 생각해요. 그래서 엄마 기도를 하는데 점점 통증이 사라지고 처음으로 하나님이 나를 사랑하신다는 것이 느껴지는 거예요. 항상 추웠던 내 마음이 정말이지 너무나 따뜻했어요. 그리고 어느새 내 왼쪽 가슴 속에 울고 있는 그 애가 없어졌어요. 그리고 몸이 떨려요. 아주 좋은데 놀랐다고 해야 할까요? 지금도 이렇게 너무 떨려요. 주님이 내가 진흙 속에 버려져서 울고 있던 일을 알고 계셨다는 것을 생각만 해도 떨려요."

 그 뒤로 윤이에게서 정신이상 증세와 몸에 마비 증상이 완전히 사라졌음은 물론이다. 윤이에게 일어난 일은 무엇이며, 어떻게 몸과 마음이 단시간에 변화될 수 있었을까? 그것은 고통스러운 마음을 일으켰던 원인이 드러나고 나아가 그 슬픔을 하나님께서 알고 계셨다는 사실이 윤이에게 자신의 존재에 대한 안정감과 하나님에 대한 사랑을 믿어질 수 있게 했기 때문이다. 손에 들어온 가시를 뽑아내야만 고름이 없어지고 치료 되듯이, 마음의 고통으로 생긴 마음과 몸의 병은 반드시 아픔의 원인이 제거되어야만 근본적으로 치료된다.

윤이는 몸보다 마음이 더 아픈 사람이었다. 그 아픔은 급기야 정신을 잃는 행동을 할 만큼 심각해졌다. 하지만 마음을 슬픔으로 묶이게 만든 이유를 알 수가 없었기에 아무도 도울 수 없었다. 손에 바늘이 꽂힌다면 누구라도 그것을 빼낼 수 있다. 눈으로 볼 수 있기 때문이다. 하지만 위 속에 바늘이 꽂힌다면 그것은 전문 외과 의사의 힘이 필요하다. 그런데 그 바늘이 엑스레이도 잡지 못하는 마음 깊은 곳에 박혀 있다면 어떻게 빼낼 것인가!

이 책에는 바로 이런 일들, 사람의 힘으로는 빼낼 수 없는 마음의 가시와 쓴뿌리를 빼내고 치료하시는 성령의 행하심에 대한 사례들과 성령께서 이런 일들을 하시는 성경적인 근거, 즉 복음의 핵심이 자세히 설명되어 있다. 이것은 '성서적 내적치유세미나'의 전체 과정이다.

그러므로 세미나에 참여를 못하더라도 마음을 다해 이 책을 따라가 본다면 당신도 성령께서 행하시는 치유의 권능과 은혜를 체험하게 될 것이다.

성서적 내적치유의 이론적 기반이 되는 상담 모델
새 언약 모형 (The New Covenant Model)

내적치유사역연구원은 신약의 은혜의 복음 즉 새 언약의 원리를 기초로 하여 인간의 문제를 풀어가는 'The New Covenant Model'을 만들었고 이 원리에 기초해 모든 교육과 치유사역을 진행하고 있다.

1. 새 언약 모형(The New Covenant Model)의 정의

새 언약 모형이란 구약에서 예언하고[1] 예수 그리스도께서 마지막 성만찬에서 보증하시는 성경의 새 언약[2]을 준기점으로 이루어지는 치유 원칙이며 인간 변화 모형을 뜻한다. 넓은 의미에서 새 언약 모형이란 예수 그리스도를 통해 이루어지는 구속 사역 전체를 포함한다.

그러나 성서적 내적치유에서 뜻하는 새 언약 모형의 특별한 의미는 인간 변화의 주도권을 성령께서 맡으셔서 예수 그리스도의 십자가의 사랑을 통해 인간의 마음판에 하나님의 계명을 새기심으로 나타나는 치유이다.

구약과 신약의 '약'이란 '언약' 또는 '동의' 라는 뜻을 가지며 구약은 예수님이 오시기 이전에 인간 구원에 대해 하나님이 인간

---
[1] 에스겔 36장 25-27절, 예레미야 31장 33-34절
[2] 누가복음 22장 19-20절

과 맺으신 언약이며 신약은 그리스도께서 오신 이후에 인간 구원에 대해 하나님께서 인간과 맺으신 동의다.[3]

구약에서는 율법의 언약을 신약에서는 예수를 통해 주시는 은혜의 언약을 보게 된다. 이 두 언약의 목적은 인간 구원이라는 점은 같으나 그 가는 길과 언약 내용은 완전히 다르다. 구약은 신약의 은혜의 복음에 대해 예언하고 있고 신약은 구약을 기초로 하여 새 언약의 중요성을 대비시키고 강조한다. 새 언약에 대한 바른 이해는 인간의 구원 문제, 성화 문제, 신앙생활의 모든 문제를 바꾼다.

Malcolm Smith는 예수 그리스도께서 잡히시기 전 성만찬에서 말씀하신 '내 피로 세우는 새 언약'은 '내 피로 비준한 즉 합법적 절차를 밟은 새 언약'으로 해석할 수 있으며 성만찬은 새 언약의 제정을 알리는 만찬이었다고 말한다.[4]

새 언약 모형은 인간의 변화가 율법을 지킴 즉 인간 자신의 의지적 노력에 달린 것이 아니라 하나님과 관계 속에서 하나님께 초점을 맞추어 갈 때 성령께서 인간의 핵심 신념체계를 새롭게 하심으로 변화가 일어날 수 있다는 점에 초점을 둔다.

기독교적 치유는 상처의 문제를 다루는 것이 아니라 인간의 마음 심층부에 새겨져 있는 죄악된 가치체계를 다뤄야 하는 점을 강조하는데 이런 요소들이 기독교 상담 모델로 충분히 다뤄지고 있지 않았고 내적치유 현장에서 적용되지 않고 있기 때문에 새

---

3) 헨리에타 미어즈 『성경핸드북』
4) Malcolm Smith, 전게서, P.174.

언약 모형을 상담 모델로 만들게 되었다.

하나님과 그의 백성은 언약으로 맺어진다.[5] 하지만 첫 언약은 인간의 불순종에 의해 파기되었다.[6] 언약의 파기로 인해 인간은 완전한 절망의 상태에 이르렀다.[7] 하지만 사도 바울은 첫 언약을 파기시킨 육신의 실체가 중생한 그리스도인에게서 계속 나타나고 이로 인한 혼란과 절망이 심리적 절망을 야기시키고 있음을 보여준다.(롬 7:18~19)

새 언약 모형은 이러한 심리적 혼란이 치유와 상담적 도움을 필요로 한다고 본다. 사도 바울이 로마서 7장에서 보여주는 중생 후에도 여전히 악을 이기지 못한 선에 대한 무력함은 그리스도인의 정체성을 흔드는 무서운 절망이며 죄책감이다. 이런 절망에서 로마서 8장으로의 놀라운 비약 사이에 숨겨진 비밀은 예수 그리스도로 말미암아 시행된 새 언약에 대힌 바울의 깨달음이다.[8] 완전한 절망과 승리의 선포 사이에 인간의 의지적 노력이 들어간 흔적이 없다. 승리는 의지적 노력이 아닌 다른 방법으로 주어졌음을 보여준다. 새 언약 모형은 예수 그리스도의 새 언약을 상담과 치유에 구체적으로 적용시킬 수 있도록 프로그램화 했다.

---

5) 출애굽기 34장 27절, 레위기 26장 42절, 열왕기하 23장 3절
6) 히브리서 8장 9절
7) 아담과 이브가 하나님과 약속을 어긴 것처럼 죄를 다스리라는 명령을 받은 가인도 결국 죄에게 지고 만다.(창세기 4장 7절) 또한 모세의 돌판으로 주어진 또 한 번의 하나님과 약속도 모두 깨진다. 바울은 로마서 3장에서 하나님의 백성이 모세를 통해 주어진 첫 언약에서 완전히 실패했다고 기록한다. "기록된 바 의인은 없나니 하나도 없으며 깨닫는 자도 없고 하나님을 찾는 자도 없고 다 치우쳐 함께 무익하게 되고 선을 행하는 자는 없나니 하나도 없도다."
8) 로마서 8장 1-2절

2. 새 언약 모형의 치유

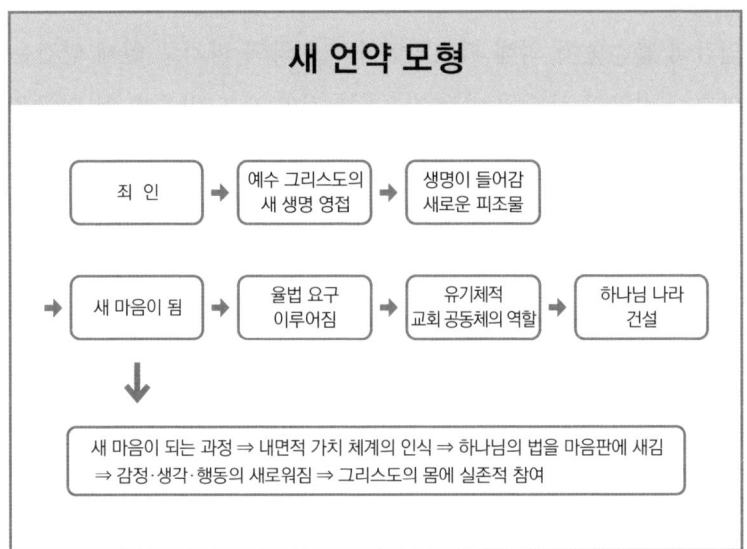

새 언약 모형은 죄인의 정의가 행위가 아닌 신분으로 결정지어 진다고 본다. 이러한 정의의 의미는 죄악의 교정은 인간 차원의 교육으로 해결되어질 수가 없음을 말한다.[9]

인간의 변화의 길은 오직 예수 그리스도의 새 생명의 이식이다. 예수 그리스도의 생명으로 새롭게 태어난 사람은 존재와 본성이 완전히 새롭게 창조되어진다. 그러나 인간의 두뇌는 자신에게 무슨 일이 일어났는지 온전히 이해하지 못한 채 과거의 사고방식과 감정의 고착으로 휩싸여 있다.[10] 때문에 사탄은 새로워진 정체성을 깨닫지 못하는 두뇌와 몸에 깃들인 죄악의 습관을 이용해 미성숙

---

9) Bill Gillham, 「Life time Guarantee」, 유상훈역, NCD, 2006, p.108-109.
10) Bill Gillham, 상게서, p.128.

한 그리스도인을 혼란에 빠뜨린다. 때문에 새 언약 모형은 새로운 신분을 알게 하고 고착된 옛날의 정체성에서 벗어나게 하며 내면의 가치체계를 만들어 낸 과거의 경험들과 관계의 아픔을 치유하고자 한다.

이런 관점의 접근은 변화를 의지적 노력으로 이루려 했을 때 필연적으로 정죄감의 순환 사이클에 빠지게 될 수밖에 없는 그리스도인에게 놀라운 영성적 변화를 주며 이것은 결국 몸과 마음을 치유하는 결과를 가져온다.

Steve McVey는 그리스도인들이 '동기부여(motivation) - 정죄(condemnation) - 재헌신(rededication)'의 순환의 함정에서 빠져 나올 수 있는 유일한 길은 새 언약 시스템을 아는 것이라고 한다.[11]

은혜로 주어진 자신의 새로운 신분을 깨닫고 정체성을 받아들일 때 하나님과 관계는 성숙으로 진행되고 그 결과 행동의 변화가 나타난다. 결국 율법의 요구가 삶에서 이루어지게 되는 것이다. 자신의 새로운 신분은 핵인간의 삶이 아니라 '하나님의 가족'이라는 몸을 인식하게 한다. 때문에 새 언약 모형의 치유와 성숙의 결과는 인간의 변화가 개인적 구원으로 그치는 것이 아니라 그리스도의 몸인 교회 공동체의 힘을 필요로 하며 교회 공동체를 일으키는 삶으로 진행된다고 본다.

반신환은 기독교 상담의 원리는 하나님에 대한 긍정적 이미지를 갖도록 도우며 종교적 경험 및 내재적 종교성을 경험하도록 돕고

---

11) Steve McVey, 「Grace Walk」, 정동섭역, 예영커뮤니케이션,서울, 2007

종교를 개인적 이익의 수단이 아니라 목표로 수용하도록 돕는다고 했다. 또한 교회 모임 참여의 격려 등을 통해 사회적 지지를 경험하고 추구하도록 돕는다[12]라고 한다. 새 언약 모형은 이러한 기독교 상담의 원리가 충분히 이루어질 수 있는 과정을 가지고 있다.

3. 새 언약과 옛 언약에 대한 설명

1) 새 언약과 옛 언약의 비교

옛 언약	새 언약
모세의 율법은 돌판에 새겨졌다. (고후 3:3)	새 언약은 사람의 마음에 새겨졌다. (고후 3:3)
율법에 새겨진 글자들은 죽이는 것이다. (고후 3:6)	하나님의 영은 자유와 생명을 준다. (고후 3:6,17)
율법은 정죄를 가져온다. (고후 3:9)	새 언약은 의를 가져온다. (고후 3:9)
옛 언약은 사라질 것이다. (고후 3:11)	새 언약은 영원히 남는다. (고후 3:11)
이스라엘 백성들은 얼굴을 가리지 않으면 하나님의 영광을 바라 볼 수 없었다.(고후 3:13)	예수님께 나오면 하나님의 영광을 보게 된다. (고후 3:16,18)
옛 언약의 영광은 사라질 것이다. (고후 3:11)	새 언약의 영광은 영원히 더해간다. (고후 3:18)

(아가페출판사 개역개정, p288)

2) 두 언약의 차이점

(1) 거룩함을 이루는 시스템의 변화

---

[12] 「우울증과 종교성의 관계에 대한 분석에 근거해서」 한국기독교 상담 학회지, 2005

옛 언약은 하나님의 규칙을 준수함으로 하나님의 백성이 되며 거룩함에 이른다. 때문에 신앙생활의 승리는 하나님의 율법을 지킴으로 얻어진다. 새 언약은 예수 그리스도로 태어남으로 하나님의 백성이 되고 거룩함에 이른다.[13] 때문에 신앙생활의 승리는 새로워진 신분을 앎으로 얻어진다. Bill Gillham은 '본성을 결정하는 것은 행위가 아닌 출생임을 강조하며 죄인에 관한 인간적 정의는 행위에 근거한 것이나 이것은 하나님의 관점의 정의가 아니다.' 라고 설명한다. 새 언약에서 거룩함을 이루는 방식은 그리스도 안에서 새로워진 신분을 인정하고 소유하는데 있다. 승리의 비밀은 새로운 신분에 마음을 집중하는 것이다.[14] Steve McVey는 '승리를 경험하고 영적 성장의 수단으로 하나님의 규칙을 준수하는데 초점을 맞추는 접근은 그것이 어떤 것이든 율법주의(Leglism)라고 말하며 율법주의는 사람이 자기의 행동에 의해 하나님의 용납이나 축복을 구하는 일체의 체계를 가리키며 이런 식으로 사는 자들을 율법주의자라고 부른다. 그리스도인도 율법주의자가 될 수 있다. 새 언약 아래에서 하나님의 관심은 규칙이 아니라 관계다.' 라고 한다.[15]

이와 같이 두 언약의 거룩함을 이뤄가는 차이는 행위와 존재, 율법과 은혜, 인간의 의지적 노력과 관계로 대비된다.

옛 언약을 준수한 자는 예수 그리스도 외에는 한 사람도 없다.[16]

---

13) 히브리서 9장, 예레미야 32장 38-41절
14) Bill Gillham, 「Life time Guarantee」, 유상훈역, NCD, 2006, p.133-192.
15) Steve McVey , 전게서, p.113
16) 로마서 3장 10절

결국 옛 언약은 인간을 온전케 하는데 실패했다.[17] 이것은 율법 자체의 문제가 아니라 인간 타락의 심각성이다. 새 언약은 율법 준수에 실패한 인간을 온전케 하시는 새로운 시스템이다.[18]

(2) 돌판에 새겨진 하나님의 법과 마음판에 새겨진 하나님의 법

옛 언약 아래에서 하나님의 법은 외부에 새겨져 있고 인간의 마음판에는 하나님의 기준과 다른 내면적 가치들이 새겨져 있어 변화는 외부의 행위의 변화에 그칠 뿐 내면적 가치 체계의 핵심을 건드리지 못한다. 즉 그 마음의 동기와 뜻은 변화되지 못하기 때문에 결국 내면의 법이 승리한다. 그러나 새 언약에는 성령께서 인간의 마음판에 직접 하나님의 법을 새기시겠다는 약속이 포함되어 있다. 때문에 내면의 가치 체계의 변화가 일어나 결국 율법의 의를 이루게 한다.[19]

이러한 내면의 가치체계의 변화에 대해 Tom Marshall은 이렇게 설명한다.[20]

'하나님은 언약에 순종하는 문제를 완전히 해결하는데 있어서 첫 번째 단계인 율법을 이제는 돌판이 아닌 인간의 마음에 새기게 하셨다. 즉 외적인 법이 아닌 내적인 법이 되도록 하신 것이다. 율법이 내면화하는 것 뿐 아니라 인간의 더럽혀진 마음에 무엇인가 새로운 일이 일어난다. 마음이 죄로부터 정결해지며 내면의

---

17) 히브리서 8장 7절
18) 히브리서 8장 8-13절
19) 로마서 8장 4절
20) Tom Marshall, 「자유케 된 자아」, 예수전도단, p.134-135.

법과 조화를 이루는 새로운 내적 가치체계가 그 안에 심겨진다. 옛 언약이 단지 죄를 덮어 버리고 돌판에 새겨진 법이었다면 새 언약은 죄를 씻으시고 사람의 마음판에 새긴 내적인 법인 것이다.'

과정 **1**

성서적 내적치유란 무엇인가?

잠재의식 치유의 필요성
상처받은 마음의 결과
그리고 삶에 나타난 증상들

인간의 잠재의식을
누가 어떻게 치료할 수 있을까?

이 과정의 목적

나를 바로 알기 위해 나의 마음을 차지하고 있는 것들에 대해 살펴보아야 한다. 수많은 기억과 그로 인한 삶의 결과들을 살펴봄으로써 나를 이해해 갈 수 있다. 나를 이해하는 만큼 하나님을 알 수 있다. 그리고 하나님을 아는 만큼 나 자신에 대한 바른 정체성을 갖게 된다. '성서적 내적치유' 란 나를 바로 알아가는 과정이며 영적 성화의 과정이다.

1. '속사람' 이란 단어 속에 들어 있는 두 가지의 다른 의미

성경에 기록된 '속사람' 이란 단어에는 크게 두 가지의 다른 의미가 내포되어 있다.

첫째는, 육체적 외모와 대비되는 인간의 내면 전체를 지칭한다.

> 그러므로 우리가 낙심하지 아니하노니 우리의 겉사람(Outward man)은 낡아지나 우리의 속사람(Inward man)은 날로 새로워지도다 (고후 4:16).

이처럼 인간의 보이지 않는 내면을 지칭하는 의미로 쓰인 유사한 용어들이 있다.

1) 마음에 숨은 사람 – 베드로는 외모만 꾸미지 말고 마음에 숨은 사람을 온유하고 안정된 심령의 썩지 않을 것으로 아름답게 하라고 성도들에게 권하고 있다 (벧전 3:4).

2) 배 – 사도 바울은 어떤 자들은 자신의 배만 섬기고 있다고 책망한다. 예수님은 우리가 주님께 가면 배에서 생수의 강이 흘러 넘치게 된다고 하셨다.

로렌스 크랩은 '배' 란 가득 채워질 수 있는, 그리고 가득 채워지기를 갈망하는 빈 공간을 의미하는 은유적 표현으로 우리 각 사람의 인격의 중심적 존재를 의미한다고 했다.

3) 중심 – 삼상 16:7, 시 51:6

4) 마음 - 잠 14:10

둘째는, 예수 그리스도를 영접할 수 있는 인간 존재의 핵심적 본체의 의미로 쓰이고 있다.

> 내 속사람(Inner being)으로는 하나님의 법을 즐거워하되 (롬 7:22).

속사람을 예수님을 영접한 핵심적 존재의 의미로 사용할 때 그와 대비되는 용어로 바울은 옛 사람 혹은 육신이란 용어를 사용했다.

> 우리가 알거니와 우리의 옛 사람(Old self)이 예수와 함께 십자가에 못 박힌 것은 죄의 몸이 죽어 다시는 우리가 죄에게 종노릇 하지 아니하려 함이니 (롬 6:6).

2. 성서적 내적치유와 속사람

성서적 내적치유에서 속사람의 치유라고 표현하는 것은 두 번째의 의미가 아니라 첫 번째의 의미, 즉 단순히 인간의 몸과 대비해서 쓰이는 '인간의 내면' 이란 의미다.

만일 속사람을 인간 내면의 핵심적 존재라는 의미로 생각하고 치유라고 표현한다면 그것은 맞지 않다. 예수 그리스도를 영접함으로 인해 인간의 핵심적 존재는 온전한 의인이 되었기 때문에 더 이상의 치유나 또 다른 처방이 필요하지 않기 때문이다.

그러므로 이 책에서 의미하는 '속사람'이란 단순히 물질로 구성된 몸과 대비해서 사용되는 인간의 내면, 즉 마음을 의미한다는 사실을 먼저 알아야 한다.

그리스도인들이라 할지라도 그 마음, 즉 속사람은 아직 연약하고 죄에 빠질 수 있고 치유가 필요하다. 그래서 사도 바울은 성도들이 성령으로 말미암아 속사람이 능력으로 강건해지기를 위해 간절히 기도했다.(엡 3:16)

내적치유란 성령께서 하나님의 자녀들 마음을 치유하시고 변화시켜 가시는 거룩한 성화의 과정이다. 또한 마음을 치유하시겠다는 주님의 약속과 말씀에 근거하여 그 법칙들을 연구하고 마음의 문제들에 대해 구체적으로 적용하며 이 모든 과정을 성령께서 도우실 것을 믿고 행하는 영적 여정이다.

그리스도인은 예수 그리스도를 닮아가는 여행을 시작했다. 여기에는 마음 즉 속사람의 변화가 필요하다. 마음을 치료하기 위해 다루어야 할 것은 마음에 가득 쌓인 기억의 파편들이다. 인간의 기억 작용의 특이성과 마음에 끼치는 영향을 살펴보도록 하자.

인간의 뇌는 마치 컴퓨터와 같이 입력된 모든 사건을 보관한다. 그리고 시간이 지나면 모든 사건에 대한 기억은 우리의 의식 속에서 망각이란 방법을 통하여 사라져 간다. 그러나 이것은 그대로 없어져 버리는 것이 아니다. 컴퓨터가 한 번 입력한 내용을 스스로 소멸시키지 못하는 것처럼, 인간의 뇌 속에 들어온 경험과 기억은 결코 스스로 없어지지 않는다. 다만 보관하는 모습이 달라져 의식에 잡히지 않을 뿐이다.

직·간접적으로 경험된 사건들은 처음에는 의식 속에 자리를 잡지만, 시간이 지나면서 대부분의 기억은 의식 깊숙이 자리를 잡고 또 한층 더 내려가 잠재의식의 부분에 자리를 잡게 된다. 이 과정에서, 인간의 뇌는 기억에 관련된 사건의 사실성만을 보관하는 것이 아니라 경험에 포함된 감정 태도들도 함께 기억시킨다.

그러므로 그중에서 어떤 특정한 사건들, 특히 우리 마음에 깊은 상처를 낸 과거의 어떤 일이 있을 때 이것은 고통의 감정과 함께 저장되는 것이다. 그리고 비록 의식 안에서 사건 자체에 대한 사실성과 감정 자체를 기억하지 못할지라도 잠재의식 안에 보관되어 있게 마련이다. 그런데 문제는 일부의 특정한 기억들은 오랜 시간이 지나도 없어지지 않고 활동성 세균처럼 다른 부위에까지 퍼져나가 현재의 의식 안에 전혀 다른 모습으로 변형되어 나타나 악영향을 미치게 된다는 사실이다. 이러할 때 우리의 삶은 비록 의식 안에서 인식은 못할지라도 과거의 사건과 깊이 연관되어 있는 셈이다. 그러므로 아무리 현재 상황을 해결한다 할지라도 더 큰 영향력을 가지고 있는 근본 뿌리와 같은 것을 제거하지 않는 한 기대하는 변화는 지속해서 나타나지 못한다.

다음 그림이 이에 대한 설명을 해 준다.

그림에서 보는 바와 같이 우리는 눈에 보이는 가시덤불을 자르기 위해 도덕적인 훈련과 결심 등등 모든 노력과 시간을 쏟는다. 하지만 아무리 자른다 해도 땅속의 뿌리를 제거하지 않는다면 이것은 얼마든지 다시 자랄 가능성을 가지고 있다. 그래서 성령께서는 우리 마음을 변화시키기 위해서 무엇보다 쓴뿌리의 제거가

[그림 1]

화살표는 성격 형성에 영향을 준 특정한 사건을 의미한다. 땅속은 마음을 의미하며 씨앗은 그 사건에 대해 본인이 만든 해석이다. 씨앗에서 나온 뿌리는 부정적 감정을 만들어내는 쓴뿌리이며 왜곡된 생각들을 의미한다. 이 쓴뿌리가 지상에서 보이는 가시덤불을 만들어 내는데, 이 가시덤불은 다른 사람에게 불편과 고통을 주는 성격이나 잘못된 생활 습관 등을 의미한다.

필요함을 아시고 우리 안에 쓴뿌리를 일으키는 독의 씨앗을 근본적으로 없애기를 원하신다. 이 씨앗은 대부분 마음 중에서도 가장 깊은 곳, 그러니까 잠재의식의 영역 안에 자리 잡고 있는 경우가 대부분이다.

3. 과연 잠재의식의 치유가 하나님의 성령이 내주하시는 그리스도인에게 필요한 것인가?

우리가 그리스도인이 될 때 마음의 문제와 상처가 다 해결되었을까? 어떤 이들은 "성경이 새로운 피조물이 되었다고 했으니 우리가 그리스도인이 될 때 마음의 문제와 상처가 다 해결되었다" 어떤 이들은 "성경이 새로운 피조물이 되었다고 했으니 이제 나의 과거와 나는 아무 상관이 없다"라고 외친다. 그러나 우리의 삶을 들여다보면 그것이 아님을 쉽게 알 수 있다.

찰스 쉘은 다음과 같이 말한다.

"나는 크리스천들이 공통적으로 거듭나면 더 이상 유년기의 결함으로 인한 괴로움을 받지 않는다고 믿는다는 사실을 발견하게 되었다. 그러나 내가 예수님을 만났던 그날, 예수님은 나를 변화시키지도, 완전하게 하지도 않으셨음을 곧 깨닫게 되었다." [21]

그러나 몇몇 영적 지도자들은 이런 것들을 부정하며 예수를 믿고 능력을 받으면 마음에 절대로 문제가 생길 수 없다고 강조한다. 이런 메시지는 일시적으로 기분을 좋게 할 수 있으나 신앙생활을 열심히 했음에도 불구하고 그 마음 안에 불안과 의심 등의 부정적인 심리상태를 느낄 때 성도들은 그리스도인이란 스스로의 정체성에 대해 의심하며 혼란과 좌절에 빠지게 된다. 그리스도인에게 잠재의식의 치유가 필요하다고 해서 십자가 복음의 능력이 완전하지 못함을 의미하는 것은 아니다. 오히려 인간의 깊은 부분까지 아시고 치유하시는 성령의 역사를 체험할 때 그분이 나를 지으신 창조주라는 실질적인 인식을 하게 만든다.

찰스 쉘 박사의 말을 다시 한 번 참고해 보자.

---

21) 찰스 쉘(Charles Sell), 『아직도 아물지 않은 마음의 상처』 정동섭 역, (도서출판 두란노), p 52.

"그리스도인들은 과거의 지나간 기억들에 매달려 있을 필요가 없는 새로운 피조물이다. 그렇기 때문에 우리는 진정한 과거의 해결이 필요한 것이다. 과거의 고통스런 기억들에 대한 아무 처리 없는 망각은 결코 우리를 과거로부터 자유롭게 해주지 않는다. 내적치유는 우리를 과거 속으로 돌아가게 만드는 것이 아니라, 과거로부터 건강하게 독립시켜 온전히 그리스도와 연합하도록 만들기 위해 반드시 필요한 작업이다. 잠재의식은 지나온 모든 과거가 들어 있는 창고다. 이 창고는 내가 계속 문을 닫아 걸고 보지 않는다고 해서 결코 아무 영향도 주지 않는, 다시 말해 나와 별개의 것이 되지는 않는다."

인간은 성령의 도우심이 없이는 결코 잠재의식 속에 묻힌 아픔과 환부를 정확하게 볼 수 없고 치유할 수 없다. 사람들은 고통스러운 기억들을 직면하지 않기 위해 부인이나 억압과 같은 심리적인 방어기제를 사용한다. 그러나 이런 방법은 마치 공기가 가득 찬 풍선을 물 속에 넣으려고 노력하는 것과 같아서 풍선을 누르는 힘이 조금이라도 약해질 때 그것은 밖으로 튕겨져 나와 삶을 걷잡을 수 없는 혼란으로 어지럽혀 버린다.

아처 토레이는 이 일에 대해 다음과 같이 말하고 있다.

"우리는 상처를 잊고자 마음속에 상처를 감추지만 결국은 모든 축적된 상한 기억들이 더 이상 눌려 있지 않고 오히려 지배하게 될 때에, 마음은 태풍의 눈과 같아 의식까지도 빨려 들어가면서 올바른 생각을 하지 못한다. 그때 영은 하늘과도 연락이 안 되어 항상 마음이 아픈 상태가 된다. 그러므로 내적치유는 우리 잠재의식의 치료라고 할 수 있다."[22]

4. 상처받은 마음은 외부적으로 보이지 않지만, 반드시 삶 속에 그 상처로 인한 결과가 나타난다. 그 결과는 다음과 같다.

첫째, 대인 관계의 어려움

대인 관계의 어려움이 가장 보편적으로 호소하는 증상이다. 이들 안에서 나타나는 두 가지 극단적인 대인 관계의 모습을 살펴본다면, 지나친 지배의 모습과 지나친 의존의 모습이다. 지배하는 사람의 경우, 어떠한 상황에서든 자신이 왕처럼 지배하려 할 뿐 아니라 모든 것에 간섭하려고 한다. 그리고 자신이 간섭하고 있을 때만 안정감을 느낀다. 만약 이런 사람이 아버지가 된다면 그 집안에는 다른 사람의 의견은 없고 오직 아버지의 생각과 뜻대로 모든 집안 식구가 움직여져야 한다. 아버지는 자신이 자녀들에게 거부당하고 있다는 극단적인 생각조차 하게 되어 이러한 상황을 용납하지 못한다.

또한, 지나친 의존의 모습은 자기 뜻과 생각은 전혀 없고, 어릴 때는 부모의 의견대로 살다가 자라면서 친구의 의견대로 움직이고, 결혼 후에도 배우자의 의견대로만 움직이는 지극히 피동적인 삶을 나타낸다. 이런 사람이 자신이 의존하는 배우자에게서 실망감을 느낀다면 온 천지가 무너지는 절망감 속에 빠지게 되고

---

22) 루벤 아처 토레이(Reuben Archer Torrey, 1856-1928), 『우리의 하나님』 (도서출판 예수원, 1980), p 46 이하 '속사람 치유'

누군가 의지할 대상을 새롭게 찾지 않으면 살아갈 수 없게 된다. 그러면서도 여전히 상대방을 온전히 신뢰하지 못하고 마음 안에 두려움이 가득하다.

둘째, 교만한 태도

바른 자존감을 가져야 하는데, 어떤 사람들은 이와는 전혀 반대로 매우 교만한 모습을 보일 수도 있다. 그리하여 다른 사람에 대해 매우 비판적인 태도를 가지고, 자신보다 나아 보이는 사람에 대해서는 별 것이 아니라는 증거가 나올 때까지 깎아내린다. 초라하다고 생각되는 사람을 철저히 무시하며 어울리려고 하지도 않는다.

셋째, 삶에 대한 부정적인 말과 태도

자신이 이렇게 된 것을 모두 다른 사람, 부모 혹은 세상의 모순 탓으로 돌리기 때문에 누군가에 대한 원망이 끊이지 않는다. 하나님마저도 그에게는 서운하고 불공평한 분으로 인식된다. 그 안에 잠재된 분노는 매우 잔인한 성격으로 발전될 수 있다.

넷째, 우울증과 강박적인 사고방식

우울감으로 인해 일상생활을 할 수 있는 힘이 없다. 또한, 강박적인 사고로 신경이 쇠약해진다. 신경증적이고 강박증적인 죄책감에 묶인다. 성경은 죄책감에 묶인 상태가 얼마나 괴로운지를 설명해주고 있다.(시 32:3~4)

다섯째, 하나님의 사랑에 대한 확신 결여

왜곡된 마음으로 하나님을 보기 때문에 하나님의 모습이 결코 바르게 이해되지 못한다. 입으로는 하나님에 대해 많은 말을 할 수 있지만, 깊은 마음속 하나님에 대한 인상은 심히 부정적이다.

일관성이 없고 자기 마음대로 하는 하나님, 사람들에게 고통을 주는 것을 재미있어 하는 것 같은 잔인한 하나님, 멀리서 팔짱을 끼고 사람들의 고통을 즐기는 것처럼 보이는 하나님, 항상 나에 대해 불만이 가득하셔서 인상을 쓰고 계시는 하나님, 넘어지고 또 넘어지는 나를 지켜워하시는 하나님….

이런 부정적 인상이 지워지지 않아 영적 의심에 자주 빠지게 된다.

여섯째, 영적 삶의 굴곡과 침체

하나님과 개인적인 관계에 대한 확신이 부족하므로 신앙의 태도가 항상 주변의 상황에 따라 올라갔다 내려갔다 하는 심한 굴곡 현상을 보인다. 신앙의 연수가 오래되었는데도 생활 속에 어려움이 생기면 쉽게 근본적인 회의에 빠져 하나님의 존재와 사랑을 의심하게 된다.

5. 기억은 성격을 만든다. 근본적인 성격을 변화시키려면 기억의 치유가 필요하다.

기질[23]과 달리 성격은 하나님이 만드신 것이 아니라 우리 자신의 작품이다. 그것은 상처받은 아픔의 결과이며 죄의 결과이다.

그래서 반드시 치유되어야만 한다. 우리의 성격은 성령의 능력으로, 하나님의 사랑으로, 하나님 안에서 새롭게 변화될 수 있다. 그리스도인이 된 후에도 악한 성격의 습성이 변화되지 않는 것은 자신의 책임이다. 우리는 잘못된 성격을 반드시 바르게 고쳐야 한다. 성격 속에 들어있는 잘못된 부분은 집의 벽 속에 들어 있는 뱀과 같다.

> 마치 사람이 사자를 피하다가 곰을 만나거나 혹은 집에 들어가서 손을 벽에 대었다가 뱀에게 물림 같도다 (암 5:19)

성격이 만들어내는 결과를 인생에서 피할 수 없다. 그러므로 잘못된 성격을 만들어 내는 기억의 치유가 반드시 필요하다.

데이빗 시맨즈[24]는 잠재의식에 묻힌 기억들과 그로 인한 삶의 결과에 대해 이렇게 말한다.

"나쁜 의식들은 그 의식을 밖으로 밀어내려고 애를 쓸수록 더욱 더 강렬해진다. 그 기억들은 직접 우리의 마음에 들어올 수 없기 때문에 다른 어떤 것을 가장하여 아주 파괴적인 방법으로 우리의

---

23) 정정숙, 『사모를 위한 상담』 (도서출판 베다니, 1995), p.130

'성격과 기질의 차이' 성격과 기질은 그 의미가 다르다. 성격 유형론을 제시한 크레취머(E. Kretsh-mer, 1888~1964)는 성격이란 인간의 정통적·의지적 반응에 대한 가능성의 총체이고, 기질은 개인의 생체 속에서 생리적 기초와 밀접하게 관계되는 성격의 하부구조라고 말한다. 다시 말해 성격이란 인간 행동의 다양한 표현이 전체를 의미하고, 기질은 그 기초가 되는 생리적 요소를 포함한 속성이다. 따라서 성격은 후천적인 것도 포함하지만 기질은 선천적으로 규정되는 것이다.

24) David A. Seamands, 윌모어 연합감리교회 목사. 현재 윌모어 에즈버리 신학교 교수.

인격 속에 들어오게 된다. 그리고 그런 고통스런 기억은 의식 깊숙이 들어 있다가 신체적 질병이나 불행한 결혼 생활, 영적 좌절 같은 형태로 찾아오게 된다. 그러므로 우리 인생을 파괴시키는 결정적인 역할을 하는 그 기억을 찾아내어 치유하는 일은 너무나도 중요하다."[25)]

과거의 기억들을 치유하는 일에 대해 제이 E. 아담스는 "과거로 돌아가는 것은 불필요한 일이나 비성경적인 반응을 보이는 유형이 개인이 당면한 문제의 근거라는 사실을 충분하게 입증하기 위해 과거를 재검토하는 것이 중요하다고 했다. 그는 말하기를 과거로 돌아가는 목적은 현재 행동의 역사를 추적하는 것이며 행동적인 역사란 피상담자의 습관적인 반응의 유형에서부터 그의 생활 형태를 결정하는 데 관련된다."고 말하고 있다.

6. 어떻게 기억의 치유, 성격의 변화를 이룰 수 있을까?

분명한 사실은 인간의 힘만으로는 불가능하다는 점이다. 최면 요법과 인지상담치료나 정신 분석을 받는다 할지라도 인간은 온전한 기억의 치유를 이룰 수 없다. 하나님만이 하실 수 있다. 그 이유를 정리해본다.

1) 인간은 스스로 잠재의식을 다 들여다보지 못한다. 그것은 태중에서부터 시작된다. 자신이 인식할 수 없는 수많은 것이

---

25) David A. Seamands, 『기억을 통한 정신 치료』 (서울 보이스사, 1988)

바닷속처럼 그 안에 묻혀 있다. 하지만 하나님은 나의 모든 것을 속속들이 알고 계신다.(시139:1~4)

그분은 나의 창조주이시고 내가 태어나기 전부터 존재하셨으며 내가 태어나기 전에 이미 나의 미래를 아시는 분이다. 나의 과거를 아시고 그 과거 속에 일어난 한 가지 한 가지의 모든 일을 속속들이 다 아시기에, 그분은 무엇 때문에 결정적으로 나의 마음이 낙심했는지, 또 실망하고 비뚤어지게 되었는지를 아신다. 흑암도 그분 앞에서 무엇을 숨길 수가 없다. 우리가 음부의 끝에 있다 할지라도 우리를 보고 아신다. 우리의 마음속 깊은 곳에 있는 문제의 원인을 아시며 쓴뿌리의 씨앗을 아신다. 또한, 지나간 과거의 고통스러운 기억을 새롭게 하실 수 있는 분이시기도 하다. 시편 139편은 바로 이러한 하나님의 모습을 드러내고 있다.

2) 인간의 잠재의식 속에는 부모로부터 흘러온 죄된 성격이나 생각들이 유전되어 있다. 이것은 계속해서 올라가면 인간의 처음 조상인 아담과 이브의 원죄로까지 연결된다. 이러한 문제의 구체적인 해결은 예수 그리스도밖에 없다. (요 1:12)

가족들은 비슷한 습관을 가지고 있고 죄를 지을 때도 부모가 지은 죄와 같은 죄를 짓는 것을 성경 속에 나타난 가정에서도 찾아볼 수 있다.[26] 사람들이 아담과 이브를 신화 속의 인물로 생각

---

26) 아브라함이 지은 죄와 실수가 그대로 이삭에게 나타나는 것을 성경은 보여 준다. 아브라함은 자신의 생명의 안전을 위해 아내를 누이라 속였고(창 12:13), 이삭 또한 그의 아버지와 같은 행동을 했다(창 26:7).

하고 자신과 아무런 관련이 없다고 생각하지만, 오늘도 우리의 삶 속에 아담과 이브의 행동이 그대로 재연되고 있다.[27)]

이렇게 부정적인 성격이 유전으로 전해진 것이라면 어떻게 이런 끈을 끊을 수 있을까? 이에 대한 답은 예수 그리스도밖에 없다. 예수님을 영접함으로 그 모든 악의 유전은 끊어졌다. 그러나 이 복음이 내 삶 안에서 구체적으로 일어나기 위해서는 내가 끊어야 할 부분을 인식하고 복음을 그 영역 안에 사용해야 한다.

3) 잠재의식 속의 문제를 심리적 기법으로 끌어내어 진단을 내렸을지라도 중요한 것은 치료다.

실제적인 치료는 과거로 돌아가서 그 사건을 직접 건드려야 하지만 과거로 돌아가실 수 있는 분은 하나님밖에 없다. 과거의 사건이 현재의 삶에 영향을 주고 있음을 안다고 해도 인간에게는 방법이 없다. 기억의 고통이 크기 때문에 인간은 과거의 기억에서 벗어나고자 여러 가지 극단적 방법들을 사용해 왔다.

1935년, 런던 신경학회에서 난폭한 침팬지의 뇌 일부분을 잘랐더니 그 행동이 극히 온순해졌다는 보고가 있었다. 의사들은 그것을 사람에게 적용하여 1955년까지 20년 동안 난폭한 정신과 환자들에게 기억을 담고 있는 전두엽 절제 수술을 7만 건이나 시행했다고 한다. 그러나 시간이 흘러 이 수술을 받은 환자들에게서

---

27) 아담과 이브는 하나님의 말씀에 대한 순종 대신 자신의 행복을 위해 자기 마음대로 행동했다. 이것은 이기심이다. 지금도 인간들은 아담과 이브 속에 있었던 이기심을 그대로 가지고 그 바탕 위에서 모든 죄악을 저지른다. 자신을 위하여 다른 사람을 이용하고, 살인하고, 거짓을 행하고, 하나님을 거역하고, 신을 만들어 우상을 숭배한다.

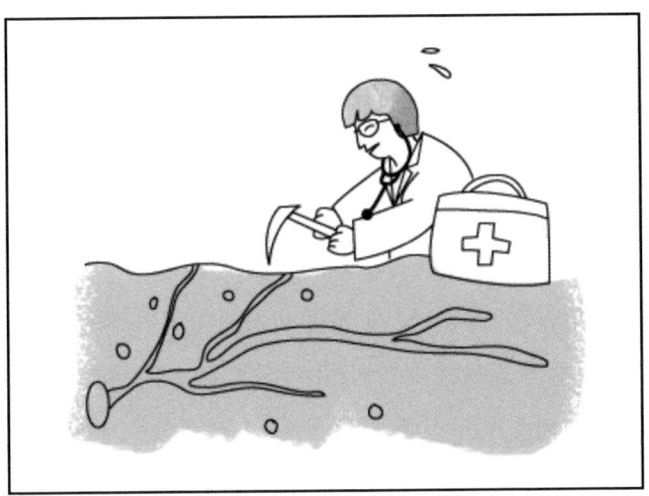

[그림 2]

땅은 마음을 표현하고 있으며, 씨앗은 그 사람의 현재 생활에 정신적인 이상을 일으키는 원인이 되는 어떤 사건과 마음의 상처를 표현하고 있다. 작은 삽을 들고 땅을 파는 의사는 환자의 말을 들으면서 이 사람이 왜 이런 상태가 되었는지를 알아보려는 노력을 비유하고 있다.

많은 부작용이 나타나기 시작했고, 그 심각성으로 인해 이 수술을 더 이상 시행하지 않게 되었다. 하지만 이미 이 수술을 받은 환자들의 인생은 아무도 보상해 줄 수 없을 것이다.[28]

인간의 뇌를 만져 기억을 사라지게 한다고 해서 사건으로 인한 마음의 고통이 근본적으로 해결되지 않으며 어떤 방법도 근본적으로 독을 없애지는 못한다. 그렇기 때문에 시간을 초월하시는 절대자의 능력이 아니고는 과거의 고통으로부터 근본적으로 벗어난다는 것은 불가능하다. 하지만 하나님은 과거를 만지신다.

---

28) 게리 콜린스, 『마음 탐구』, 두란노서원, 1987, p.23.

과거로부터 전해지는 독의 파이프를 자르신다. 하나님은 우리가 더 이상 죄책감이나 후회에 사로잡히지 않도록 과거의 결박에서 우리를 자유롭게 하신다고 약속하셨다.

7. 예수님의 치유 약속에 희망이 있다.

예수께서 인간으로 계실 때 몸과 마음의 병을 고쳐주심으로 병에 대한 자신의 태도를 분명히 밝히셨다. 주님은 우리의 몸과 마음이 건강하기를 바라신다.

> 예수께서 들으시고 이르시되 건강한 자에게는 의사가 쓸 데 없고 병든 자에게라야 쓸 데 있느니라 너희는 가서 내가 긍휼을 원하고 제사를 원하지 아니하노라 하신 뜻이 무엇인지 배우라 나는 의인을 부르러 온 것이 아니요 죄인을 부르러 왔노라 하시니라 (마 9:12~13).

> 그가 찔림은 우리의 허물 때문이요 그가 상함은 우리의 죄악 때문이라 그가 징계를 받으므로 우리는 평화를 누리고 그가 채찍에 맞으므로 우리는 나음을 받았도다 (사 53:5).

예수님은 치유하기를 원하신다. 몸의 병도 마음의 병도 주님은 치유하시는 치유자이다. 성령께서는 예수님의 약속을 우리 안에 실현하신다. 십자가에서 주님은 치유의 길을 다 완성하셨다. 누구든지 병든 자는 주님의 손을 잡을 수 있고 치유를 간구할 수 있다. 그분은 우리의 마음이 깨어져 있는 것을 아시며 우리의 마음이 옥에 갇혔다고 말씀하신다. 우리의 몸이 옥에 갇히지 않더라도 마음이 분노의 옥에, 두려움의 옥에 갇혀 있을 수 있다. 이것은 몸이 옥에 갇힌 것보다 더욱 실제적인 감옥일 수 있다. 주님은 이런 자를 자유롭게 하기 위해서 오셨다고 말씀하신다.(사 61:1-3)

8. 당신이 이 책을 읽어 가는 동안 성령께서는 당신 내면의 상처들을 치유해 가실 것이다.

자신에 대해 잘 안다고 생각하는 교만을 내려놓고 마음의 땅에 심겨진 독이 든 씨앗은 없는지 깨닫게 해주시기를 기도하며 읽어 보라. 주님 앞에서 치유가 필요하지 않은 사람은 아무도 없다.

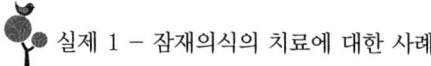 실제 1 – 잠재의식의 치료에 대한 사례

보리밭 속에 숨어있던 나에게 오신 주님
– 술 먹는 남편만 나쁘다고 했는데 –

"나는 이 집회가 뭐 하는 곳인 줄도 모르고 그저 친구 따라 왔어요. 해마다 연말이면 기도원에 가는데 올해는 교회에서 아주 무거운 직분을 받고 해서 더 능력 받고 성령 충만 받아야겠다고 생각했지요."

이제 나이 오십을 갓 넘기신 것 같은 그분의 모습은 열심히 일하시는 구역장, 바로 그 모습이었다.

"그런데 첫 시간에 이 집회의 목적을 들으며 참으로 하나님이 나를 이곳에 데리고 오셨구나 하고 확신을 했어요."

"첫 시간은 내적치유가 무엇인지 소개하는 시간인데 어떻게 그렇게 확신을 하셨지요?"

"저의 제일 큰 문제가 바로 혈기였거든요. 저는 다른 사람에게는 혈기를 통 내지를 않아요. 하지만 제 식구들, 특히 남편에게는 얼마나 혈기를 부리는지 괴롭기가 말로 다할 수 없어요. 제가 이 혈기를 고치기 위해 수년 동안 작정 금식도 해보고 귀신도 쫓아 보고, 정말 안 해 본 일이 없어요. 그런데 좋아진 것 같다가도 얼마 지나면 똑같아지는 거예요. 그래서 결국은 '이것은 내 성격이로구나.' 하고 고치기를 아예 포기하다가도 한 번씩 불같이 화를 내고 나면 기도가 막혀 기도할 수 없는데다 다시 회복하려면 너무 힘이 들어서 정말이지 너무도 괴로웠어요."

"그래요. 충분히 이해할 수 있습니다. 그런 분들이 너무나 많지요. 그런데 대개 어떤 때 그렇게 화를 내시나요?"

"평소에는 그다지 화를 안 내는 편인데 남편이 술만 마시면 그때부터는 내가 제 정신이 아니게 화가 나버려요."

"바깥분이 술주정을 하시나요?"

"아니요. 남편은 술주정 하는 일도 없고 술을 마셨다고 해서 다른 사람을 귀찮게 하지도 않아요. 그냥 얼굴만 벌게지고 마는데, 저는 남편이 술을 마신다는 그 자체가 견딜 수 없어요. 남편이 술 마시는 모습만 보면 자신을 주체할 수 없을 정도로 화가 나기 때문에 술을 마시지 말라고 남편을 달래 보기도 애원도 해보았지만 남편도 그런 제가 이해가 안 되는 모양이에요. 술 마신다고 저를 괴롭히는 것도 아닌데 대체 왜 그러느냐고요.

그런데 이번에 강의를 들으면서 '아! 내게 문제가 있구나. 나는 치료받아야 되는 사람이다' 라고 알게 된 것입니다. 그리고 치료받기 위해서는 먼저 독의 씨앗을 알아야 한다고 해서 저는 열심히 기도하기 시작했지요."

그분의 얼굴은 점점 슬픔에 젖은 표정으로 바뀌어 갔다.

"기도하는데 처음에는 지나간 안 좋은 일들이 이것저것 수없이 떠오르더군요. 하지만 일부러 생각하려고 하지 말고 주님이 가르쳐 주시도록 주님께 마음을 집중하고 물어보라고 하셔서 다시 한 번 주님께 물어보았지요. 도대체 제가 왜 남편에게 그러냐고요.

그런데 그때 갑자기 제 마음에 전혀 뜻밖의 기억이 떠올랐어요. 그 기억은 제가 초등학교 저학년 때 일이었어요. 저는 그때 마루 끝에 상을 놓고 앉아 숙제를 하고 있는데, 갑자기 대문이 열리면서 술에 취한 아버지가 삽을 들고, 저를 죽여 버리겠다고 소리치며 달려드시는 거예요. 너무나 놀라서 손에 연필과 지우개를 든 채, 집 뒤 보리밭으로 달려가 그 속에 엎드려 숨었어요. 멀리서 아버지가 소리치며 악을 쓰는 소리가 들리는데 그때 얼마나 무서웠던지 몰라요. 저는 보리밭 속에 숨어서, 만일 이곳에서 죽으면 내가 이렇게 죽었다는 것이라도 알리고 싶어서, 그 어린 마음에 연필로 허벅지에 제 이름 석 자를 아프게 새겼습니다.

생각해 보니 아주 가끔 이 기억이 났던 것 같아요. 하지만 그저 그런가 보다 했지 심각하게 여기지는 않았어요. 그런데 조금 전에 기도할 때 이 일이 제게 어떤 마음을 만들었는지 이해가 가더라고요. 바로 하나님이 보여 주신 것이었어요. 제가 왜 남편의 술 마신 모습을 그렇게 싫어하고 진저리를 치고 화를 내는지 그 이유를 말이에요.

제 남편, 아니 누구든지 술 마시는 사람만 보면 그렇게 화를 내고 자제하지 못했던 것이 바로 어릴 때 저를 죽이려고 달려들던 아버지의 술 취한 모습이 제 안에 있어서였나 봅니다. 바로 제가 문제였는데 그것도 모르고 하나님의 이름으로 그를 정죄하고 괴롭혔던 거예요. 제 안에 있는 이 독의 씨 때문에 오십이 넘은 이때까지 괴로워하고 있었다니….”

“조금 전에 상담을 하신 것 같던데요.”

“네! 갑자기 이것들이 느껴지니까 너무나 가슴이 떨리고 답답해서 상담했어요. 상담해 주신 분과 기도를 하는데 주님께서 보리밭 속에 숨어 있는 저에게 오셨다는 것을 마음으로 느꼈어요. 그리고 저에게 이렇게 말씀하시는 걸 들었어요. '너의 아버지가 너를 두렵게 하는구나. 그러나 나는 너를 두렵게 하는 아버지가 아니다.' 이 말을 듣는 순간 저는 제 몸을 어떻게 할 수가 없었어요. 그냥 감사하다고 표현하기에는 너무 부족해요. 정말이지 미칠 것만 같더라고요. 주위에 아무도 없으면 그 자리에서 막 뒹굴고 싶었어요. 제 입에서 악이 써지는데 제가 뭐라고 했는지도 모르겠어요. 이렇게 저는 하나님이 그 보리밭 속에 있는 저에게 말씀해 주시는 것을 체험했어요."

그분은 다음 날 이렇게 간증했다.

"저는 이제껏 하나님을 열심히 믿으면서도 항상 하나님은 무섭고 어딘지 두렵기만 했습니다. 입으로는 좋으신 하니님이라고 말하며 노래했지만, 좋기보다는 무섭고 두려운 하나님이었습니다. 그런데 이제는 제가 왜 그런 식으로 하나님을 느꼈는지 알게 되었습니다. 저를 죽이려고 달려든 아버지의 모습, 제 마음속 깊은 곳에 바로 그 모습이 있었습니다. 그래서 하나님도 어딘지 모르게 무서워했다는 걸 알았습니다.

하지만 이제는 하나님이 정말 좋으신 분이라는 것을 알았어요. 제 가슴에 막힌 하수구가 뻥 뚫린 것 같아요. 이제야 그동안 제가 얼마나 무거운 것을 가슴에 달고 다녔는지 알겠어요. 그때는 무거운지도 모르고 살았는데 어떻게 그 무거운 것을 달고 다녔을까요? 다시는 그렇게 무거운 것을 가지고는 못 살 것 같아요."

 실제 2

데려가시든지 이혼하게 해주시든지
- 내 남편의 모습 속에서 도망가는 아버지를 보았다 -

내 기도 제목은 항상 똑같았다. 동네에서 유명한 남편의 술버릇을 고쳐 달라고 기도하는 것은 이미 지쳐 버렸고, 다만 하나님이 데리고 가시든지 이혼하게 해주시든지 하는 것이었다.

남편은 결혼하고 지금까지 돈을 제대로 벌어다 준 적도 없고 집에 변변히 있지도 않았다. 집에 있을 때는 술을 마시거나 자거나 둘 중 하나였고, 일 년이고 이 년이고 집을 나가 소식도 없기 일쑤였다. 그런 그를 더는 남편이라고 생각할 수도 없었지만 다만 아이들 때문에 살고 있을 뿐이었다. 언젠가 아이들이 크면 그때는 미련 없이 정리해야겠다고 결심한 지 이미 오래였다.

그런데 하나님에 대한 믿음이 깊어갈수록 내 생각이 잘못됐음을 알았기에 이러지도 못하고 그렇다고 남편을 좋아할 수도 없고 해서 마음의 고통은 더해 가기만 했다. 실로 나의 삶은 참고, 참고 또 참고 사는 것, 그것뿐이었다. 사람들은 이런 나를 보면서 어떻게 그런 남편하고 같이 살 수 있는지 놀랐다.

그러다가 내적치유세미나에 왔는데 말씀을 듣다 보니 남편만 죽일 놈이 아니라 내게도 집안을 이렇게 만든 잘못이 있을지 모른다는 생각이 들었다. 남편을 생각하면 화가 나고 억울하지만 이제 오십을 넘긴 나이, 만에 하나 나에게도 내 인생을 이 지경으로 만든 문제가 있다면 그것이 무엇인지 알고 싶었다.

"하나님, 우리 집 꼴이 이렇게 된 것이 내게도 문제가 있다면 그것을 알게 해주세요"

'하지만 내게 무슨 문제가 있을 수 있을까? 문제가 있다면 저런 남편과 지금까지 사는 바보라는 것이겠지!' 그런데 정말 뜻밖이었다. 기도하는 내 눈앞에 너무나 의외의 장면이 떠올랐다. 6.25 폭격 때 나를 두고 도망가는 아버지의 뒷모습이었다.

나는 그때 아주 어린 아이였던 것 같다. 하늘에서 폭탄이 떨어지는데, 그 지옥 같은 상황에서 아버지가 나를 마루에 두고 혼자서 정신없이 도망가는 것이었다. 그때, 폭탄으로 우리 옆집은 모두 부서지고 다행히 우리 집만 남아서 지금 내가 이렇게 살아있는 것이다.

갑자기 왜 이런 생각이 나는지는 알 수 없었다. 전혀 생각해 보지 않았던 지난 일이었기 때문이다. 그런데 그 장면이 떠오르면서 앉을 수도 설 수도 없는 불같은 감정이 속에서 올라오기 시작했다.

'그럴 수가 있을까? 그럴 수가 있을까?'

아버지에 대한 분노로 가슴이 막혀 곧 숨이 넘어갈 것만 같았다. 더는 강의를 들을 수가 없었다. 어떡해야 하는지 알 수도 없고 기도도 나오지 않았다. 밖으로 뛰쳐나와 하늘을 보고 산을 바라보았다. 하지만 내 속의 타오르는 불을 어찌할 것인가?

얼마 후에 아버지를 용서해야 한다는 생각이 들었지만, 도저히 그럴 수 없었다. 어떻게 그 어린아이를 두고 혼자서 도망가실 수 있단 말인가!

그런데 불바다가 되어 있는 내 마음속에 조용히 떠오르는 모습이 있었다. 십자가에 달리신 주님의 모습이었다. 주님은 그 모습을 내게 보이시면서 내 안에서 말씀하셨다.

'비록 너의 아버지는 너를 두고 도망갔지만 내가 너를 지키지 않았느냐? 그래서 네가 산 것이 아니냐? 그러니 아버지를 용서해라'

거역할 수 없는 주님의 부탁이었다. 처음 장면이 다시 보이면서 폭탄 속에서 나를 가슴에 안고 계시는 주님이 느껴졌다.

'아, 그래서 내가 살았구나. 그때는 내가 교회를 다니지도 않았고 예수님을 부르지도 않았는데 그때도 주님은 나를 지키고 계셨구나!' 나는 주님을 보면서 나를 두고 도망가시는 아버지를 용서해드렸다. 그리고 내 마음속에 떠오르는 지나온 억울한 일들, 나를 억울하게 한 사람들을 모두 용서했다.

그러고 보니 내가 왜 남편을 싫어하고 남편도 술을 안 마시고는 집에 들어올 수 없었는지에 생각이 미쳤다. 시집와서 처음으로 시누이들과 시집 식구들에게 혼수 문제로 아주 곤란을 당한 일이 있었다. 그때 남편이 나를 보호해 주기를 바랐는데 남편은 전혀 그런 방패막이가 되지 못했다. 나는 그 일을 당하면서 완전히 남편에게 등을 돌려 버린 것이다. 나를 보호해 줘야 하는 아버지가 나를 두고 도망가는 한을 마음에 품고 있던 내게는 남편의 그런 행동이 아버지와 똑같아 보인 것이다. 이런 마음이 내 안에 숨겨져 있을 줄 내 어찌 알았을까! 다만 남편이 싫었고 밉다고 생각할 뿐이었다. 울면서 시작하고 울면서 끝난 집회를 뒤로하고 집에 온 나는 남편에게 말했다.

"여보, 나도 이제까지 고생하고 힘이 들었지만, 당신도 나 때문에 힘 많이 들었지요?"

평생 한 번도 해 보지 않은 말이었다. 어색하고 쑥스러웠지만 나도 모르게 남편 앞에서 이렇게 말했다. 내 얼굴이 어땠는지는 모르겠지만, 그때 남편은 너무나 놀라는 것 같았다. 얼떨떨하게 나를 보더니 한참 후에 어색한 태도로 말했다.

"아니야, 당신이 더 힘들었지"

그때 처음으로 남편에게 당신이라는 말을 들어 보았다. 이제까지 남편은 나를 부를 때 욕으로 불렀지 '여보' 나 '당신' 이라고 불러본 적이 없었다.

그런 일이 있고 나서 고목나무와 같던 우리 가정에는 놀라운 변화들이 일어나기 시작했다. 첫째는 남편이 술을 끊으려고 노력을 했다. 남편에게 술은 희망이고 살아가는 목적이었다. 하루도, 단 한 시간도 취해 있지 않으면 견디지 못했다. 그랬던 남편이 정말 술을 끊겠다는 것이다. 그 전에 내가 갖은 욕설과 별별 말을 하며 별별 수단을 다 써서 끊게 하려고 노력했지만, 지금까지 실패했는데 이제는 자진해서 술을 끊으려고 하고 일도 열심히 했다. 한 번은 그런 남편이 너무 측은해서 내 손으로 직접 술을 사다 주었다. "여보, 너무 억지로 끊으려고 하지 마요. 못 참을 때는 마시고 하나님께 기도해요. 끊을 힘을 달라고요."

술 중독자인 남편에게 내가 어떻게 이런 여유있는 말을 할 수 있는지 나도 놀랍기만 하다. 내 인생 이제 육십을 바라보는 나이,

그동안 오직 미워하고 괴로워하며 죽지 못해 살았던 한많은 인생이 지금이나마 새롭게 변해 가는 것은 말 그대로 기적이다. 우리 동네에서 술 중독으로 유명한 내 남편, 그런 내 남편이 변해 가고 있다.

 실제 3

밥그릇을 엎으면 복이 달아난다고 하셨는데

나에게는 누구에게도 말할 수 없는 비밀 아닌 비밀이 오래전부터 있었다. 특히 내가 전도사 생활을 하고 난 뒤, 그리고 단독 목회를 하고 난 후에는 더욱더 이 말을 할 수가 없었다. 그런데 이제는 누구 앞에서든지 이 이야기를 하고 싶고, 해야겠다고 생각한다.

그렇다. 정말 이 일을 말하지 않고는 견딜 수 없는 심정이다. 더구나 얼마 전 구십이 다 되신 노모가 나를 통해 쉽게 예수님을 영접하시는 것을 보면서, 내게 일어난 이 일이 얼마나 중요한 일인지를 다시 한 번 느끼게 되었다. 나에게 이 일이 일어나기 전까지는 수없이 어머니를 전도하려 했지만 그때는 전혀 끄떡도 안 하시던 분이셨다. 그런 어머니가 고집이 세서 그러려니 생각하고 안타깝기만 할 뿐이었는데, 이런 결과를 보니 결국, 내가 어머니의 마음을 주님께 열지 못하게 막아 온 방해자였다는 것을 알게 되었다. 생각할수록 너무나 기가 막힌 일이다.

내가 아무에게도 밝힐 수 없었던 나의 비밀은, 가끔 나의 눈앞에서 지나가는 환상이었다. 그런데 그 내용이 너무나 끔찍하고 좋지 않았다. 처음에는 누군가 밥상을 엎고, 나중에는 수저와 밥그릇이 아주 날카롭게 날아가는 것이 보였다. 예리한 그릇이 얼마나 날카롭게 날아가는지, 그 영상이 눈앞에 스칠 때마다 머리칼이 쭈뼛할 정도였다. 그런데 세월이 갈수록 그 영상은 더욱 날카로워져서, 마치 한 치의 오차도 없이 상대를 맞힐 것 같은 그런 무서움이 있었다. 나는 도대체 이 영상이 무엇인지 알 수가 없었다. 귀신의 장난인가 해서 수없이 귀신을 대적도 해 보았지만, 눈앞에 지나가는 이 영상은 없어지지 않았다. 그리고 이 영상과 함께 아버지의 말씀이 생각났다.

"밥그릇을 소중히 해야 복 받는다."

그러면서 정말로 이것 때문에 내 인생의 복이 모두 달아났나 보다 하는 생각이 들곤 했다. 사실 내 인생은 너무도 험난한 길이었다. 자식들이 나보다 먼저 죽고 남편도 나보다 먼저 갔다. 남편이 가고 난 뒤에 남겨진 것이라곤 어린 딸 셋뿐, 아무것도 없었다. 그래서 이 영상이 나는 복이 없는 사람이라는 것을 암시해 주는 것 같았다.

하지만 하나님을 믿는 사람이었기에 이런 생각을 믿고 싶지 않았다. 나는 열심히 일했고, 내 모든 마음을 다해 하나님을 섬겼다. 하지만 내 눈앞에 언뜻언뜻 지나가는 이 영상은 사라지지 않았다. 급기야는 밥상을 앞에 놓고 앉으면 내 자신이 마치 밥그릇과 수저를 던지는 것 같았다. 귀신이 내 옆에 있다고 생각했다. 그런데도 누구에게도 이 말을 할 수가 없었다. 전도사인 내가 이 말을 한다면 사람들이 어떻게 생각할지 두려웠다.

세미나에 참석했을 때, 이유도 없이 눈물이 흘렀다. 그동안 병든 몸을 이끌고 살면서 숱한 어려움을 당했지만 울어 본 적은 없었다.

그런데 여기 와서 이유도 모른 체 눈물이 주체할 수 없이 쏟아지는데, 눈앞에 한 장면이 뚜렷이 떠오르기 시작했다.

미닫이문이 가운데 있고 윗방과 아랫방으로 나누어진 곳이 보였다. 아주 어릴 때 내가 살았던 바로 그 집이었다. 아버지는 윗방에서, 나와 어머니는 아랫방에서 밥을 먹고 있는데 두 분이 무슨 이야기를 하셨는지 갑자기 아버지께서 어머니를 향해 밥그릇을 던지셨다. 그러자 어머니가 다시 수저를 아버지에게 던지신 것이다. 그런데 그곳에 나의 모습이 보였다. 나는 옷을 입지 않고 발가벗은 채 어머니 무릎에 앉아 밥을 먹고 있었는데, 두 분이 싸우시는 바람에 반찬과 오물로 범벅이 되었다. 온 몸에 오물을 뒤집어쓴 채 떨며 울고 있는 어린 내 모습이 보인 것이다.

그제야 나에 대해서 이해가 되었다. '아! 항상 내 눈앞에 지나가던 영상이 바로 저것이었구나! 귀신의 장난도 아니고, 내가 재수 없는 여자도 아니고 바로 저것이었구나!' 하지만 나는 무엇을 어떻게 해야 할지 알 수가 없었다. 마음은 더욱더 답답해 왔다. 도대체 무엇을 어떻게 해야 한단 말인가?

할 수 없이 상담실을 찾아 이야기했다. 전도사인 내가 이런 말을 다 털어놓기까지는 사실 많은 용기가 필요했지만 나는 정말이지 새롭게 되고 싶었다. 상담을 해주신 분과 함께 기도하는 중에 다시 한 번 주님은 그 장면을 나에게 떠올려 주셨다.

그러나 이번에는 내가 몰랐던 한 가지가 있었다. 바로 주님이 그 어질러진 방 안에 계셨다. 그리고 두 분이 싸우고 계실 때 조용히 아이를 끌어안고 다락으로 데리고 가서 닦아 주시는 것이었다. 그런데 아이는 계속 엄마를 욕하고 있었다. 아마도 엄마가 이 싸움을 일으켰다고 생각하는 것 같았다. 누군가를 향해서 계속 입을 비쭉이며 욕하고 있는 아이에게 주님이 분명하게 들려주신 말씀이 있었다.

"네 엄마가 몰라서 그렇단다."
"네가 이해하렴."

단 두 마디 말씀이었다. 그런데 주님의 말씀을 듣는 그 순간 쪼개질 것처럼 아파오던 가슴에서 마치 풍선에 바람이 빠지듯이 아픔이 빠져나가기 시작했다. '어떻게 이런 기쁨이 있을 수 있을까!' 말할 수 없는 기쁨의 물결이 마음속에 흘러넘쳤다. 주님이 나에게 새 옷을 입히시고 함께 황무한 땅으로 걸어 나가시는 것을 보았다. 그 땅은 황폐하고 식물이 전혀 자랄 수 없는 땅인데 점점 식물이 자라기 시작하는 것이었다. 어린 나는 주님과 함께 그곳에서 놀았다.

상담해 주시는 분 앞에서 내가 얼마나 울었는지 모른다. 벌써 오십이 다 된 내 가슴속에 주님의 손을 잡은 어린아이의 기쁨이 넘쳐 흘렀다. 그러면서 나는 놀라운 사실을 알았다. 그때 나를 잡아 주신 주님의 손, 그 손이 지금까지도 나를 잡고 계셨다는 사실이다. 그 손은 한 번도 나를 놓으신 적이 없고 항상 내 안에서 나에게 말씀하신 바로 주님의 손이었다. 전도사이지만 하나님이 이렇게 가깝게 느껴진 적이 없었다. 하나님은 내 곁에서, 내가 마시는 공기처럼, 내가 사는 이 우주 바로 그 자체처럼 나와 함께 계시는 분으로 다가왔다.

이 사건 이후부터 어머니에 대한 나의 감정이 바뀌기 시작했다. 어머니가 보고 싶었다. 내가 어머니를 보고 싶어 한다는 것은 너무나 놀라운 감정의 변화였다. 그리고 어머니가 너무나 불쌍한 분이라는 생각이 들었다. 생신 때 어머니를 뵙고는 나도 모르게 주님을 믿으시라고 권했다. 어머니는 누구든 교회 말이라면 꺼내지도 못하게 하시는 분이셨고 내 말도 전혀 듣지 않으시는 분이셨는데, 놀랍게도 너무도 어린아이같이 내 말을 받아들이셨다. 기적이었다.

나는 정말 내 마음속에 어머니에 대한 원망의 벽이 있음을 몰랐다. 수십 년간 그 벽을 가지고 어머니에게 사랑의 주님을 말했을 때는 아무런 소용이 없었다. 그런데 이제 내 마음 안의 그 벽을 없애고 나니 주님의 사랑이 그대로 전달이 되었는지 어머니는 어린아이처럼 내게 의지하셨다. 그렇게도 고집이 세셨던 예전의 그 모습이 아니셨다.

그런 후에 나는 세상에서 가장 든든한 동역자를 얻게 되었다. 그들은 바로 나의 세 딸이었다. 그 애들은 교회 안에서 자랐고 나의 모든 생활을 누구보다 잘 알고 있었기에 안 좋은 일이나 나의 고통을 보면서 하나님을 원망하고 차라리 콩나물 장수로 사는 편이 낫다는 말까지 했었다. 그런 딸들이 나와 할머니의 변화를 보며 바뀐 것이다.

"엄마! 제가 이 세상에서 가장 존경하는 분은 바로 엄마예요. 그리고 이제는 하나님이 원망스럽지 않고, 정말 그분이 살아 계신 것을 믿어요. 나도 하나님을 위해 살고 싶어요."

이 말을 들으니 세상에서 가장 부자가 된 것 같다. 이제는 마음의 치유가 얼마나 중요한지를 알았다. 그러기에 나의 목회 역시 그런 방향으로 하려고 한다.

과정 **2**

지식인가, 관계인가?

주 안에서 자신을 겸손히 낮출 때
주께서 당신의 얼굴을 들어
주실 것입니다

이 과정의 목적

 내적치유세미나의 두 번째 과정은 근본적으로 다른 두 가지 삶의 타입에 대해 깨닫게 해주는 내용이다. 그중 하나는 하나님과의 관계 속에서 나오는 생명의 힘으로 사는 삶이고, 또 다른 하나는 창세기 3장에서부터 시작된, 하나님께서 독립하여 자신의 힘으로 사는 삶이다.

하나님은 인간이 하나님과의 관계를 가장 중요시하며 그 관계 안에서 생명나무의 열매를 먹으며 살아가길 원하셨지만, 인간은 이것을 거절하고 그 대신 자신을 지혜롭게 할 것 같은 지식의 나무를 선택하였다. 그 결과 인간은 지금까지도 자신이 원하는 행복을 위해 끊임없이 지식을 쌓아야 그것을 얻을 수 있다는 착각에 빠져 있고, 그것은 인간을 지식의 노예로 만들었다. 이런 삶의 태도는 하나님과의 관계가 회복되는데 아무런 도움을 주지 못하는 교만한 인간의 모습만 만들 뿐이다.

그리고 더욱더 불행한 것은 그런 삶의 방식을 그리스도인이 된 뒤에도 여전히 고수하고 있다는 사실이다. 따라서 이 과정은 우리의 그런 태도를 깨닫고 새로운 태도를 구하기 위함이다.

1. 지금도 생명나무와 선악과의 싸움이 있다.

  1) 사람들이 말하는 '안다' 라는 개념은 두 가지이다. 하나는 관계 속의 체험적인 것이고 또 다른 하나는 머릿속의 지식적인 것이다.

  히브리서에서는 이 두 가지 단어를 정확히 구분하고 있다. 성경에서 하나님을 안다고 하는 의미로 쓰인 히브리어 '야다(ירע)'는 남녀가 성관계를 통하여 서로를 안다고 하는 의미가 있다. 즉 실제적인 경험, 관계를 통해 아는 것이 성경에서 말하는 '안다' 의 의미이다.

  2) 신앙의 성장과 인격의 변화는 지식이 아니라 관계의 힘에서 비롯된다.

  가족이나 사랑하는 사람과 관계가 깨질 때의 고통을 맛본 사람이라면 행복감은 지식이 아니라 관계에서 나온다는 사실을 절감하게 된다.

  3) 속사람은 지식이 필요한 것이 아니라 관계가 먼저 필요하다. 관계가 이루어질 때 지식은 채워질 수밖에 없다.

  갓난아이는 엄마에 대한 지식(엄마의 나이, 주소 등등)이 없어도 엄마를 안다. 말도 못하지만, 엄마를 안다. 그 모습 속에서 우리는 관계라는 의미를 이해할 수 있다.

  하나님에 대해 박사학위를 가질 만큼 지식이 많아도 하나님이 자신을 사랑하신다는 사실에 대해서 믿지 못할 수 있다.

4) 우리의 사고는 모든 것을 알아가는 척도를 관계가 아닌 지식으로 스스로 입증시킨다.

즉, '내가 하나님에 대해 이러이러한 객관적인 자료를 많이 가지고 있으니까 그 분을 잘 알고 있다'고 확신한다는 것이다.

5) 이러한 사고체계는 창세기 이후에 인간 안에 굳어버린 습관이다.

6) 하나님의 도우심이 없이는 우리 스스로 하나님에 관한 지식이 머리에 속했는지 관계에서 나왔는지 분별하기 어렵다.

그 이유는 하나님과의 관계 속에서 만들어진 내 것이 된 앎, 내 것이 된 지식의 힘과 단순한 정보의 차이를 비교해 보지 않았기 때문이다.

또한, 지식은 사람을 교만하게 만들어 속이기 때문이다. 서기관과 바리새인들은 자신들이 하나님에 대해 누구보다도 잘 안다고 생각했다. 왜냐하면, 그들에게 하나님에 관한 정보가 누구보다 많았기 때문이다. 하지만 그들은 인간으로 오신 하나님을 그들의 눈으로 직접 보고 함께 이야기까지 했음에도 불구하고 알아보지 못하고 그분을 죽였다.

7) 하나님은 우리가 단지 하나님에 대한 정보를 가진 자가 아니라 주님을 영접한 후 관계를 통하여 하나님을 알아가는 살아 있는 지식으로 가득 채워진 자녀들이 되기를 원하신다.

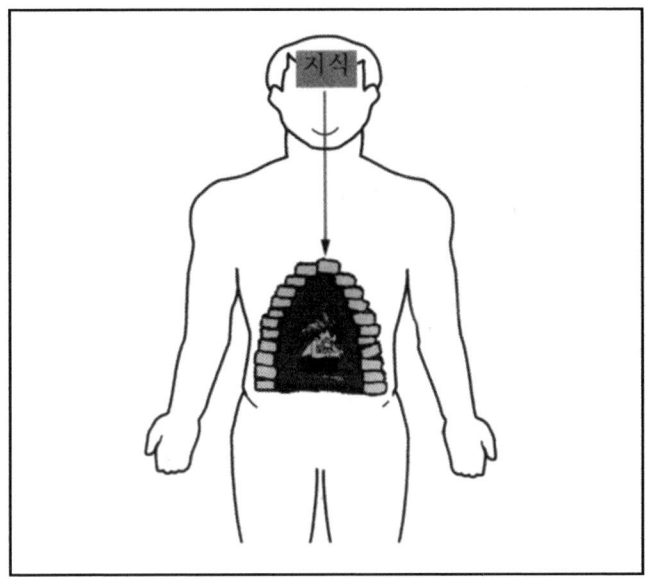

[그림 3]

머리로 알고 있는 지식은 내면의 속사람이 알고 느끼는 것과는 차이가 있다. 머릿속에 들어온 하나님에 관한 지식은 마음 안에 숨은 사람에게 전달되지 못하고 벽 때문에 차단되어 있다. 벽을 뚫고 이 속사람에게 들어갈 수 있는 것은 머릿속에 들어온 정보가 아니라 실제적인 관계에서 나오는 앎이어야 한다.

8) 하나님에 관한 지식, 즉 정보는 하나님과 관계를 이루는데 사용될 수 있다. 하지만 성령의 도우심이 없는 지식은 그저 정보로 머물 수밖에 없다. 정보로 머물러 있는 지식은 내면의 성장에 영향을 미치지 못한다.

2. 관계로부터 오는 것이 아닌 하나님에 관한 지식이 우리를 이끌어 갈 때 나타나는 삶의 특징들

1) 지식이 많아져도 지식이 그 사람의 성격과 삶, 성품을 바꾸지 못한다. 하나님과의 교제는 속사람을 능력으로 강건하게 만들어 성품을 변화시킨다. 그러나 지식의 증가는 성품의 변화를 일으키지 못하고 오히려 교만해져 입으로만 가르치는 삶이 되게 한다. 그것은 곧 죽은 지식이며 힘이 없는 종이호랑이와 같다.

자살을 수차례 시도했던 어느 성도의 고백이다.

"막 자살을 하려는 그 순간, 비로소 나는 내 마음속에 하나님을 느끼지 못함을 알았습니다. 내 생활이 어느 정도 안정되었을 때에는 내가 하나님에 대해서 잘 알고, 다른 사람에게 지지 않을 만큼 잘 믿고 있다고 생각했어요. 그러나 극한의 고통에 이르렀을 때 나는 내 안의 텅 빈 가슴을 보게 되었습니다. 내 속사람은 하나님과 만남도 없이 그저 혼자서 울고 있는 나밖에 느껴지지 않았습니다. 실제로 내가 부르는 하나님은 나의 머릿속에 들어 있는 죽은 하나님일 뿐, 내 가슴속에 살아 계신 분은 아니었습니다."

2) 정보적인 지식은 숨어 있는 동기를 변화시키지 못한다.

자아가 변화하기 위해서는 예수 그리스도에게 그동안 자신이 차지하고 있던 자리를 내어 드려야만 한다. 자아의 자리는 인간의 중심이다. 정보로 가득한 이성의 영역은 극히 표면적일 뿐이다. 이곳에서는 자아가 지배하는 모습이 드러나지 않는다. 그래서 표면적으로는 하나님께 순종하지만 깊은 내면에는 이기적인 자아가 왕 노릇 하는 이중적인 삶의 구조가 진행되어 간다.

3) 지식으로 자신을 이끌어 갈 때, 그들의 안정감의 근거는 자신이 알고 있는 지식이기 때문에 누군가 자기와 다른 의견을 제시하면 그를 자신에 대한 도전으로 받아들여 반발하고 그리스도의 몸을 나눈다.

하나님에 대한 진리 때문에 나뉘는 것이 아니라 자기 의견을 무시했다고 패를 짓고 상대방을 대적한다. 그리스도 안에 하나 된 공동체는 의견이 똑같지 않을지라도 다양한 사람들이 성령 안에서 하나되고 연합할 수 있다.

4) 머리에만 머문 하나님에 대한 정보는 순종의 능력을 키우지 못한다.

신앙은 모험이며 이성을 뛰어 넘는다. 이스라엘 백성이 가나안 땅 앞에 서서 가나안을 지배하고 있는 거인 족속들을 보았을 때, 그들은 모두 뒤로 물러섰다. 그들이 입으로 고백했던 '하나님은 살아 계신 보호자' 라는 머릿속의 지식은 현실 앞에서 종잇장같이 바람에 날아간다.

가슴으로 내려오지 않은 지식은 내 것이 아니다.

5) 그들은 결국 하나님을 대적하는 자들이 된다.

지식 지향적인 삶의 태도는 이성주의자가 되고 합리주의자가 되어 결국은 성령의 역사를 대적하고 하나님의 사람들을 대적한다. 성령을 거역하는 것은 육신의 생각이다.

육신의 생각은 하나님과 원수가 되나니 이는 하나님의 법에 굴복하지 아니할

뿐 아니라 할 수도 없음이라 (롬 8:7)

인간의 이성을 토대로 만들어진 육신의 생각은 성령의 생각을 거스른다.

3. 하나님과의 관계가 이루어진 삶의 특징

1) 하나님과의 관계는 외부환경의 변화에 의해 끊어지지 않는다.

> 내가 확신하노니 사망이나 생명이나 천사들이나 권세자들이나 현재 일이나 장래 일이나 능력이나 높음이나 깊음이나 다른 어떤 피조물이라도 우리를 우리 주 그리스도 예수 안에 있는 하나님의 사랑에서 끊을 수 없으리라 (롬 8:38~39)

부모와 자식의 관계처럼 그 관계는 실질적이기 때문에 상황과 관계없이 지속적이며 일관적이다. 비록 죄를 지었거나 혹은 삶 속에서 어려운 일이 닥친다 할지라도 그 일로 하나님에 대한 관계가 근본적으로 깨져 버릴 수는 없다.

2) 관계 속에서 매일의 나눔을 가진 사람은 한 사람이 전 세계를 이길 수도 있는 힘을 가진다.

노아가 모든 사람의 판단과 조소, 비난, 유혹을 물리치고 120년 동안 배를 지을 수 있었던 것은 그가 하나님과의 관계 속에서 사는 사람이었기 때문이다.

120년은 현대 인간의 최고 수명이다. 노아는 평생 누구도 이해하지 못하는 삶을 살면서 그로 인한 압박감과 외로움을 견디고 하나님이 시키시는 일을 완수했다. 히브리서 11장의 믿음의 조상들이 또한 그렇게 살았다. 하나님의 존재가 지식이 아닌 그들 속사람이 경험한 실상이었기 때문이다.

4. 어떻게 우리가 지식이 아닌 관계의 삶을 살아갈 수 있는가?

하나님의 도움이 없이는 위로부터 오는 지식을 가질 수 없음을 아는 겸손함과 정직함이 필요하다. 하나님은 인간의 노력이나 지능지수로 알아갈 수 없다.

어린아이가 어머니의 젖을 간절히 찾듯이 우리도 그렇게 헐떡이는 심정으로 말씀이 내 안에 심어지기를 사모해야 한다. 간절히 찾는 사람을 하나님은 만나신다. 가난한 심령의 간절함이 필요하다.

또한, 내가 가진 사역이나 다른 외적인 것으로 자신과 하나님과의 관계를 입증하려고 하지 말고, 언제든지 마음속에 정직함으로 하나님께 나가야 한다. 산을 움직일 만한 믿음이 있고 자신의 몸을 불태워 구제에 앞장섰다 할지라도 '나는 너를 모른다.' 는 말을 들을 수 있는 텅 빈 관계도 있을 수 있다.

> 거짓 선지자들을 삼가라 양의 옷을 입고 너희에게 나아오나 속에는 노략질하는 이리라 그들의 열매로 그들을 알지니 가시나무에서 포도를, 또는 엉겅퀴에서 무화과를 따겠느냐 이와 같이 좋은 나무마다 아름다운 열매를 맺고 못된 나무가 나쁜 열매를 맺나니 (마 7:15~17).

5. 내적치유는 관계의 삶을 위한 것이다.

1) 하나님이 언약의 백성들에게 처음 주신 십계명은 돌로 만든 판 위에 새겨졌다. 그 계명은 사람들의 마음판이 아니라 밖에 있었다. 그로 인한 결과는 그 계명들이 마음 밖, 즉 머릿속의 정보로 머물 뿐 마음 깊이 새겨지지 못했다. 이제 하나님은 성령을 보내셔서 우리의 마음판에 계명을 새겨 가신다.
 내적치유세미나는 이 과정을 돕기 위한 것이다. 마음판에 하나님의 계명이 새겨지는 것은 관계 속에서만 이루어진다.

2) 마음판에 하나님의 계명이 새겨지기 위해서는 반드시 속사람에게 정확히 하나님의 말씀이 전해져야 한다.
 우리 인생의 문제는 겉사람이 아닌 속사람에서 시작된다. 속사람이 변해야 한다. 삶이 변하려면 속사람이 변해야만 가능하다. 속사람이 변하지 않은 채 환경과 상황은 변할 수 없다. 속사람에게 하나님의 말씀이 전달되어야 한다.

3) 우리의 속사람이 하나님의 말씀을 들으려면 속사람을 묶고 있는 결박과 진들이 파괴되어야 한다.
 결박과 진은 우연하게, 저절로 생겨난 것이 아니다. 구체적인 사건과 필연적인 결과들로 생겨난 건축물이다. 그러므로 이것을 파괴하는 일 또한 구체적으로 이루어져야 한다. 하나님은 인간 안에 만들어진 강력한 진을 파괴하시는 능력을 말씀 속에서 주시고 있다.

내적치유는 결박과 진을 파괴하는 말씀 앞으로 인도하는 과정이다.(결박과 진을 만드는 생각에 대해서는 과정 10 '치유를 넘어 성숙으로'에 구체적으로 설명되어 있다.)

과정 **3**
나는 누구인가?

당신은 당신이 누구인지 알고 있습니까?
당신을 바로 안다면 결코 당신은 자신을
거부하거나 부끄러워하지 않을 것입니다

당신에게서 잘라내야 할 것이 무엇인지
이 방 안에 걸려 있는 거울에 비춰 보십시오

벗어야 할 것을 벗고 입어야 할 것을
입기 시작하십시오

이 과정의 목적

 자신을 거부하게 만든 잘못된 마음의 눈을 고치고 하나님의 눈으로 자신을 바로 보게 하기 위함이다. 자신을 바로 알지 못할 때 사람의 노예가 되며 주변 상황에 따라 흔들리는 풀잎이 된다.

 이단적인 운명론에 빠지게 되며 하나님이 주신 기회들을 잡지 못한 채 인생이 낭비된다.

 모든 혼란은 나를 바로 알지 못하는 것에서 출발한다

내가 누구인지 안다는 것은 도대체 무엇을 안다는 말일까?

내가 누구인지 안다는 것은 자신의 존재에 대한 가장 기본적인 답을 분명히 잡는 것이다. 즉 나는 어디서 왔으며 어디로 가는지, 그리고 나의 가치는 무엇인지를 아는 것이다. 내 이름을 아는 것이 나를 아는 것이 아니다. 이름은 법원에서 신청하면 바꿀 수 있다. 자신의 평생 직업 또한 내가 아니다. 은퇴하면 그 옷은 벗겨진다.

아이들에게 네가 누구냐고 묻는다면 애들의 반응은 어떤가? 이름을 말할 뿐 더 이상의 답은 없다. 그 대신 아이들은 부모의 뒤에 숨는다. 이름 외에 세상에서 준 자격증이나 명함이 없으므로 할 말이 없고 다만, 자신의 출생이 시작되는 부모를 가리킬 수밖에 없다.

이것이 인간이 자신을 아는 현주소다. 직업이나 사회적 위치 혹은 어머니나 아버지를 우리의 정체성으로 삼으며 살아오다가 그 모든 것이 하나둘씩 사라져 갈 때 사람들은 자신을 잃어버리고 삶의 의미를 상실한다. 나를 아는 것이란 세월이나 외부 조건에 따라서 변하는 것이 아닌 영원히 불변하는 나 자신의 진정한 신분에 대해서 아는 것이다. 하지만 인류 역사상 누구도 이 기본적인 질문에 대해 명확한 답을 제시하지 못했으나 오직 한 분 예수 그리스도만은 자신이 누구인지, 어디에서 왔으며 어디로 가는지를 분명히 아셨다. 그러므로 나를 알기 위해서 주님 자신에 대한 앎과 우리 자신의 답변을 비교해 보며 그 답변의 차이점을 아는 것에서부터 나를 찾는 발걸음을 시작해야 한다.

1. 당신은 어디에서 왔는가?

이 질문은 예수님을 조롱하는 자들이 던진 도전적이고 멸시에 찬 질문이었다. 즉 이 질문 속에는 너를 믿을 수 없다는 내용이 담겨 있다. 너의 외모를 보니 흠모할 만한 것이 없다는 말이다. 이렇듯 자신의 신분에 도전해 오는 적 앞에서 주님은 분명하고 간결하게 자신에 대해 답하셨다. 나는 스스로 온 것이 아니고 아버지께로부터 온 것이라고.

1) 예수님의 답변

예수께서 이르시되 하나님이 너희 아버지였으면 너희가 나를 사랑하였으리니 이는 내가 하나님께로부터 나와서 왔음이라 나는 스스로 온 것이 아니요 아버지께서 나를 보내신 것이니라 (요 8:42).

2) 우리 자신의 답변은 무엇인가?

당신을 무시하는 사람들이 당신에게 이런 질문을 던졌을 때 당신의 대응하는 태도는 어땠는지 생각해보라.

2. 당신은 어디로 가고 있는가?

1) 예수님의 답변

아버지께로 간다.

내가 아버지에게서 나와 세상에 왔고 다시 세상을 떠나 아버지께로 가노라 하시니 (요 16:28).

2) 당신의 답변은 무엇인가?

우리의 인생은 쉼 없이 지금도 어디론가 가는 중이다. 하지만 자신이 가는 종착역을 알지 못하는 사람은 운전을 열심히 하되 목적지 없이 달리는 것과 같다. 이런 운전자가 있다면 얼마나 어리석은 사람인가? 열심히 달리고 또 기름을 새로 채워 달리지만 목적지를 모르는 채 달리는 운전자, 하나님은 우리가 이런 운전자가 되기를 절대 바라시지 않는다.

3. 당신은 누구인가?

1) 예수님의 답변
내가 곧 생명의 떡이다.
> 예수께서 이르시되 나는 생명의 떡이니 내게 오는 자는 결코 주리지 아니할 터이요…. (요 6:35).

나는 길이요 진리다.
> 예수께서 이르시되 내가 곧 길이요 진리요 생명이니…. (요 14:6).

2) 당신의 답변은 무엇인가?

어떤 사람은 자신을 학생이라고 하고, 어떤 사람은 자신을 아주 우수한 사람이라고 대답하며, 또 어떤 사람은 자신을 실패자라고 부른다. 어떤 답이든 그 답은 자신이 스스로 만들어 낸 답이다. 그러기에 그것은 일시적이고 주관적이며 상황에 따라 순간적으로 변할 수 있는 답이다. 우리는 우리를 지으신 분으로부터 내가 어떤 가치를 가진 사람인지를 들어야만 한다.

4. 당신은 무엇 때문에 사는가?

1) 예수님의 답변

나를 보내신 이의 뜻은 내게 주신 자 중에 내가 하나도 잃어버리지 아니하고 마지막 날에 다시 살리는 이것이니라 내 아버지의 뜻은 아들을 보고 믿는 자마다 영생을 얻는 이것이니 마지막 날에 내가 이를 다시 살리리라 하시니라(요 6:39~40)

나를 보내신 이가 나와 함께 하시도다 나는 항상 그가 기뻐하시는 일을 행하므로 나를 혼자 두지 아니하셨느니라 (요 8:29)

주님은 자기 뜻을 행하기 위해서 사는 것이 아니라 자신을 보내신 분의 뜻을 행하기 위해 사는 것이라고 자신이 사는 이유에 대해 뚜렷이 밝히셨다. 주님은 자신이 말씀하신대로 사셨으며, 항상 자신을 보내신 분이 같이 계심을 알았기에, 어떤 멸시와 오해 그리고 핍박 속에서도 자신의 길을 꾸준히 걸어가실 수 있었다.

2) 당신의 답변은 무엇인가?

어떤 이는 누군가를 이기기 위해 살고, 어떤 이는 무시당하지 않고 살아갈 힘을 기르기 위해 살며, 어떤 이는 죽을 수 없으니까 그저 살아가기도 하고, 어떤 이는 쾌락을 즐기기 위해 살기도 한다. 자신을 그리스도인이라고 주장하는 것으로 그치지 말고, 정말 무엇 때문에 살고 있는지 내 마음속의 동기를 깊이 들여다보아야 한다. 자신이 무엇을 위해 사는지 분별할 수 있는 가장 쉬운 방법은 내가 무엇에 가장 예민하게 반응하는지를 보는 것이다. 내가 가장 예민하게 반응하고 가장 많이 생각하는 것, 그것이 바로 내가 살아가는 이유인 셈이다.

이와같이

예수님의 답변과 당신의 답변을 비교해 볼 때 당신과 예수님의 가장 큰 차이점은 무엇인가? 예수님의 자신에 대한 답변은 평생 변하지 않았으나 우리의 대답은 시간과 상황에 따라 기분에 따라 변한다는 점이다. 변하는 답이라면 그것은 내 존재에 대한 바른 답이 아니며 붙들어야 할 답이 아니다.

사람들은 저마다 자신의 말이 바르며 진리라고 강조한다. 그러나 예수님은 우리의 말이 진리가 되기 위해 다음 두 가지의 기본이 있어야 한다고 하신다.

첫째는, 우리 입에서 나가는 이론들이 사실일 수 있으려면 먼저, 그렇게 말하고 있는 본인 자신의 존재 이유에 대해 알고 있어야 된다고 말씀하셨다.

> 예수께서 대답하여 가라사대 내가 나를 위하여 증거하여도 내 증거가 참되니 나는 내가 어디서 오며 어디로 가는 것을 알이거니와 너희는 내가 어디서 오며 어디로 가는 것을 알지 못하느니라 (요 8:14).

둘째는, 나를 이 세상에 보낸 분과 함께 동행 중에 있어야 한다고 하셨다.

> 만일 내가 판단하여도 내 판단이 참되니 이는 내가 혼자 있는 것이 아니요 나를 보내신 이가 나와 함께 계심이라 너희 율법에도 두 사람의 증언이 참되다 기록되었으니 내가 나를 위하여 증언하는 자가 되고 나를 보내신 아버지도 나를 위하여 증언하시느니라 (요 8:16-18).

이 두 가지가 우리 안에 이루어져 있다고 말할 수 있는지 자신을 살펴보라. 이 두 가지의 조건을 만족시키지 못한다면 우리는 겸손하게 예수님 앞에 우리의 생각을 내려놓아야 할 것이다.

5. 인간은 자신에 대한 정체성을 어떻게 성립시켜 갈까?

1) 다른 사람의 답변에 의존해서 만들어 간다.
그 이유는 자신 안에서 답을 찾아낼 수 없었기 때문이다.
우리는 자신의 곁에 있는 사람들과의 관계 속에서 자신에 대한 답을 만들어 낸다. 그들은 우리 인생에 가장 깊이 관여한 사람들로서 대부분은 부모와 형제, 선생님과 친구들 혹은 친척이다. 또한, 세상의 문화나 매스컴에서 얻어지는 정보들을 가지고 자신에 대한 정체성 즉 신분증을 만들어 간다. 그리고 이렇게 서서히 만들어진 정체성은 평생 사실이든 거짓이든 거의 변하지 않고 우리의 삶을 그 정체성대로 형성해간다.

2) 하지만 심각한 문제는 그 신분증은 대부분 거짓이라는 점이다.
우리 스스로는 절대로 그것이 거짓된 신분증인지 알 수 없다. 이런 신분증은 매우 강력한 힘을 가지고 있는데 그것은 우리와 가장 가까운 사람들에 의해 형성된 것이고 또한 우리 자신에게는 진정한 신분증을 만들 능력이 없기 때문이다.

6. 대표적인 거짓 신분증 세 가지가 있다.

1) '나는 우연히 만들어진, 별로 중요하지 않은 존재'라는 신분증
이런 신분증이 만들어지는 배경을 살펴보자. 만일 어떤 사람이 그 부모로부터 한 인격체로서의 가치를 인정받지 못했다고 하자. 단지 친아들이 아니라는 이유로 인격적인 존중을 받지 못했다거나 혹은 부모의 마음에 들지 않는 점을 가지고 있다는 이유로 '너는 없어져야 할 아이다' 라는 식의 대접을 지속적으로 받아왔다면, 그 아이가 스스로 어떤 자부심을 가질 수 있을 것인가? 이 신분증은 이런 관계 속에서 만들어지기 쉽다.

미성숙한 엄마는 자신이 피곤할 때 귀찮은 감정을 가지고 아이를 대한다. 자신의 행동 하나하나가 아이에게 상처를 주고 그 결과로 얼마나 깊은 영향을 주는지를 인식하지 못한다. 이런 과정에서 아이는 자신의 존재에 대해 회의를 느끼며 자신이란 남녀의 성관계 속에서 우연히 만들어진 존재일 뿐, 가치있는 존재라고 느끼지 않는다. 자신을 우연히 만들어진 존재라고 생각하는 한, 그는 자신의 인생에 대해 깊은 책임감을 느끼지 못한다. 다만 다른 사람이 사는 대로 살아갈 뿐이다. 목표 없이 달리기하는 사람처럼 모든 것이 우연이고 운명이라 생각한다.

하지만 하나님은 이렇게 말씀하신다.

> 하나님이 자기 형상 곧 하나님의 형상대로 사람을 창조하시되 남자와 여자를 창조하시고 (창 1:27).

이 땅에 존재하는 누구도 하나님께는 우연이 아니다. 설사 부모가 타락한 생활 속에서 당신을 잉태하였을지라도, 혹은 당신의 존재와 태어남이 누구에게도, 심지어 당신의 부모에게까지도 기쁨이 되지 못한다 할지라도 당신은 하나님께 특별한 존재다. 당신은 하나님의 계획 속에서 태어났기 때문이다.

나는 부모에게도 버림을 당한 비천한 취급을 받았으나 여호와는 나를 영접하실 것이라고 다윗은 선포했다.(시 27:10)

성경은 하나님이 모태에서부터 우리의 장부를 지으셨다고 말한다. 그분은 우리를 지으실 때 아무 이유 없이 즉흥적으로 만드신 것이 아니고 분명한 이유와 계획을 세우고 만드셨다. 내 존재는 결코 우연한 것이 아니다. 하지만 하나님 외에 부모조차도 지금의 모습과 특성을 계획했던 것은 아니었기에 우리는 자기 존재의 필연성과 가치를 받아들이기 어렵다.

육신의 부모는 비록 몸을 빌려 주었을지라도 생명의 진정한 부모가 아니기에 어린 핏덩이를 종이 봉지에 넣어 쓰레기통에 던져 넣거나 자기 마음에 들지 않는다고 폭행을 하기도 한다. 하지만 진정한 부모인 하나님은 당신을 버리신 적이 없다. 비록 그분과 만나기가 쉽지 않을지라도 포기하지 말고 그분을 찾아보라. 언젠가 당신이 그분을 더욱 깊이 알게 되면 당신이 하나님을 찾으려고 노력한 것보다 하나님이 수백 배의 노력을 더 기울이셨음을 깨닫게 될 것이다.

하나님은 말씀하신다.

> 나는 나를 구하지 아니하던 자에게 물음을 받았으며 나를 찾지 아니하던 자에게 찾아냄이 되었으며 내 이름을 부르지 아니하던 나라에 내가 여기 있노라 내가 여기 있노라 하였노라 (사 65:1).

당신이 하나님을 찾아 나선 것이 아니라 하나님이 당신 앞에서 당신이 하나님을 알아볼 수 있도록 수많은 경로로 노력하셨다. 지금도 그분은 당신을 만나기 위해 최선을 다하고 계신다.

2) '나는 잘못 만들어진 실패작이고 다른 사람보다 잘하는 것이 없다' 라는 인식의 신분증

이런 생각이 드는 이유는 외적인 것만 중시하는 세상의 가치관 때문이다. 하지만 하나님께서 당신을 만드실 때 가장 중요하게 두신 점은 세상의 기준과는 전혀 다르다. 나의 신분은 나 자신이 가진 현재의 사회적 위치, 겉모양, 능력의 저울 등이 아니다. 세상은 모든 것에 획일적인 기준을 만들어 놓았다. 이런 기준에 도달하기 위해 사람들은 달려가고 경쟁한다. 만일 그 기준에 도달하지 못할 때는 낙오자가 되고 '나는 실패작이고 다른 사람보다 잘하는 것이 없다' 라는 평가를 소리 없이, 그러나 확고하게 내려 자신의 마음속에 붙이고 다닌다.

놀라운 것은 자신이 실패작이라고 판단하는 생각은 다만, 자신이 못생기고 능력 없다고 생각하는 사람들에게만 있는 것이 아니라는 것이다. 사울은 외모가 탁월했다. 하나님에 의해 왕으로 선

택된 놀라운 인물이었다. 하지만 그는 열등감에 사로잡혀서 다윗에 대한 시기심으로 일생을 허비했다.

열등감이나 실패감은 어느 특정 부류의 전유물이 아니며, 객관적 사실이라기보다 오히려 내적인 문제이며 영적 속임수에 걸려든 결과다.

우리가 이것을 분명히 이해하지 못한다면 우리는 죽을 때까지 자신이 정해 놓은 기준을 향해 달려가고, 그 기준에 도달하든지 못하든지 결국은 실패작이라는 생각 속에 평생을 마치게 될 것이다. 자신에 대한 열등감은 결국 하나님에 대한 원망으로 이어진다.

키 때문에 열등감을 가진 청년이 있었다. 그의 모든 초점은 키였다. 기도도 오직 키였다.

"하나님 내 키를 키워 주십시오."

그는 하나님이 자신을 골탕 먹이기 위해 이렇게 작게 만들었다고 생각했다. 하나님 뿐만 아니라 부모도 원망스러웠다. 그래서 가난한 부모에게 키를 크게 하는 수술을 해 달라고 졸랐다. 자신을 이렇게 만들었으니 당연히 해 주어야 한다는 식으로 부모를 괴롭혔다.

"저는 키 커지는 수술을 받기 전에는 누구도 더는 만나고 싶지 않습니다."

그의 생각은 확고했다. 그는 자신의 젊은 날을 아무것도 하지 못한 채 원망과 불가능한 해결책을 붙들고 괴로워하며 모든 것을 놓치고 있었다.

미즈노 겐조[29]는 초등학교 4학년 때에 이질을 앓던 중, 심한 고열로 뇌성 소아마비가 되었다. 보고 듣고 깨닫는 것 외에는 아무것도 할 수 없는 중증 장애인이었던 그는 평생, 혼자서는 앉아 있을 수도 없는 삶을 살았다. 얼굴이 가려워도 자신의 힘으로 긁을 수 없고, 감기가 들면 기침을 하다가 죽을 수도 있는 그런 장애인이었다. 하지만 하나님을 알고 난 후 그는 자신의 놀라운 가치를 알게 되었고 희망이 없던 마음이 하나님을 찬양하는 마음으로 가득하게 되었다. 이런 그의 마음은 시로 표현되었고, 모든 사람의 마음을 울리는 고귀하고 보람있는 생애를 살다 갔다.

그의 시에서는 자신을 만드신 분에 대한 감사와 생명의 찬양이 울려 퍼진다. 자신을 용납하지 못해 겪는 고통은 어느 한 구절 찾아볼 수 없다. 어떻게 이런 일이 가능할까? 그는 세상의 기준으로 자신을 재지 않고 하나님의 눈으로 자신을 쟀다. 그러다 보니 자신의 가치를 분명하게 깨닫게 된 것이다. 자신에 대한 정확한 신분증이 있었기에 그는 다른 사람이 독한 말로 가치 없다는 평가를 할지라도 거짓된 평가에 흔들리지 않았다.

하나님이 당신을 만드실 때 가장 중요하게 여긴 것은 무엇일까? 그것은 외모가 아닌 당신의 중심, 당신의 속 내면이다. 그것이 더 본질적이고 높은 차원의 것이며, 영원히 지속되는 것이기 때문이다. 외모에 대해 하나님에 대한 원망이 있다면 믿음이 자랄

---

29) 미즈노 겐조(水野源三, 1937-1984), 일본의 장애 시인. 우리나라에서 그의 시집 네 권이 발간되었다. 「너의 몸을 주께 맡겨」(삼광인쇄사, 1981) 외. 그는 눈으로 시를 지었다. 일본의 자음과 모음 판의 글자를 앞에 두고 원하는 글씨에 그의 눈이 가면 그것을 그의 어머니가 글로 옮겨 주는 식이었다. 이런 피나는 노력으로 시를 썼다.

수 없다.

너희는 이 세대를 본받지 말고 오직 마음을 새롭게 함으로 변화를 받아 하나님의 선하시고 기뻐하시고 온전하신 뜻이 무엇인지 분별하도록 하라고 하신다.(롬 12:2)

우리가 마음의 중심보다도 외적인 것에 집중하는 것은 사탄이 만든 가치관이고 세상의 생각이다. 본받지 말아야 한다.

3) '모든 사람보다 탁월하고 우수한 사람' 이라는 인식의 신분증

이런 자만심은 비교 의식에서 생긴다. 부모와 친척들이 어려서부터 공공연하게 한 아이는 못한다 하고 한 아이는 잘한다고 칭찬할 때 칭찬받는 아이는 자신이 남과 비교해서 특별하고 우수한 존재라고 믿는다. 그래서 학교나 직장에서도 자신이 탁월하다고 인정해 주지 않으면 그 분위기를 못 견디고 그런 기분을 들게 한 상대에게 분노한다. 또한, 자신보다 잘난 사람을 용납하지 못하기에 끊임없이 경쟁한다. 찬사와 인정을 받고 최고의 자리에 있어야만 평안과 보람을 느낀다. 이런 사람은 평생 쉬지 못할 뿐 아니라 동정을 베풀지언정 아무도 진실로 사랑할 수 없다.

그러나 주님의 나라에서는 탁월한 자도 열등한 자도 없다. 모두 제각기 독특성이 있을 뿐이다. 사탄이 임금 되어 있는 이 세상은 비교와 경쟁의 나라다. 그러나 하나님의 나라는 섬기는 나라이다. 예수님은 너희가 큰 자가 되고 싶으면 섬기는 자가 되라고 말씀하신다.

4) 우리의 진정한 가치는 어디에 있을까?

진정한 가치는 변하지 않는다. 나의 변하지 않는 가치, 나의 변하지 않는 신분은 다음과 같다.

첫째, 나는 하나님의 형상으로 지음을 받은, 하나님과 교제를 나눌 수 있는 고귀한 자이다.(창 1:27)

둘째, 나는 하나님의 아들을 희생시켜 바꾸실 만큼 가치가 있는 소중하고 사랑스러운 자이다.(요 3:16)

나의 진정한 신분, 이것은 결코 빼앗길 수 없는 것이며 변할 수도 없다. 이 신분을 알고 내 것으로 삼는 것은 치유의 기초이며 성숙의 기반이다. 이 신분증은 내가 건강하든지 병들었든지, 내가 하나님의 일을 잘 하든지 못 하든지, 또 세월이 흘러 노인이 되었을지라도, 사회에서 아무 쓸모없는 사람이 되었을지라도 결코 변할 수 없고 빼앗길 수 없는 신분증이다. 그것은 하나님이 주신 진정한 신분증이기 때문이다. 이 신분증을 깊이 인식하고 늘 가슴 깊이 새겨야 한다.

 실제 4

새롭게 발견한 나의 진정한 모습
- 기이한 자유의 체험 -

나는 고등학교 교사이자 안수집사다. 아내와 함께 연초에 내적치유세미나에 참석했다. 내 안에 상처가 있다거나 풀어야 할 절실한 문제가 있다고 생각해 본 적이 없기에 그저 별 기대 없이 '내 모습 그대로 내놓고 하나님께서 내면의 나를 치유하실 것이 있으면 해 주시겠지' 하고 생각했다.

솔직히 내적치유에 대해 나름대로 정리하기를 '내적치유란 정신적인 것'이라 생각했다. 그러나 내가 경험한 것은 그게 아니었다. 그것은 정신적인 것이 아니라 실제적인 것이었다. 사람이 수술하면 어디가 떨어져 나가는 것처럼 나는 그렇게 마음을 실제로 수술 받은 것이다.

나는 국어 선생이지만 이 일을 어떻게 써야 할지 모르겠다. 아무튼 세미나에서 내게 일어난 첫 번째 사건은 인격적인 성령의 실체를 경험했다는 것이다. 그 일은 강의를 듣는 시간에 일어났다. 마음 중심에 예수 그리스도의 기초석을 놓으라는 강의였는데, 나는 정말 그렇게 되기를 원하는 마음에 조그만 목소리로 기도했다.

"나의 마음 중심에 주님의 기초석을 놓습니다."

그런데 그때 내 몸과 마음에 감각적으로 성령을 느낄 수 있었다. 평화와 기쁨, 그리고 기초석 위에 맑은 생수가 내 안에서 흘러넘치는 것이었다. 성경에 너희 안에 생수가 강같이 흐르리라는 말이 있지만 그런 말들은 모두 상징이나 비유라고 생각했었는데, 실제로 내 마음속에서 맑은 물이 흘러 넘쳐 연못이 되고 강물이 되어 내 가슴속에 있음을 느낄 수 있었다.

그리고 난 후 다른 시간에 또 한 가지 일이 일어났다. 이것은 마치 의사가 고통스런 상처를 도려내고 치료해서 아픔이 사라지게 한 것과 같은 특이한 경험이었다. 인간관계에서 상처받은 원인을 살펴 하나님께 말씀드리고 용서하는 시간이었다. 나는 강의 내용대로 가족관계를 살펴보았다. 내 마음속에 항상 걸리는 것은 나의 어머니였다. 스물두 살에 나를 낳으시고 혼자되신 어머니, 그분을 생각하며 나는 마음 깊은 곳을 하나님께서 직접 치료해주십사 하는 마음으로 조용히 기다렸다. 그런데 내 안에 무언가 보이는 것이 있었다. 내 마음 상태라고 해야 할까? 토굴 같은 마음이 느껴지면서 무언가 그 안에 보이는데, 그것은 미약하게 움직이는 인형 같은 검은 물체로 가만히 보니 숯덩이로 만든 사람이었다. 그것이 무엇인지 내 마음이 궁금해 하는 것 같았다. 그때였다. 살아 있는 한 폭의 그림이라고 할까? 한 장면이 선명히 떠올랐다. 파란 잔디, 그리고 상록수들, 그곳에 예수께서 빛을 등지고 나를 바라보시며 말씀하셨다.

"얘야! 나도 이 세상에서는 나를 완전히 이해해주실 수 있는 아버지는 없었단다."

이어서 이해를 시키듯, 위로하시듯 불쌍히 여기는 마음으로 다시 그분이 하시는 말씀이 마음에 들려왔다.

"내가 너의 아버지가 아니냐!"

그 순간이었다. 그 말씀이 내 가슴에 느껴지는 순간, 내 가슴속 토굴 안에 빛이 들어오고 숯덩이처럼 까만 물체가 사라졌다. 그리고 토굴마저 하얗게 지워지더니 가슴이 뻥 뚫린 공간이라고 할까? 레이저 같은 것으로 통증 없이 동그랗게 도려냈다고 할까? 답답하고 무거운 그 무엇이 순간적으로 없어지고 말았다. 비처럼 눈물이 쏟아지면서 시원함과 기쁨 그리고 평화와 고요, 이런 것들이 내 온몸을 감쌌다. 너무도 희한한 경험이라서 입에서는 그저 "허참" 소리만 나올 뿐이었다.

그런데 문득 예수님께서 성경을 펴 보라고 하신다는 생각이 들었다. 그래서 성경을 펴니 요한복음 14장 16~18절 말씀이 보이는데 그 중에서도 "보혜사를 영영토록 너희 속에 계시게 하여 너를 고아로 버려두지 않겠다."라는 글자가 더욱 크게 확대되어 보이는 것이 아닌가!

가슴이 뚫려 바람이 통과하는 것 같고 주체할 수 없어 옆에 앉은 친구에게 내 가슴이 괜찮으냐면서 잠바를 열고 가슴을 보여주자 그 친구는 의아한 눈으로 나를 쳐다 보았다.

나는 내 안에 이런 아픔이 있는지 전혀 몰랐다. 그러나 생각해 보니 생후 5개월 만에 아버지를 여읜 5대 종손 무남독녀 외아들이었다. 홀어머니를 모시고 사는 동안 내 어린 마음이 상처받고 부담이 되어 숯덩이처럼 타 버렸단 말인가! 나는 아비 없는 후레자식이란 말을 듣지 않으려고 강한 사람이 되기 위해 몸부림쳤고, 그것은 마치 강박관념처럼 나를 항상 짓눌렀다.

　그것이 나의 지난 삶이었다. 하지만 이제 다 말할 수 없는 어머니와의 괴로운 관계와 아픔들, 그 모든 것이 이해가 되면서 지나간다.

　'내가 이렇게 살아왔구나! 무시당하지 않기 위해서, 아버지가 없다는 소리를 듣지 않기 위해서, 독하게 쉬지 않고 달려왔구나! 긴장과 초조 속에 피곤하게 살아왔구나!'

　나는 비로소 온몸과 가슴으로 정말이지 말로 다 할 수 없이 좋은 하나님을 느끼고 안식을 느꼈다.

　'하나님이 내 진짜 아버지시구나! 나를 정말 잘 아시는구나! 나보다 더 나를 잘 아시고 이해하는 분이시구나! 그분이 내 아버지시구나!'

　이런 기분은 평소에 알고 있던 그런 차원의 하나님에 대한 생각이 아니었다.

　집에 와서 같이 집회에 참석했던 아이들과 아내와 둘러앉아 서로 간증을 하고 기도를 하니 천국이 따로 없었다. 아이들은 내가 잃어버린 아버지를 새로 찾았으니 기념 파티를 해야 한다고 야단이었다. 격식을 갖추어야 하는 아버지가 아닌, 위로해 주고 말은 안 해도 마음을 읽어 주는 진정한 나의 아버지가 생긴 것이다.

　그 후 어느 날, 기도하기 위해 앉아 있을 때 나는 아무 기도도 못하고 그저 아버지 무릎에 머리를 묻고 우는 아이처럼, 꼭 그런 마음으로 몇 시간이고 울고 있었다. 이전에는 한 번도 이런 식으로 하나님과 교제를 나눈 적이 없었다. 그동안 나의 기도는 내 소원을 열심히 말하고는 '안녕' 하고 나오는 것이었다. 하나님은 어디

계신지 느낄 수 없었고 나는 그것을 당연하게 생각했는데, 이제 내가 아버지를 느끼기 시작하면서 그분 앞에서 이렇게 울 수 있고 쉴 수 있게 되었다. 내 삶이 어떻게 변했는지 곁에서 지켜보는 아내가 하는 말이 걸작이다.

"당신이 전에는 항상 폭발 대기 중인 수류탄이었는데 이제는 그 수류탄의 뇌관을 제거한 것 같아요."

과정 **4**
성경적 인간 이해

성경에 근거한 바른 인간관과
예수님의 십자가 속에 담긴
약속을 찾아보십시오

이론은 현란하나 아무 힘이 없는
허망한 철학을 버리고
십자가의 확실한 약속을
치유의 근거로 붙잡으십시오

이 과정의 목적

마음을 치료하기 위해서 바른 진단이 있어야 하고, 정확한 진단을 내리기 위해서 인간에 대한 바른 이해가 선행되어야 한다. 그렇다면 인간을 가장 바르게 이해하는 지침서는 무엇인가? 그것은 성경이다. 성경으로 인간을 이해하지 않으면 바른 진단과 바른 치료가 불가능하다. 이 강의는 성경적으로 인간을 바르게 이해하여 치료를 위한 바른 진단을 내릴 수 있도록 돕는 것이다.

인간을 연구하는 사람들

바른 인간론의 정립이 있어야만 인간의 고장 난 부분을 바르게 치료할 수 있다. 현대의 인간에 대한 관심과 연구는 특이한 현상을 보이는데 그것은 궁극적 실체에 관해서는 관심이 없고 오직 인간 자체에 대해서만 심각한 질문을 던지고 있다고 안토니 후크마는 말한다.[30]

현대인들은 인간에 대해 집중하지만, 그것이 인간의 근원지에 대한 관심으로는 연결되지 않는다. 이런 태도는 출발부터 모순을 가진 것이므로 바른 결론에 이를 수 없다.

인간을 창조한 신을 배제한 채 인간을 알기 위한 모든 시도는 잘못된 인간관을 정립시키고, 또 나아가 잘못된 인간관은 잘못된 인생관을 만들어 낸다.

우리는 인간관과 세계관을 선택한다. 성경적 인간관의 선택은 치유의 출발이다.

1. 정상적인 인간이란?

정상적인 인간이라고 말하는 세상의 척도는 세상에 대한 적응 능력을 의미한다. 또한, 인간이 힘으로 삼는 - 권력, 명예, 지혜, 재물이 많을 때 탁월하다는 평가를 받는다. 그러나 성경적인 척도는 다르다.

---

30) 안토니 A. 후크마, 「개혁주의 인간론」, 기독교 문서선교회, 1990, p.8.

하나님의 다림줄에 비추어 볼 때, 정상적이며 하나님의 영광에 이를 수 있는 사람은 인류 역사 이래 오직 한 사람! 예수 그리스도다.

2. 하나님의 다림줄에 비추어 볼 때 정상적인 인간은 오직 한 사람밖에 없다.

1) 사람 안에서 영은 어떤 부분을 차지하고 있으며 어떤 역할을 하고 있는가?

영은 하나님이 모든 피조물 중에서 유일하게 인간 안에만 두신 특별하고 놀라운 능력을 가진 부분이다. 이 부분은 하나님과 깊은 사랑의 교제를 나눌 수 있는 인간의 중심이자 근본이다.

영은 영원불멸한 부분이다. 영이 있기에 인간이 하나님을 향한 마음을 가질 수 있고 하나님과 교제를 나눌 수 있다. 또한, 영은 마음 안에 모든 바른 지혜를 제공해 주고 하나님에 대해 알게 한다. 마음만으로는 결코 영이신 하나님을 알 수 없다. 오직 영이 있기에 하나님을 알 수 있다.

2) 사람 안에서 몸은 어떤 상태에 있으며 어떤 기능을 하는가?

몸이란 하나님이 흙으로 만드신 부분이다. 물질 세계 즉 모든 피조물을 다스릴 수 있고 접촉할 수 있다.[31]

또한, 몸은 본능을 가지고 있다. 본능은 몸을 지탱시키는 중요한 역할을 한다. 온도가 떨어지면 자동으로 감지해서 온도를 높여

---

31) 하나님은 인간에게 하나님이 만든 세상의 피조물들을 다스리라는 명령을 주셨다.(창 1:28)

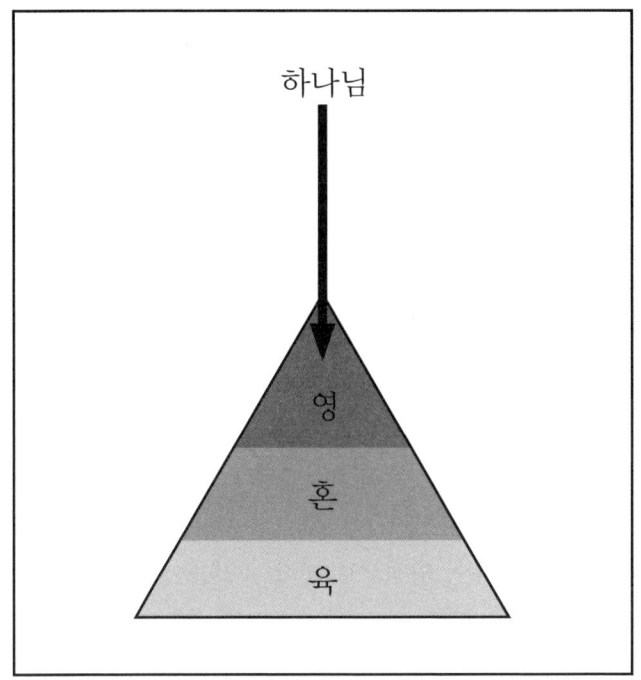

[그림 4]

하나님은 모든 곳에 계시고 인간은 그 안에 있다. 영이신 하나님은 권위를 가지고 인간의 영과 관계를 맺고 계신다. 인간의 영은 하나님과의 교제에서 나오는 지혜와 권위를 가지고 자신의 혼을 다스리며, 혼은 또 몸 된 부분인 육을 다스린다. 〈 그림 인용 : 탐 마샬, 『자유케 된 자아(Free Indeed)』 〉

주는 조절기처럼, 본능은 몸의 필요를 느끼게 하고 채우게 한다. 몸 안에 물이 필요하면 갈증을 느끼고 음식이 필요하면 식욕을 느낀다.

만일 인간 안에 본능이 없다면 인간은 자신의 몸을 건강하게 유지할 수 없다. 본능은 하나님이 지으신 몸을 위한 기능일 뿐 그 자체가 열등하거나 죄악된 것은 아니다. 자동차가 사람을 다치게 한다고 해서 그 자동차를 악하다고 하지 않듯이 몸과 본능은 마음이 시키는대로 움직이는 도구일 뿐이다. 성령께서 사람의 영

안에 오셔서 하나가 될 때, 영은 마음을 건강하게 만들고 건강한 마음은 몸을 잘 다스려서 건강하게 만든다. 그래서 몸이 하나님의 도구가 되고 성전이 된다.

3) 마음은 어떤 상태이며 어떤 기능을 하고 있는가?

마음은 다리와 같은 역할을 한다. 인간 안에는 완전히 다른 두 개의 차원, 즉 영적인 부분과 물질적인 부분이 서로 공존하고 있는 특이성이 있어서 이 둘 사이를 이어주는 부분이 필요하다. 마음은 영과 몸을 이어주는 다리며 두 세계의 가운데 통로다.

인간의 마음은 물질의 세계에 영적인 것들을 나타낸다. 건강한 인간의 마음을 통하여 영적으로 건강한 것들이 나타나며, 부정적이고 사악한 인간의 마음을 통하여 영적으로 악한 것들, 즉 사탄의 실체가 나타난다.

마음이 사탄에게 점령당할 때 그의 몸은 세상을 파괴하는 도구가 된다. 과학자라면 과학자의 위치에서, 선생이라면 선생의 위치에서 세상과 인간을 파괴하는 일을 한다.

더 나아가 인간의 영이 사탄에게 점령당할 때 훨씬 더 끔찍한 악의 도구가 되기 때문에, 성경은 악한 영과의 접촉을 엄중히 금하고 있다.[32]

3. 인간의 타락은 인간의 내면을 다음과 같이 변화시켰다.

---

32) "무당이나 진언자나 신접자나 박수나 초혼자를 너희 가운데에 용납하지 말라"(신 18:9~14).

1) 영은 어떻게 변화되었나?

인간이 하나님과 맺은 약속을 파기한 즉시 인간의 영에서 하나님의 영이 떠나셨다(창6:3). 그 결과 인간의 영은 모든 기능과 능력을 상실해 버린 채 인간 안에 존재하고 있다. 이것이 바로 영의 죽음이다.

인간을 제외한 피조물은 죽음으로 존재가 소멸하지만, 흙으로 만들어지지 않은 영혼을 가진 인간은 존재가 사라질 수 없다.[33] 이 세상에서 하나님과 다시 연합하지 못한다면 첫 번째의 사망 이후에 하나님과 분리된 영의 상태로 인간은 영원히 존재한다. 죽기를 구하여도 죽을 수 없는 상태로 존재하는 영원한 분리, 즉 두 번째의 죽음을 두려워하라고 예수님은 말씀하신다.

2) 인간의 마음과 몸에 어떤 변화가 일어났는가?

인간 존재의 핵심인 영이 기능을 상실했으나 마음이란 공장은 여전히 일한다. 생각도 감정도 의지도 돌아간다. 그러나 목적도 방향도 없다. 지휘자를 잃어버린 군대처럼 혼란스럽다. 생각하는 기계는 돌아가지만, 진리를 알지 못하니 속임이 가득하고 감정은 깨지고 의지는 선한 것을 선택하지 못하는 무력한 상태가 되었다.

'나는 누구인가?'

'이렇게 생각하고 있는 나라는 존재는 과연 무엇인가?'

'나는 어떤 가치가 있을까?'

'나는 왜 지금 이곳에 있나?'

---

[33] "흙은 여전히 땅으로 돌아가고 영은 그것을 주신 하나님께로 돌아가기 전에 기억하라"(전12:7)

의문은 있으나 대답은 전혀 없는 자기 혼자의 닫힌 세계, 격리된 존재, 무엇을 잃었는지 모르나 엄청난 상실감과 공백 속에서 부르짖는 현실이 자신의 근원을 버린 인간이 당하는 형벌이다. 하나님을 버린 쪽은 인간이지만, 인간은 오히려 자신이 버림받았다고 느낀다. 그리고 이러한 버려진 느낌과 수치심을 잊기 위해 온갖 것에 매달리지만 어떤 사람의 사랑도, 세상의 어떤 것도 마음의 공백과 상실감을 채워주지 못하고 버림받은 느낌을 지워 주지는 못한다.

버려진 거절감과 상실감, 이것이 마음의 온갖 병과 몸의 질병을 일으키는 주 원인이다. 이런 인간의 곁에서 사탄은 끊임없이 거짓된 메시지를 주입해 멸망의 골짜기로 끌고 간다.[34]

남편에 대한 불안과 우울증에 시달리던 한 여인의 이야기다.

"내적치유에 참석했을 때, 나는 기도 중에 한 장면을 보게 되었다. 그것은 갓난아이인 나를 내동댕이치는 아버지의 모습이었다. 내가 아들이 아니었기 때문이다. 아버지는 전 부인과의 사이에 딸이 있었지만 아들을 얻기 위해 어머니와 재혼을 하셨다. 어머니 역시 다른 사람과 한 번 결혼을 하고 재혼을 하신 것이다. 아버지가 내가 아들이 아니라 쳐다보지도 않는다는 것은 알았지만 이렇게까지 심하게 하실 줄은 몰랐다. 아버지는 아들이 아니라고 일만 시키고 공부는 가르치려고 하지도 않으셨다.

---

34) "도둑이 오는 것은 도둑질하고 죽이고 멸망시키려는 것뿐이요"(요 10:10)

'너 같은 딸자식, 죽어도 눈 하나 깜짝 안 한다'

항상 아버지가 나를 보며 하시던 말씀이었다. 나는 초등학교 때부터 나무를 해오고 밭일을 했는데, 일하지 않고 밖에서 놀다 들어오기라도 하면 아버지는 문을 잠가 버리곤 하셨다. 그러면 엄마가 장독대 위에 밥을 몰래 올려놓았고 나는 그것을 가져다가 먹곤 했다. 하지만 가끔 엄마는 밥을 올려놓지 않을 때도 있었다. 그런 날이면 고픈 배를 움켜쥐고 노적가리 속에서 멀뚱멀뚱 밤을 새우곤 했다.

그 후 내 밑으로 남동생이 태어났다. 동생이 생긴 뒤로는 먹고 싶은 게 있으면 뭐든지 동생에게 부탁했다. 그러면 부모님은 무엇이든지 만들어 주셨고 나도 얻어먹을 수 있었다. 하지만 그렇게 살면서도 그저 당연하다는 생각뿐, 슬프다는 생각은 전혀 없었다.

그런데 어느 날, 갑자기 죽고 싶다는 생각이 들었다. 왜 그랬는지 모르겠는데 정말 죽고 싶었다. 하지만 내가 막상 죽어도 누구 하나 붙들어 주지 않는다는 사실이 나를 말할 수 없이 괴롭게 만들었다. 나는 너무 무섭고 고통스러워 온 방 안을 기어 다니면서 울고 소리쳤다.

'나는 왜 태어난 거야? 나는 태어나지 말았어야 했는데 왜 태어난 거야. 내가 죽으면 나는 어디로 가지? 사람이 땅속에 있다면 얼마나 무섭고 답답할까? 내가 죽는다고 해도 우리 식구들은 눈 하나 깜짝하지 않을 거야!' 나는 몸부림을 치며 온 방 안을 굴렀다. 그 후 이런 몸부림을 치고 싶게 만드는 이상한 기분이 가끔 올라오곤 했고, 그럴 때면 어떻게 해야 할지 알 수가 없었다."

그러면 이런 인간에게 살 길은 없는 것인가?

만일 그 길이 없었다면 인간에게는 자신이 죽음의 길로 걸어가고 있다는 깨달음조차 없었을 것이다. 인간 안에 그 깨달음이 있다는 것은 이미 이 세상에 빛이 들어왔음을 증명하는 것이다. 이 세상을 사는 사람에게는 죽음의 상황 속에서 벗어날 길이 분명히 있다!

사람들은 하나님을 거부하며 말한다. 인간이 자발적으로 하나님께서 떠나는 선택을 했고 그 결과, 이렇게 두려운 결과들이 만들어졌다면 인간에게 '선택'이라는 가장 위험하고도 귀한 능력을 부여하시고자 했을 때, 인간의 이러한 반역을 예상하지 못하신 것이냐? 알면서도 선택의 능력을 주시고 이제 벌하시는 것이냐?

물론 하나님은 인간의 반역을 예상하셨고 반역에 대한 계획을 가지고 계셨다. 그것은 인간의 잘못된 선택의 형벌을 하나님의 한 분이신 아들 예수님이 스스로 감당하기로 계획하신 것이다. 예수님은 창세 전에 이미 십자가의 죽음을 당하셨다.[35] 예수님은 자신의 몸을 다리 삼아 인간이 죽음에서 도망갈 수 있는 유일한 길을 만드시고 인간을 창조하신 것이다.

깊은 사랑의 계획 속에 진행된 하나님의 창조, 이 안에 인간의 절망에 대한 답이 있다. 하나님의 사랑을 보여 주는 주님의 십자가는 에덴동산에서 아담과 하와에게 선악을 알게 하는 나무의 열매

---

[35] 에릭 사우어, 「영원에서 영원까지」 생명의 말씀사, 1973, p24. 창세전에 아버지는 아들을 중보자로 작정하셨다. 영원 전에 이미 하나님은 죄가 세상에 들어올 것을 아신 고로 만세 전에 아들을 구속자로 택정하셨다. (벧전 1:9~20 참조)

를 따먹지 말라 권하신 것처럼 이 땅을 사는 사람에게 다시 한 번 선택의 기회를 제공한다. 그리고 이 기회는 마지막 기회다.

4. 예수 그리스도의 십자가 구속이 인간에게 미치는 영향은 어떤 것인가?

예수 그리스도의 십자가는 그를 믿는 자를 총체적으로 새롭게 창조하는 능력을 가지고 있다. 하지만 인간의 각 영역에 따라 새롭게 변화되는 과정과 시간은 다르다.

1) 영적인 부분 : 거듭남, 성령의 기름부으심과 내주하심

거듭남의 변화는 일회적으로 충분하고 영구한 효과가 있으며 순간적으로 일어난다. 죽어있던 인간의 영이 예수를 구주로 영접할 때, 즉시 살아나게 된다. 이 일은 인간의 공로로 얻을 수 없기에 선물과 같은 것이며 온전히 그분에게 값없이 받는 것이다.[36] 또한, 하나님은 예수를 영접한 사람의 영 안에 성령을 모실 수 있게 하셨다.[37]

성령은 놀라운 권능을 주며, 하나님의 자녀가 된 사람을 하나님

---

[36] 다음의 성경구절을 참고하라. "내가 진실로 진실로 너희에게 이르노니 내 말을 듣고 또 나 보내신 이를 믿는 자는 영생을 얻었고 심판에 이르지 아니하나니 사망에서 생명으로 옮겼느니라" (요 5:24). "내가 진실로 진실로 너희에게 이르노니 내 말을 듣고 또 나 보내신 이를 믿는 자는 영생을 얻었고 심판에 이르지 아니하나니 사망에서 생명으로 옮겼느니라 내가 하나님의 아들의 이름을 믿는 너희에게 이것을 쓰는 것은 너희로 하여금 너희에게 영생이 있음을 알게 하려 함이라"(요일5:11~13).

[37] 요한복음 14장 16~17절.

의 자녀답게 키우는 일을 시작하신다. (성령께서 어떻게 인간 안에 권능을 주시는지는 과정 6에 정리되어 있다 – 편집자 주)

2) 마음의 영역 : 치유, 새로운 건축

인간의 혼, 즉 마음은 예수님을 영접하는 순간에 죽은 영에서 산 영이 되듯이 즉각적으로 완전히 변화되지 않는다. 이제 시작되었을 뿐이다. 성령께서 마음이 새롭게 건축되도록 일을 시작하신다. 철저히 부패하고 타락한 마음을 하나님의 자녀답게 변화되게 하시며 예수 그리스도의 성품의 열매가 맺히도록 하신다.[38] 속임당하고 닫혔던 마음이 성령의 음성을 들을 수 있게 되며 성령에게 순종하는 의지로 바뀐다. 감정은 치유되어 건강하게 회복된다. 아무리 깨어진 인격일지라도 성령은 변화시킬 수 있다.

3) 육: 하나님께 영광 돌리는 신령한 몸

인간의 몸에 일어나는 변화는 어떤 것일까?
인간의 몸은 영과 혼이 죽어 가고 병들어 감에 따라 자연히 함께 약해지고 병이 들고 죄의 도구로 쓰인다. 그러나 영혼이 강건해짐으로 인해 몸도 변화가 된다. 또한, 예수님은 채찍에 맞으심으로 인간의 몸에 깃든 질병의 저주를 푸시고 치료해주셨다.

예수 그리스도의 구속 능력은 인간에게 전인적이고 총체적이다.

---

[38] 갈라디아서 5장 22절 성령의 열매들을 보라. 모두 성품에 관계된 것들이다. 에베소서 4장 15절 참고

그러나 주님의 선물이 총체적인 변화로 나타나려면 내주하시는 성령 하나님께 협조해야 한다. 자아가 주님께 순종해야 한다. 만일 자아가 마음을 새롭게 하시려는 성령의 역사를 계속 거부한다면 가시 떨기나무에 떨어진 씨앗처럼 열매를 맺지 못한다.

　기적을 보고 일시적으로 신령한 체험을 했다 할지라도 그것 자체가 옛 사람의 태도와 생각을 완전히 바꿔주는 것은 아니다. 마음이 새롭게 되지 않으면 옛 성품을 그대로 지닌 채 말과 은사의 능력만이 일시적으로 나타나고 오히려 그리스도의 공동체에 많은 상처를 줄 수도 있다.

　우리는 모두 마음 안에 새로운 변화와 새로운 건축이 필수적으로 필요하다. 하지만 자신의 마음이 치유되고 고쳐져야 한다는 필요성을 다 느끼는 것은 아니다.

5. 마음에 재건축의 필요를 무시할 때 성숙하지 못하고 육에 속한 그리스도인이 된다.

　잉꼬부부로 소문난 부부가 있었다. 교회에서는 가족 치유에 관한 강의까지 했지만 실제 그들의 삶은 너무 달랐다. 계속되는 폭력과 언어 폭행으로 아내와 아이들은 늘 공포에 시달렸다. 남편은 집안 사정을 다른 사람이 알까 봐 두려워했다. 집안 사정이 알려지는 것은 아내에게도 두려운 일이었다. 아이들도 마찬가지였다. 그들은 누구에게도 자기 집안의 실상을 말하지 않았다. 남편은 사랑이 부족한 것이 아니라 자신의 성격이니 이해하라고 했지만 견디다 못한 아내는 자살을 시도했다. 남편 역시, 그런 자신이 너무 싫었지만 아무리 노력해도 고쳐지지 않았다. 20여 년 동안 그들은 이렇게 철저히 두 개의 모습으로 쳇바퀴를 돌며 살았다.

우리는 마음의 문제들에 대해서 이런 생각을 하기 쉽다.
'이것은 본래 내 성격인데 성격은 타고난 것이니 고칠 수 없어!'
'나만 이렇게 사는 것은 아닐 거야. 다른 사람도 모두 별수 없지. 인간은 죄인이잖아! 죄인이니 어쩔 수 없는 거야'
'이런 마음의 문제는 내가 해결해야 해. 아무도 나를 도와줄 수 없어.
'내가 기도해서 이 문제를 해결해야 하는 거야!'
그러나 이런 생각들은 바르지 않다.
마음의 재건축, 마음의 새로워짐은 하나님의 자녀된 사람만이 할 수 있다. 새 마음을 입으라고 주님은 명령하신다. 예수님이라는 하늘의 다림줄에 맞춰 마음을 새롭게 건축해야 한다.

6. 마음을 재건축하는데 교회 공동체의 힘이 필요하다.

어떤 교인이 시어머니와 갈등으로 인해 마음 고통이 심했다. 하지만 가족들이 모두 같은 교회를 다니고 있고 더구나 그 교회 안에서 모두 중책을 맡고 있어서 그는 누구에게도 마음의 고통을 내놓을 수 없었다. 불면과 우울증으로 시달리던 그에게 정신과에서는 취미생활을 통해 스트레스를 풀어야 한다며 운전을 권했다. 그런데 친정 식구들을 태우고 운전하던 중 교통사고가 났고 같이 타고 간 가족 중 한 사람이 죽게 되었다. 그녀는 자신이 시어머니와

동서를 미워해서 벌을 받았다는 두려움과 죄책감에 빠지게 되었다. 활기 있던 신앙생활마저 다 포기하고, 괴로움 속에서 몸은 신경성 질병으로 망가져 갔다.

그녀는 이렇게 말했다.

"한 사람에게라도 속마음을 전부 털어놓고 싶었습니다. 하지만 누구에게도 이런 말을 할 수 없었습니다. 수십 년을 같이 웃고 놀러 다니던 교우들이지만 막상 고통스러운 아픔의 문제는 누구와도 나눌 수 없었습니다. 판단 받을까 봐 두려웠습니다."

교회는 치유의 공동체다. 한 개인은 능력이 약하나 예수 그리스도의 몸이 되고, 지체의 한 부분이 되어 모일 때, 다른 지체를 도울 수 있는 능력을 발휘한다. 하나님은 사람을 통해서 도우시고 사람을 통해 위로하신다.

마음의 문제를 드러내고 새롭게 건축하는 이 과정에 지체들의 격려와 힘과 관계는 매우 중요한 역할을 하는 것이다.

하지만 교회가 너무 경직되고 종교 원칙의 틀을 복음보다 더 강조하고 있다면 치유가 필요한 사람들이 마음을 열기는 어려울 것이다. 약함을 드러낼 수 없는 교회는 치유의 역사도 나타날 수 없다. 판단하지 않고 받아줄 수 있는 지체들이 있다면 우리는 서로 약한 것을 드러낼 수 있고 함께 기도함으로 치유하시는 주님을 만날 수 있다.

교회에서 마음의 문제를 해결받지 못하면 혼란스런 마음의 문제를 풀기 위해 세상 심리학에 의존할 수밖에 없다. 즉 성경의 법칙이 아니라 인본주의적인 세상의 치유 법칙에 의존하게 되는 것이다.

어떤 남자 분이 전화로 하소연했다. 그는 평범한 직장 생활을 하는 사람이었는데, 교회에서 열심히 신앙생활을 하며 성장해서 그런지 주위에서 신학을 하라는 권유를 많이 받았다. 그래서 그는 친구와 함께 이 문제에 대해 하나님의 인도하심을 받으려고 기도원에 갔다. 그런데 기도원 원장이 기도를 해주는데 눈을 손으로 찌르면서 기도해 주는 것이었다. 그는 친구가 그렇게 기도 받는 것을 보고 마음이 내키지 않았지만 분위기에 이끌려 기도를 받게 되었다. 하지만 그 기도를 받고 난 후부터 잠을 깊이 자지 못하고 마음이 불안해서 불면증에 시달리게 되었고 불안은 더욱 심해져서 신경정신과 약을 먹기 시작했다. 하지만 2년이 넘게 약을 먹었으나 불면증은 좋아지지 않았고 직장생활도 어려워졌다. 고민 끝에 목사님께 이 문제를 상의해 봤지만 "정신과 의사와 상담해서 고쳐야 한다"는 말씀뿐이었다. 하지만 그는 이미 정신과 약을 복용했으나 증세가 호전되지 않음을 경험했기에 목사님의 조언은 그를 깊은 절망에 빠지게 했다. 앞으로 직장 생활과 가정 생활까지도 지탱할 수 없게 될까 봐 너무나 두려웠다. 그는 자신이 하나님께도 버림받은 것 같다고 말했다.

어떤 목회자들은 '교회는 사람들의 영적인 부분을 도와주는 곳이다. 천국에 대해 말하고 예수님에 대해 말하는 곳이다. 정신이 이상하고 약한 자들은 정신과에서 맡아야지 교회의 일이 아니다.' 라고 말하며 성령께서 아프고 깨어진 마음을 치유하신다는 것도 거부한다. 하지만 이런 태도는 바르지 않다. 정신과를 가는 것이 잘못되었거나 불필요하다는 논지가 아니다. 마음의 문제, 즉 심리적인 문제들은 영적인 것이 아니기에 영적인 문제들만 교회에서 다뤄야 하고 마음의 질병들은 심리학이라는 전문 영역에 맡겨야 한다는 이분법적 주장이 잘못된 것이다. 인간은 나뉠 수 없는 전인이며 예수님의 구속은 전인적이요 총체적이다. 마음의 영역을 따로 떼어 교회가 할 일이 아니라고 구분시키는 태도에 대해 신학자 모러는 '이런 현상은 복음주의적 종교가 자기의 장자권을 심리학이라는 죽 한 그릇에 팔아먹은 어리석음과 같다'고 했다.

주님은 인간의 모든 약한 것과 육신의 질병을 고치셨다. 질병의 80% 이상이 심인성 즉 마음의 고통이 원인이 되어 생긴다. 그렇다면 예수님께서 아픈 마음을 치료하기 원하신다는 것은 너무도 당연하지 않은가?
마음을 고치시는 성령의 치유하심이 교회 안에서 능력 있게 일어나지 못할 때 교회는 가면을 쓰는 사람들이 모인, 형식과 의식만 남은 껍데기가 되어 버린다.
서구의 교회가 GNP가 높아져서 부흥이 멈추었다고 하지만 모든 교회가 다 그렇지는 않다. 지금도 매우 뜨겁고 활발하며 부흥되는 교회들이 있다. 그곳의 특징은 몸과 마음의 병 고침의 역사가 있고 정직한 나눔과 성령의 교제가 있다는 점이다.
사람의 마음은 깊은 물과 같아서 쉽게 보이지 않는다. 그러나 사람을 지으신 하나님은 마음속의 깊은 우물을 아시고 눈물과 분노의 원인을 아신다.

교회가 사람의 마음을 이해하고 치유하는 능력을 발휘하기 위해서 갖춰야 할 중요한 점이 있다.

교회는 성도가 가진 심리적 고통에 대해 정신과 의사나 심리학자보다 이해하려는 노력을 더 많이 기울여야 한다. 욥의 친구들도(비록 좋은 상담자는 아니었지만) 욥에게 조언을 해주기 전에 칠일을 함께하며 욥의 말을 듣고 기다렸다. 교회 지체들이 아픈 자의 말에 적어도 칠일 정도는 경청하며 공감해주려는 노력을 한다면 교회는 더 능력 있는 공동체가 될 것이다.

때로는 심리학적 정보들을 참고해서 인간 이해의 시야를 넓힐 필요도 있다. 그러나 무엇보다 중요한 것은 성경 안에 인간의 심리적 영역에 대한 자세한 설명이 있음을 믿고 성경을 연구해야 한다. 나를 아는 만큼 하나님을 알며 나를 아는 만큼 다른 사람을 이해하고 도울 수 있다.

7. 마음은 새로워져야 한다.

새로워진다는 것은 다음 두 가지가 포함한다. 첫째는 잘못된 것을 허물고, 둘째는 새로운 것을 건축하는 일이다. 성령은 이 일을 기뻐하시고 주도해 주신다.

1) 성령은 잘못된 기초를 드러내시고 악한 진을 허물어 주신다. 아무리 오래되고 은밀하고 견고한 진이라 할지라도 간단하고 부드럽게 하늘의 능력으로 파괴하신다. 잘못된 것을 숨기기 위하여 스스로 만든 거짓된 피난처를 드러내신다. 이스라엘의 거짓된

피난처는 열심 있는 종교 행위였다. 그들은 절기를 지키고 십일조를 하고 금식을 했기에 하나님이 자신들을 가장 사랑하신다고 생각했다. 그러나 하나님은 에스겔을 통해서 하나님의 성전 가장 은밀한 방에서 이루어지고 있는 그들이 행하고 있는 우상 숭배의 현장을 보여 주셨다. (겔 8:9~10)

겉은 하나님께 예배를 드리는 성전이었으나, 그곳의 깊은 밀실에서는 온갖 우상의 그림이 있었고 영적 지도자들은 그것을 경배하고 있었다.

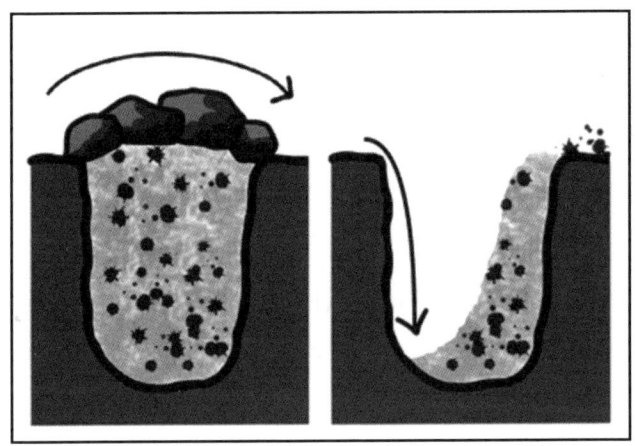

[그림 5]

구덩이는 우리의 마음 가운데 아픔과 상처로 깊이 파인 부분을 가리킨다. 이 구덩이 속에는 감추고 싶은 모든 것들이 쓰레기처럼 들어 있고, 그 위에 단단한 바위를 덮어두어 보이지 않게 깊이 감춘다. 그리고 그 일은 없었던 것처럼 건너뛰어 간다.
하지만 성령께서는 우리가 그 바위를 치우고 그 사건을 직시하기 원하신다. 왜냐하면, 그 사건이 악한 힘을 가지고 현재 우리의 삶 속에 영향을 주기 때문이다. 성령은 이제 우리 혼자가 아니라 그분과 함께 어떤 일이 있었는지 보기를 원하시며, 그것을 바르게 처리하여 악한 영향력으로부터 우리를 자유롭게 하기를 원하시는 것이다.

겉으로는 성경을 들고 교회로 들어가지만, 마음속 깊은 곳에는 하나님이 아닌 다른 것들, 즉 나를 만족하게 할 것으로 생각하는 것들을 세워두고 그것을 경배하는 인간의 이중성을 보여주는 계시였다.

우상은 가장 소중히 여겨 마음에 품고 있는 것이다. 치유는 마음에 숨겨둔 우상을 치우기 위한 예비 작업이다. 치유는 회개해야 할 죄악이 무엇인지 드러나게 한다.

치유는 하나님께 신령과 진정으로 예배하기 위한 것이다.(요 4:24) 하지만 이스라엘 백성들은 성전의 밀실에서 행하는 우상숭배를 부인했다. 마음의 동기 속에 숨어 있는 죄악을 부인했다. 부인할 때 마음의 상처는 고칠 수 없고 상처로 인해 삶의 고통이 심해도 나을 수 없다고 하셨다.(렘 30:12~15)

성령께서 거짓된 피난처를 드러내시고 내가 정말로 붙들고 있는 것들이 무엇인지 드러내시는 이유는, 그래야만 속사람이 강건하게 일어설 수 있고 하나님의 사람으로 성숙할 수 있기 때문이다.

성령께서 행하시는 마음의 건축과 치유는 평안만을 외치는 위로가 아니다.(겔 13:10~14)

속사람에게 필요한 것은 교정 작업이며 땅을 갈아엎는 흙갈이다. 이것이 때로는 수술과 같이 힘들 수도 있고 나의 부끄러운 기초가 드러나는 과정도 필요하다. 주님의 다림줄에 맞춰 예수 그리스도의 기초석 위에 지은 것이 아니면 그 인생은 어느 날 모든 것이 무너질 수 있다.

성령께서는 우리가 마음의 재건축에 적극적으로 협조하기를 원하신다. 십자가에 나아가 거짓된 것을 회개하고, 세상 사람들의 기준이 아닌 하나님의 기준으로 살기를 간절히 원할 때 성령의 건축은 신속히 진행될 수 있다.

2) 성령은 바르고 새롭게 건축해 가신다.

(1) 새로운 삶의 머릿돌을 놓아 주신다.
> 그러므로 주 여호와께서 이같이 이르시되 보라 내가 한 돌을 시온에 두어 기초를 삼았노니 곧 시험한 돌이요 귀하고 견고한 기촛돌이라 그것을 믿는 이는 다급하게 되지아니하노라 (사 28:16)

주님은 우리 삶의 머릿돌이 되기 위해 우리에게 오셨다.

거듭난 이후에 행해져야 할 일은 머릿돌을 새롭게 바꾸는 것이다. 사람들은 주님을 마음에 모시고 있을 뿐 여전히 삶의 기초와 태도는 바꿀 필요를 느끼지 않는다. 하지만 이것은 죽은 삶이다. 성령께서는 기초를 예수 그리스도에게 두는 새로운 삶의 방식을 가르쳐주시고 신령한 돌들로 건축하게 하신다.

(2) 하나님 아버지에 대해, 자신에 대해 알게 하는 지혜를 주신다.
> 내가 여호와인 줄 아는 마음을 그들에게 주어서 그들이 전심으로 내게 돌아오게 하리니 그들은 내 백성이 되겠고 나는 그들의 하나님이 되리라 (렘 24:7).

> 슬기로운 자의 지혜는 자기의 길을 아는 것이라도 미련한 자의 어리석음은 속이는 것이니라 (잠 14:8).

하나님으로부터 이러한 지혜를 받게 될 때 속사람은 성장한다.

이러한 지혜는 위로부터 오는 선물이다. 마음이 정결한 자는 하나님을 볼 것이라고 하신다.

(3) 하나님 아버지와 친밀함의 성장이 이루어진다. 이것이 예수 그리스도께서 우리에게 주시고자 하는 궁극적인 것이다.

> 아버지께서 내 안에, 내가 아버지 안에 있는 것 같이 그들도 다 하나가 되어 우리 안에 있게 하사 세상으로 아버지께서 나를 보내신 것을 믿게 하옵소서 (요 17:21).

과정 **5**
쓴뿌리와 용서

용서한다는 것은 무슨 의미일까?
왜 용서해야만 하나?
그들은 어떻게 용서했나?

이 과정의 목적

 인격 모독이나 배신을 당할 때, 마음은 깊은 상처를 입게 된다. 상처 받은 감정의 기억은 사탄이 사용하는 악한 씨앗이 되어 우리의 성품과 인간 관계에 악영향을 끼치고 마음을 더럽히며 생명력을 소진시킨다. 쓴 마음에서 벗어나는 길은 용서다. 용서는 내면의 상처를 치유하기 위해 통과해야만 하는 근본적인 문이다. 이 과정의 목적은 어떻게 실제로 용서할 수 있는지 돕기 위한 것이다.

1. 만일 당신이 지금 누군가를 용서해야 할 필요가 있다면 다음과 같은 증상이 있을 것이다.

   1) 그 사람에게 관심을 보이려 하지 않는다.
   2) 관심을 기대하지만 감사를 나타내지 않는다.
   3) 어떤 사람은 지나치게 칭찬하고, 어떤 사람은 지나치게 악의적으로 비판한다.
   4) 어떤 사람과 우정 관계를 맺을 때 소유욕이 강하다.
   5) 표면적으로만 행복할 뿐 내면적으로는 대단히 예민하고 까다롭다.
   6) 다른 사람들을 만나는데 극히 조심성을 기울인다.
   7) 내가 누군가로부터 고통 받았던 때를 상세히 기억한다.
   8) 어떤 사건이 생각나면 기분이 나빠지고 분노가 치밀어 오르거나 마음이 아프다.
   9) 특정 사람이나 집단에 대해 험담하거나 비판하는데 열을 올린다.

2. 왜 용서해야 하는가?

   1) 용서를 하지 않으면 하나님의 용서를 나 자신도 체험하지 못한다.
   2) 용서하지 않고 내가 누군가로 말미암아 실의에 빠져 있다면, 우리의 생각은 주님을 바라보지 못하고 그들의 불쾌한 행동과 태도가 자꾸 생각난다. 우리 마음은 점차 나쁘게 굳어져

가고 쓴뿌리는 더 깊이 뿌리를 내린다.
3) 용서하지 않으면 미워하는 상대방 생각에 사로잡히기 때문에 결국은 점점 그를 닮아 가게 되고 미워하는 대상은 결국 둘이 되고 만다.
4) 용서하지 않으면 또 다른 죄의 파생을 끊을 수 없다.
5) 용서하지 않는 마음은 영성을 약화시켜 육에 속한 그리스도인에 머물게 한다.
6) 쓴뿌리가 자라면 하나님이 주신 은사가 계속 계발되지 못한다.
7) 성령의 열매를 맺을 수 없으며 풍성한 삶을 살아갈 수 없다.

갈라디아서 5장 23절에 기록된 성령의 열매는 모두 내면의 성품을 나타내는 단어들이다. 용서하지 못할 때 외적인 사역은 할 수 있지만, 성품의 열매는 풍성해지기 어렵다.

3. 하나님께서 말씀하시는 용서에 대한 바른 이해

1) 용서란 상대방의 잘못을 눈감아 주는 것이 아니다.
2) 잘못한 사람의 심리를 분석해 이해하는 것은 용서가 아니다.
3) 상대의 잘못을 자신의 탓으로 돌리는 것은 용서가 아니다.

이처럼 잘못을 눈감아 주거나, 또는 피해를 당했어도 모두 내 탓으로 돌리는 태도는 인격적이고 훌륭한 것 같으나 이것은 바른 해결책이 아니다. 대개의 경우 마음 안에 사람에 대한 실망감이 점점 쌓이게 되고 긴장하며 어느 경계선까지만 사람을 사귀되 마음을 열지 않게 된다. 성경적인 용서가 아닌 것은 마음에 진정한 자유를 주지 못한다.

4. 용서란 어떻게 하는 것인가?

1) 상대방이 자신에게 행한 가해와 잘못을 정확하게 직시한다. 가족일지라도 사건을 객관적으로 보고 가해자가 어떤 잘못과 해를 끼쳤는지 바르게 파악한다.
2) 상대 때문에 우리 마음에 생긴 상처와 고통을 직시한다.
3) 상처 받음으로 생긴 분노를 직시하고 인정한다.
    고통을 감당하기 힘들 때 사람은 억압이라는 무의식적인 방어기제를 사용하여 마음 깊이 숨기고 기억에서도 묻어 버린다. 하지만 한 번 만들어진 분노는 자연히 소멸되지 않고 잠재되어 있다가 엉뚱한 상대를 향해 표출된다. 또한 분노의 화살을 자신에게 돌리면 우울증과 자신에 대한 혐오감을 만든다. 그러므로 사건을 기억하고 그 상황을 직시하여 바르게 처리하는 과정이 필요하다.
4) 십자가의 사랑과 용서를 생각하며 십자가 앞에서 상대방의 잘못된 행동을 용서하겠다고 의지적으로 선택하고 고백한다.
5) 심판과 판단을 주님께 맡기고 그를 용서하겠다고 입으로 시인한다.
6) 용서하지 않았던 태도를 주님께 자백하고 깨끗하게 하신다는 주님의 약속을 믿고 감사드린다.

5. 용서에는 하나님만이 하실 수 있는 일과 나만이 할수 있는 일이 있다.

1) 하나님만이 하실 수 있는 일

(1) 나의 감정의 변화
감정은 억지로 만들 수 없다. 용서는 분노를 사랑의 감정으로 바꾸는 것이 아니다. 감정을 바꾸려고 노력하면 결코 용서할 수 없다. 감정의 변화는 내가 할 수 없다. 내가 할 수 없는 것을 하려고 노력할 때 결과도 없고 더욱 혼란에 빠진다. 용서는 의지적 순종이다. 나의 의지가 하나님의 법칙에 순종할 때 성령께서 감정도 점차 변하게 하신다.

(2) 상대방의 감정의 변화
내가 당신을 용서했으니 당신도 나에게 좋은 감정으로 변해야 한다는 요구를 한다면 다시 또 상처를 받게 된다. 상대의 감정 역시 내 권한 밖에 있고 하나님의 주관 아래에 있다.[39]

2) 나만이 할 수 있는 일
내게 해를 끼친 사람을 용서하기로 의지적으로 선택하는 것이다. 용서는 하나님의 권면이며 명령이다. 그 앞에서 우리는 순종

---

39) "왕의 마음이 여호와의 손에 있음이 마치 봇물과 같아서 그가 임의로 인도하시느니라"(잠 21:1).

혹은 불순종의 선택을 할 뿐이다. 가해자에 대한 모든 판결을 주님께 맡기고 용서하기로 의지적으로 선택하는 것이다. 선택한다면, 하나님은 우리 선택의 다음 길을 도우신다.

6. 왜 용서는 어려운가?

1) 상대에게 시기하고 질투하는 마음이 있을 때 용서하기 어렵다.
2) 내 안에 같은 죄가 있을 때 오히려 다른 사람의 잘못을 찾아내는 정죄의 습관이 강해서 용서하기 어렵다.
3) 용서하지 못함으로 인해 현재 발생하고 있고 추후 발생하게 되는 영육의 큰 손해를 모르기 때문에 용서의 명령을 소홀히 여긴다.
4) 하나님 앞에서 자신의 죄를 깊이 인식하지 못할 때 용서하기 어렵다.
5) 가족이나 가까이에서 계속 상대방을 봐야 되는 상황에 처해 있을 때 계속 피해를 입고 상처를 받을까 봐 용서하기 어렵다.

용서를 막는 두려움에 대해 로렌 커닝햄[40]은 이렇게 말하고 있다. "상대방을 용서했을 때 앞으로 더 상처를 받게 되지 않을까 하는 두려움이 있다. 그러나 용서는 당신이 장래에 받을 상처로부터 당신을 보호해 줄 수 있는 가장 중요한 열쇠이다. 또한 용서하는 행위는 정서적으로도 치유를 가져와 당신이 장래에 받게 될지도

---

40) Loren Cunningham, 『네 신을 벗으라(Winning God's Way)』, 예수전도단, p.102.

모르는 상처들을 견딜 수 있도록 당신을 충분히 강하게 해 줄 것이다."

용서라는 문은 통과하기가 쉽지 않은 어려운 문이다. 하지만 이 문을 통과하지 않고는 결코 치유와 성숙이라는 문으로 들어설 수가 없다. 우리 연약함을 아시는 주님께서 우리가 용서하려고만 한다면 이 문을 통과할 수 있도록 도우실 것이다.

7. 용서의 세 가지 방향

1) 하나님께 당신 자신의 죄에 대해 용서를 구하라.

하나님은 당신이 용서를 구하지도 않았을 때 당신을 용서하셨다. (롬 5:8)

하나님은 약속하시기를 우리가 죄를 자백하면 저는 미쁘시고 의로우사 우리 죄를 사하시며 모든 불의에서 우리를 깨끗게 하시는 분이시다.(요일 1:9) 하나님께서 당신의 실질적인 모든 죄를 용서하시기 위해 희생의 피를 준비하셨다. 그러나 우리가 진실하게 자백하지 않는다면 이 피가 당신 자신의 것이 되지 못한다. 어떤 것이 죄인지 하나님께 묻고 자신을 합리화시키지 말고 정직하게 자백해야 한다. 이것만이 우리를 새롭게 하는 길이다. 예수 그리스도를 영접할 때 모든 죄를 이미 용서해 주셨으나 그 용서의 능력이 내 마음 안에 내려오기 위해서 내 마음이 알고 있는 나의 실질적인 죄에 대해 용서를 구해야 한다. 예수님을 영접한 후 은혜를 맛보고 성숙했을지라도 큰 죄를 지을 수 있다. 그때도 자신을 자학하는 대신 주님의 피를 기억하며 용서를 구해야 한다.

다른 사람을 고발하고 다른 사람에게 책임을 전가하는 태도는 결코 죄를 없애지 못한다. 자신이 죄를 선택했음을 인정하고 십자가의 보혈을 의지해 죄를 자백할 때만 죄는 온전히 씻어진다.

2) 당신 자신을 스스로 용서하고 있는 그대로 받아들여라.

자신을 용서하지 못하고 용납하지 못하는 것은 신앙적 겸손이 아니라 교만과 불신앙 때문이다. 하나님께서 당신을 사랑하시고 용납하신 것 같이 당신 역시 자신을 용납하고 사랑해야 한다. 자신을 용서하지 못하고 학대하고 비하하는 것은 하나님의 사랑에 대한 무서운 거역이다. 처음부터 자신이 얼마나 철저하게 파괴된 사람인지를 모르는 무지다. 자신에 대하여 엄격한 간수가 되어서 채찍을 내려치고 고발하는 마음을 갖고 사는 것은 주님이 원하시는 신앙의 태도가 아니다. 이것은 초점이 자신에게 머물러 있음을 나타낸다. 자학은 또 다른 자기중심이다. 자신을 용서하지 못하고 학대하는 것과 하나님 앞에서 애통한 마음으로 자신의 마음을 찢는 것은 다르다. 전자는 오직 후회와 자신에 대한 미움 그리고 수치심이지만, 후자는 자신에 대해 용서하는 마음을 갖게 되고 그로 인해 다른 많은 죄인을 용납할 수 있는 사랑을 갖게 된다. 십자가의 귀함을 알게 되고 그 능력을 알게 되어 복음을 전하는 사람이 될 수밖에 없다.

3) 나에게 상처를 입힌 사람들을 용서하라.

수많은 사람을 매일 수없이 용서하는 것이 아니다. 용서도 능력이며 용서의 강물도 사람마다 용량이 다르다. 용량이 클수록 상처

받는 일도 줄어들며 오히려 용서해야 할 사람도 없어진다. 그릇이 작을수록 하루에 만나는 모든 사람이 용서의 대상이 될 것이다. 용서해야 할 사람들로 둘러싸여 있다면 그 삶은 얼마나 피곤할 것인가!

그러므로 용서의 그릇을 키워야 한다. 마음의 그릇이 크고 마음의 문턱이 높지 않다면 걸릴 사람이 없다. 누구나 용서의 그릇을 키울 수 있다. 용서의 그릇을 키우기 위해 가장 먼저 해야 할 일은 깊이 박힌 분노의 처리다.

가장 처음, 어린 시절에 마음 깊이 박힌 분노의 못이 있는지 주님께 기도로 물어야 한다. 이런 사건을 알아내고 그것을 주님과 충분히 대화하며 그 상대를 용서할 때 마음의 그릇이 커지고 용서의 능력이 자라기 시작한다.

8. 어리석은 원망의 덫

미련한 사람은 훈계를 받지 않음으로 인해 죽는다.(잠 5:23) 자신에게 권면과 진리의 말을 해 준 사람을 오히려 미워하고 상처받았다고 원망하며 그를 용서한다고 기도한다면 이런 기도는 받아들여질 수가 없다. 미련한 사람은 지혜로운 말을 업신여기며 돼지에게 진주를 주는 것 같이 도리어 그 상대방을 향해 원망한다. 총명한 사람은 한마디 말도 마음에 깊이 두고 그 교훈을 감사하지만 교만하고 어리석은 사람은 매 백 대를 때려도 아무 소용이 없다.(잠 17:10) 이런 미련함과 완고함에서 벗어나기를 기도해야 한다.

참으로 변화를 원하면 변화할 수 있다. 그 과정 속에 쓴 충고를 접할지라도 그것이 진리의 충고라면 그런 사람을 하나님의 천사로 귀히 여겨야 한다.

사람들은 바른 진리를 서로 나누지 않는다. 그러나 진실한 친구는 친구의 얼굴을 빛나게 해준다. 진솔하며 정직하게 조언함으로써 변화에 도움을 주기 때문이다.

9. 지금 용서의 단을 쌓아라.

1) 상대를 용서한다는 것은 상대의 행동이 옳다고 인정하는 것이 아니다.

이것은 상대를 향해 법관과 같은 나의 자세를 바꾸는 것이다. 상대방을 판단하고 판결하는 모든 권리는 오직 하나님께만 있음을 인정하고, 상대를 죽일 놈, 인격파탄, 구제불능…. 등의 선고를 내린 재판관의 자리에서 내려오는 것이다.

2) 용서하겠다고 결심했어도 여전히 미움과 분노가 남아 있을 수도 있다.

그래도 용서는 시작된 것이다. 마음의 항아리에 분노와 적개심이 가득했으나 용서의 뚜껑을 열고 쓴 물을 계속 퍼 올리면 어느 사이 그 독 안에 악취 나는 썩은 물은 다 비워지게 된다.

3) 내가 용서해야 할 사람이 누구인지 성령께서 생각나게 하시도록 기도하라.

표면적인 사건보다는 지나가 버리고 깊이 묻혀 버린 사건들이 더욱 당신이 용서함으로 해결해야 할 사건일 수 있다. 이런 결박된 사건들을 가르쳐 달라고 기도해야 한다.

4) 떠오르는 사람들의 이름을 적고, 용서해야 할 부분을 구체적으로 기록하라.

상처는 막연한 것으로는 생기지 않는다. 내게 고통을 느끼게 한 이유를 생각해보라.

두리뭉실하게 그 사람 자체를 용서한다고 하기보다는 그의 언행에 대해 구체적으로 용서해야 한다. 또한, 어른이 된 지금의 내가 용서하는 것이 아니라 어릴 때 상처를 받은 마음속의 아이로 돌아가 그 마음으로 상대를 용서하라. 지금 나이 들어 보면 그 사건이 심히 유치해 보일 수도 있으나, 그 당시 그 일을 겪은 것은 어린아이였고 그 아이에게 그 사건은 심각한 것이다.

5) '용서하라.' 하신 하나님의 명령(마 5:43~47)과 그의 뜻대로 구하면 들으신다는 약속(요일 5:14~15)에 의지해서 입을 벌려 용서의 기도를 드려라.

 실제 5

내가 니 엄마냐?
– 용서를 통해 하나님은 나를 풀어 주셨다 –

   기독교 선교단체에 들어가 인격적으로 하나님을 만나고 자칭 성령 충만한 생활을 한다고 생각했던 나에게 쉽사리 섭섭함과 외로움이라는 것이 들어왔고, 사탄은 이런 약점을 통해서 하나님을 거역하는 생활로 데려가곤 했다. 하지만 이런 삶이 반복되고 있는 것조차도 나는 깨닫지 못했다. 한 번씩 바닥에 떨어질 때마다 이제까지 인도하신 하나님을 잊고 그분을 원망하며 고통을 이기지 못해 쾌락을 누릴 수 있는 것들을 찾고 싶어졌다.
   그러다가 이 세미나를 접하게 된 것이다. 나는 내 안에서 솟아오르는 알 수 없는 분노를 느끼고 그 원인을 알고 싶어서 기도했다. 기도하고 있을 때 하나님께서는 나를 여섯 살배기 시절로 데리고 가셨다. 우리 부모님은 내가 세 살 때 이혼을 하셨고, 나는 할머니와 아빠와 삼촌과 함께 섬에서 생활을 했다. 아빠는 술로 사시는 분이셨고, 어렸을 때 기억이라면 많이 얻어맞은 기억뿐이다. 여섯 살 때쯤인가? 엄마 품이 너무도 그리울 때 아버지는 새엄마를 데리고 오셨다. 난 그분이 새엄마가 아니라 그동안 나를 떠나 있던 친엄마인 줄 알았다. 그러던 어느 날, 우물에서 빨래

하고 있는 새엄마를 보고 내가 달려가면서 "엄마!" 하고 부르자 새엄마는 차가운 얼굴로 나를 보며 대답했다.
"내가 니 엄마냐?"
"……"

바로 이 장면이 분명하게 떠오르는 것이었다. 그러면서 그때의 아이가 내 안에서 울고 있는 그 슬픔을 그대로 느꼈다. 나는 울면서 새엄마가 그때 했던 그 말이 나를 얼마나 아프게 했는지 깨닫게 되었다. 하지만 아버지는 나의 이런 아픔을 모르고 할머니에게 나를 절대로 친어머니에게 주지 말라는 유언을 남기고 세상을 떠나셨다.

몇 년 전까지 나는 할머니와 함께 살다가 친어머니에게 가게 되었다. 참으로 그리던 어머니였다. 하지만 어머니에게서 지금까지 그려 왔던 엄마의 상을 느낄 수가 없었다. 나를 감싸 주고 울면서 안아 주어도 마음이 풀릴 둥 말 둥 한데 어머니는 계속 꾸중만 하시고 자주 화를 내셨다. 어머니는 자신의 성격이 이렇게 된 것이 다 아버지 탓이라며 아버지를 원망하시곤 했는데 그 말이 정말 듣기가 싫었다.

어머니는 그 후 재혼을 해서 잘 살고 계신다. 나는 어머니의 모든 것을 이해하고 사랑하려 했지만, 자꾸 돌아가신 아버지 욕을 하면서 내게 짜증을 내고 내가 아버지 편을 든다고 못마땅해 하며 나를 미워하는 어머니를 어느새 나를 거절한 새어머니보다 더욱 원망하고 있음을 알았다.

술을 많이 드시긴 했지만 누구보다도 나를 사랑하신 아버지! 그리고 이제는 돌아가신 분인데 어머니는 그 아버지를 미워하고 내가 엄마의 수고를 모른다고 신세타령을 하곤 했다. 그런 어머니를 도저히 용서할 수가 없었다. 내가 얼마나 오랫동안 어머니를 그리워하고 어머니가 없는 시간이 나에게 얼마나 허무한 시간들이었는지 어머니는 전혀 생각하지 않는 것 같았다.

그런데 하나님은 나에게 이런 어머니를 이해시키셨다. 그리고 어머니를 용서하라고 강하게 말씀하셨다. 나의 힘으로는 도저히 할 수 없었다. 무엇으로도 녹이기 어려운 분노로 차가워진 마음이 내 안에 있었다. 그러나 하나님은 나의 마음을 녹여 주셨고, 하나님의 사랑을 내 마음에 느끼게 해 주셨다. 내가 하나님을 아프게 한 그 일들로 하나님 또한 울고 계심을 깨닫게 하셨다.

감사했다. 무언가가 내 마음속에서 확 뚫려 나갔다. 비로소 내가 상처를 준 모든 사람에게 나도 용서받고 싶다는 마음이 들었다. 그들을 위해 기도했다. 그리고 나만 상처받은 것이 아니었음을 알았다.

나는 나의 진정한 어머니를 만났다. 그분의 사랑을 느꼈기에 내게 상처를 준 사람들, 그리고 나의 어머니를 용서할 수 있었다.

 실제 6

밤마다 배가 아프고 몸이 아팠던 이유가 있었습니다.

내 나이 이제 오십이 다 되었다. 교회 목사님으로부터 내적치유 세미나에 참석해 보라는 권유를 몇 차례 받았지만 그다지 관심이 없었다. 내적치유라는 말 자체가 너무 생소했고 아무튼 나와는 별로 상관이 없다고 느꼈다. 원래 고집이 센 데다 남의 말을 잘 듣는 편이 아니라 집회 동안 다른 사람들이 울고불고 하는 모습을 보면서 그저 남의 일을 구경하는 자세로 있었다.

그런데 집회 중간에 강사님이 용서라는 말을 하는데 갑자기 아랫배에서 커다란 돌멩이가 올라오는 것을 느꼈다. 너무 놀라면서 그 돌멩이가 무엇일까 생각하는데 갑자기 돌아가신 아버지 얼굴이 생각났다. 이런 말을 하면 정말로 벌 받겠지만, 평생에 아버지가 돌아가신 날처럼 속이 시원하다고 느낀 날이 없었다. 아버지가 돌아가셨다고 하니까 내 어깨에 놓였던 모든 짐이 없어진 것만 같았다.

아버지는 40년을 밖으로 돌아다니며 가족과는 연락도 없이 지내다가 늙고 병이 들어서야 우리 앞에 나타나셨다. 식구들은 모두 반대를 했지만 내가 아버지의 병시중을 다 했다. 그 와중에도 몸이 조금이라도 좋아지면 아버지는 또 훌쩍 나가시곤 하셨다.

나는 그런 아버지가 정말 원망스러웠지만, 이제는 돌아가셨기에 나와는 해결이 다 된 줄 알았다. 그런데 돌멩이가 올라오면서 나의 마음이 아버지를 용서하지 못하고 있다는 것을 깨닫게 된 것이다.

 그리고 갑자기 또 하나의 돌멩이가 안에서부터 올라오는 것이 아닌가! 그러면서 이제는 남동생 얼굴이 보였다. 남동생은 우리 가족 중 외모가 아버지를 제일 많이 닮았고 이 외에도 여러모로 아버지를 닮았다고 식구들에게 미움을 많이 받았다. 지금도 결혼을 하지 못하고 가끔 우리 집에 와서 우리를 괴롭히곤 하는 동생이다. 그 동생의 얼굴을 보면서 '아! 내가 이 두 사람을 이렇게 용서하지 않고 미워하고 있었구나.' 하는 것을 다시 알게 되었다.

 두 돌멩이가 목까지 올라와 밖으로 나가자 마치 거무스름한 연기가 빠져나가는 것처럼 보였다. 그리고는 뱃속에 무겁게 들어 있던 것이 없어졌다. 나는 평소에 항상 속이 아파서 밤에도 잠을 잘 자지 못하고 온몸이 아프지 않은 곳이 없었는데, 처음으로 바로 누워 단잠을 잘 수 있었다.

 실제 7

나의 가슴과 주님의 가슴에 꽂힌 화살들

나는 하나님 안에서 하나님을 잘 믿는 형제와 함께 가정을 꾸 몄다. 그래서 우리 결혼은 심각한 문제 따위는 없을 것이라고 기대했는데 참으로 쉽지 않은 일이 많았고 갈등 또한 적지 않았다. 새해를 맞아 기도하는 중에 우리 근무지에서 함께 일하는 직원들을 모두 데리고 이곳 세미나에 참석하게 되었다.

강의를 들으면서 나는 무엇을 기도해야 하는지 알게 해 달라고 하나님께 물었다. 하나님은 나에게 두려움에 대해 생각나게 하셨다. '내가 두려워하는 것이 무엇인가?' 새삼 내 안을 점검해 보았다. 내가 두려워하는 것은 바로 남편에 대한 것이었다. 남편은 성품이나 여러 가지 면에서 참으로 좋은 사람인데 어울리지 않게 심한 욕설을 하곤 했다. 남편이 욕을 할 때면 너무나 두렵고 상처가 됐다. 기도하면서 내가 남편에게서 아버님을 느끼고 있다는 것을 알았다. 언젠가 시부모님이 다투는 모습과 아버님이 어머님을 폭행하는 모습을 보면서부터 나도 모르게 남편도 나를 저렇게 대하면 어떡하나 하는 두려움을 가지게 된 것이다.

그런데 집회 기간에 하나님께서는 나에게 놀라운 장면을 보여 주셨다. 남편이 나에게 폭언을 하는 장면이 보이면서 그 폭언이 무서운 화살이 되어 나의 가슴을 향해 날아오는 것이었다. 그 화살은 두께가 5㎜정도였고 날카로운 촉이라고 느낄 만큼 생생했는데, 그것이 바로 내 가슴에 박혔다. 얼마나 섬뜩하고 아픈지 집회 중에 악을 썼다. 그런데 나만 그 화살을 맞은 것이 아니었다. 놀랍게도 내 곁에 계신 주님께서도 그 화살을 맞고 계시지 않는가! 주님은 내게 이렇게 말씀하셨다.

"너의 남편은 너에게만 화살을 쏘는 것이 아니라 나에게도 화살을 쏘고 있다."

그리고 주님은 내 가슴에 박힌 화살을 하나씩 빼내 주셨다. 주님이 뽑은 화살에는 피가 선명히 묻어 있었다. 그러자 이번에는 내 가슴에 흐르는 피를 닦아 주셨다. 남편에게는 미안했지만, 이 일을 다른 사람들에게도 알려 달라고 주 목사님과 사모님께 하나님께서 보여 주신 일을 말씀드렸다. 사람에게 폭언하는 것이 이렇게 무서운 것임을 알리고 싶었기 때문이다.

사람들은 2천 년 전에만 주님을 찌른 것이 아니었다. 지금도, 오늘도 무서운 폭언으로 주님에게 화살을 쏘고 또 찌르고 있다. 남편이 나에게 던진 폭언은 바로 주님께도 고통을 주는 화살이었던 것이다. 주님께서는 남편의 화살을 맞으면서도 나와 남편을 떠나지 않고 계셨다.

과정 **6**

성령의 권능을 받으라

하나님께서 세상 사람들에게는 주시지 않고
오직 하나님의 자녀에게만 주시는 최대의 은혜
살아 계신 하나님이 당신에게 주신 최대의 약속

당신이 성령의 권능 알기 원하고 필요로 하신다면
이 문 안에서 반드시 체험할 수 있습니다

하나님은 약속에 따라 움직이십니다
당신이 성경에 약속된 것을 찾아내어 기도하면
하나님은 약속대로 반드시 행하실 것입니다

이 과정의 목적

 이 강의는 성령이 누구신지 알게 하고 바로 이 시간 성령과 당신이 개인적으로 만나도록 돕기 위함이다. 성령의 권능을 체험하고 그 능력으로 내면의 상처를 치유하고 모든 악한 죄의 결박을 끊어낼 때 풍성한 삶은 이루어진다. 인격이신 성령과 위로부터 내려오는 성령의 권능을 체험케 하며, 성령 안에서 살아가도록 하는데 목적이 있다.

1. 예수님의 약속

예수님은 우리를 고아처럼 남겨두지 않으셨다. 그리스도인은 홀로 예수님의 뒤를 따르는 삶이 아니다. 예수님은 예루살렘을 떠나지 말고 내게 들은 바 아버지의 약속하신 것을 기다리라고 하셨다. 그리고 약속하시기를 요한이 주는 물 세례가 아니라 성령으로 세례를 받으리라 하셨다. 성령으로 세례를 받을 때 우리는 권능을 받고 예루살렘과 온 유대와 사마리아와 땅끝까지 이르러 주님의 증인이 될 것이라고 하신 것이다. 제자들에게 "성령으로 세례를 받으리라"고 하신 주님의 약속은 제자들이 모여 기도한 지 10일 후에 이루어졌다. 이 일이 일어난 후 제자들은 정말 딴 사람처럼 변했다.

> 그들이 다 성령의 충만함을 받고 성령이 말하게 하심을 따라 다른 언어들로 말하기를 시작하니라 (행 2:4).

> 사도들은 그 이름을 위하여 능욕 받는 일에 합당한 자로 여기심을 기뻐하면서 공회 앞을 떠나니라 그들이 날마다 성전에 있든지 집에 있든지 예수는 그리스도라고 가르치기와 전도하기를 그치지 아니하니라 (행 5:41~42).

그들에게 나타난 변화는 시간이 지나면서 자연히 이루어진 것이 아니라 너무도 갑작스러운 것이었다.

제자들은 예수님을 따르면서도 결정적인 순간마다 주님의 가르침에 미치지 못하는 인간적인 모습을 보였다. 그러나 오순절 날 성령의 충만함을 받은 후 제자들의 변화는 매우 특별했다.

2. 주님을 부인한 베드로의 변화

베드로는 가정과 생업을 뒤로하고 주님을 따르며 주님을 진정으로 사랑했던 사람이었다. 하지만 그는 두려워서 주님을 저주하며 부인하고 말았다. 그것이 바로 그가 가진 한계이고 죽음 앞에서 인간의 한계다.

하지만 이런 베드로가 오순절 성령 강림 이후에 모든 사람 앞에서 담대히 예수님을 전하며 매를 맞는 것을 오히려 감사하게 여기는 사람으로 완전히 변했다.

이 변화는 인격의 성숙이나 결심이라는 차원과는 다른 폭탄적인 변화다. 그리고 이렇게 베드로가 딴 사람처럼 변화한 시간이 두 달이 채 못 되는 짧은 기간이었다. 이런 까닭에 분명하게 결론 내릴 수 있는 것은 베드로의 변화는 스스로 의지적 노력에 의한 것이 아니라 다른 인격체 즉 성령 하나님으로 인한 변화였다. 이런 능력이 그리스도인에게 필요하다.

3. 사도행전 2장에 나타난 오순절 성령 충만 사건은 그 곳에 모인 사람들만 위한 것인가?

만일 그 역사가 그곳에 있는 사람들만 위한 것이라면 그 후에 다시는 그와 같은 사건이 일어나지 않았을 것이다. 그러나 오랜 시간이 지난 그 이후에도 그와 같은 사건은 계속해서 일어났다.

어느 날 예루살렘에 있는 사도들이 사마리아도 하나님의 말씀을 받았다 함을 듣고 베드로와 요한을 보냈는데 그 이유는 성령으로 세례를 주기 위한 것이었다. 사마리아 교회 안에 이런 역사가 일어나지 않았음을 사도들이 알았기 때문이다. 그곳은 그저 주 예수의 이름으로 세례만 받고 있던 교회였다. 이때 그곳에 가서 두 사도가 안수하자 그곳의 성도들이 성령을 받게 되었다. 이런 현상들이 매우 놀라웠기 때문에 시몬은 베드로에게 돈을 주면서 자신이 누구든지 안수할 때 성령을 받게 해 달라는 엉뚱한 요청을 하기도 했다. 돈이 되고 사람들의 인기를 끌 대단한 표적이라 생각한 것이다. 물론 베드로는 그를 무섭게 꾸짖었다.
(행 8:14~25)

사마리아 교회 안에 일어난 성령 세례의 사건 뒤에도 사도행전에는 여러 차례 오순절의 마가 다락방에 있었던 성령 강림의 역사처럼 성령으로 세례받기를 구하는 사람들 안에 성령이 임하시는 사건들이 일어났음이 기록되어 있다.(행 10:44~48, 행 19:1~7 참고)

위의 말씀들을 볼 때 오순절 날 임했던 성령 충만의 사건은 단 한 번 지구상에 일어난 것이 아니고 어디에서든지 예수님의 약속을 의지하고 기도하는 사람들에게 성령이 임하시는 현장이 놀랍게 재현되었음을 알 수 있다. 사도행전 1장에서 말씀하시는 주님의 약속은 지금 당신에게도 유효한 것이다.

또한, 이 역사는 우리가 거듭나서 하나님의 자녀가 되기 위한 역사가 아니고, 이미 거듭난 그리스도인들에게 베푸시는 성령의 특별한 권능을 주시는 역사이다.

4. 성령은 누구신가?

성령은 삼위일체의 제 3위로 성부 하나님, 성자 예수님과 동등하신 분이다. 그분은 하나님이시며 무한한 지성(고전 2:11)과 감정(롬 15:30)과 의지(고전 12:11)를 소유하고 계시는 인격이시다.

5. 그리스도인은 성령으로 세례를 받아야 한다. 그리고 계속해서 성령으로 충만히 지배를 받아야 한다.

인간의 마음은 오랫동안 자신이 왕좌를 차지하고 있었다. 즉 내 마음대로 살아온 것이다. 이제 하나님의 자녀로 거듭난 사람은 내 마음대로가 아니라 하나님을 주인으로 모시고 사는 새로운 삶의 방식을 배워 나가야 한다.

사도 바울은 주님을 따르면서도 여전히 옛 사람의 힘이 자신 안에 계신 성령의 움직임을 방해하고 대적하는 것을 간파했고 이런 마음의 전쟁 속에서 절망적으로 부르짖는다.

오호라 나는 곤고한 사람이로다 이 사망의 몸에서 누가 나를 건져 내랴 (롬 7:24).

절망 속에서 바울은 인간이 내적 갈등과 혼란에서 승리하는 길은 우리 안에 계신 성령의 지배를 받으며 사는 길밖에 없다는 사실을 명료하게 알게 되었다.

성령만이 우리에게 풍성한 그리스도인의 생활을 하며 하늘나라 시민으로 사는 힘을 주신다.(갈 5:16)

6. 성령만이 우리를 영적인 진리 가운데로 인도하실 수 있다.

예수님은 "진리의 성령이 오시면 그가 너희를 모든 진리 가운데로 인도하시리니 그가 스스로 말하지 않고 오직 들은 것을 말하며 장래 일을 너희에게 알리시리라" 고 하셨다.(요 16:13)

이제 우리 안에 오신 성령께서 우리를 지배하실 때 실제로 이런 일들이 하나님의 자녀 안에 일어나게 된다. 성령은 하나님의 자녀들에게 하나님의 뜻을 알려 주신다.

> 사람의 일을 사람의 속에 있는 영 외에 누가 알리요 이와 같이 하나님의 일도 하나님의 영 외에는 아무도 알지 못 하느니라 (고전 2:11).

우리가 하나님의 뜻을 바로 알기 위해서는 반드시 성령의 도움이 있어야 한다.

7. 성령 하나님은 사람들의 마음을 감동하여 성경을 기록하게 하셨고 지금은 우리가 성경을 읽을 때 그 뜻을 알

도록 도우시며 마음판에 그 말씀을 심어 주신다.

"모든 성경은 하나님의 감동으로 된 것으로 교훈과 책망과 바르게 함과 의로 교육하기에 유익하니" 라고 하신다.(딤후 3:16)

그러므로 우리의 마음판이 변화되기 위해서 반드시 성령의 도우심과 인도가 있어야만 되는 것이다.

8. 그런데 하나님의 자녀들도 성령으로 충만하여 성령의 인도를 받지 못하고 영적으로 침체하고 실패하는 이유는 무엇일까?

첫째는, 하나님의 약속을 몰라서 구하지 않기 때문이며 응답에 대한 자신감도 없기 때문이다. 약속을 먼저 알아야 한다. 성령으로 세례를 주시겠다는 하나님의 약속이 선포되었다.
그래서 우리는 담대히 구할 수 있다.

"너희가 악할지라도 좋은 것을 자식에게 줄 줄 알거든 하물며 너희 하늘 아버지께서 구하는 자에게 성령을 주시지 않겠느냐 하시니라" 라고 하신다.(눅 11:13)

둘째는, 성령에 대한 필요성을 느끼지 않기 때문이다.
자신이 얼마나 약한지 모르기 때문이다. 자신 안에 있는 옛사람의 습관과 힘을 싫어하지 않기에 변화를 절박하게 원하지 않기 때문이다. 이런 자는 수십 년이 지날지라도 성숙하지 못하고 육신에 속한 그리스도인으로 머문다. 이런 자는 하나님의 성령의 일을 받지 않으며 오히려 성령의 역사가 미련하게 보이고 성령의 일들이 벌어지고 있어도 깨닫지 못한다.(고전 2:14)

셋째는, 자기 욕심을 채우려고 구하기 때문이다.

성령 받는 것은 예수님의 증인이 되기 위한 것이다. 은사를 받아 사람들 앞에 자랑하고 싶은 마음이나 단순한 호기심 혹은 사람들을 지배하고 싶어 단순히 어떤 능력이나 체험을 하고자 기도하는 것은 인격을 가지신 성령 하나님을 모욕하는 것이다. 성령 세례는 전기와 같은 특별한 힘을 받는 것이 아니라 인격이신 성령에게 내 중심의 의자를 내드리는 것이다.

9. 어떻게 성령의 세례를 받을 수 있는가?

1) 회개하고 주님을 영접해야 한다.(행 2:38)
2) 현재 생각나는 죄나 용서하지 못하는 사람이 있다면 회개하고 그 사람을 용서하기로 결정해야 한다.
3) 성령으로 세례 주시기를 구하라.(눅 11:13)

구한 후에는 주셨음을 믿음으로 받아들이고 찬양의 고백을 드리라.

하나님의 명령(엡 5:18)과 그의 약속을 읽고 외워 본다.(요일 5:14~15) 만일 당신이 연약한 것을 인정한다면 바로 당신이야말로 성령의 권능이 필요한 사람이다.

당신이 성령으로 채워지는 것이 하나님의 뜻이라고 생각한다면 진실한 한마디 기도를 통해서도 성령은 임하실 것이다. 성령이 임하실 때 나타나는 방언이나 외적인 체험이 있든지 없든지 상관하지 말고 약속의 말씀을 잡고 받은 줄로 믿어야 한다. 하나님의 약속 선물은 모두 믿음으로 받을 수 있다. 정말 믿는다면 주심에 대한 감사의 찬양을 하라.

10. 주의해야 할 점이 있다.

1) 당신이 처음으로 성령의 임재를 체험했다면 이것은 목표 지점에 도달한 것이 아니라 이제 성령과 실질적인 동행의 시작이다. 당신이 성령께 얼마나 순종하느냐에 따라 열매는 차이가 날 것이다.

2) 당신 안에 외적 은사(믿음의 은사, 병 고치는 은사, 능력을 행하는 은사, 예언의 은사, 영을 분별하는 은사, 방언의 은사, 통역의 은사)를 성령께서 나타내셔서 당신을 증인으로 사용하실 것이다. 그러나 외적인 은사와 함께 성품의 변화와 주님과의 교제를 더 사모해야 한다.

3) 중생과 성령 세례 그리고 성령 충만의 차이점을 이해하자.[41] 중생은 예수를 영접함으로써 단시간에 일어나는 일회적인 것이다.

---

41) 디. 마틴 로이드존스. 『성령론』, 새순출판사, 1986.

또한, 성령 세례 역시 주님의 약속대로 구했을 때 단시간에 이루어지는 평생 한 번뿐인 일회적인 사건이다. 그와 달리 충만은 계속해서 유지되어야 하는 상태이다. 내 마음대로 살아온 삶의 습관을 버리고 성령에게 순종하며 동행하는 관계로 사는 것을 성령 충만한 삶, 혹은 성령 안에서 살아가는 삶이라고 표현한다.

성령으로 세례를 받은 사람은 이제 성령과 지속해서 순종하는 관계를 이뤄가야 한다. 예수께서도 요단강에서 성령 세례를 체험하신 후 평생 자기 뜻대로 행하지 않고 성령의 뜻에 순종하기를 원하셨으며 또 그렇게 사셨다.

예수님은 우리에게 성령과 동행하는 삶의 모범을 보이셨다. 성령으로 세례를 받는 이유는 성령과 동행하기 위한 것이다. 그리스도인의 가장 큰 죄악은 마음에 계신 성령과 상관없이 자기 마음대로 사는 것이다.

 실제 8

바른 그리스도인의 삶을 사는 것이 갈수록 불가능했었다.

"충성!"

차렷 자세를 하고 경례를 붙이는 나의 모습은 씩씩한 대한민국 군인이었다. 하지만 나의 마음속에 있는 갈등은 군대 밥을 먹을수록 더욱 커져만 갔다. 나는 군종이다. 사람들이 보기에는 꽤 열심히 일하는 군종인지 칭찬을 많이 받았다. 하지만, 내 마음에는 군대에 들어오기 전에 내가 가졌던 신앙에 대한 자신감이 사라진지 이미 오래였다.

"그래요, 나는 완전히 지쳐 버리고 말았어요. 다른 사람이 보기에는 내가 훌륭한 군종 같았겠지만 나는 완전히 실패했어요. 예수님의 삶을 따르는 사람이 되겠다고 자신했던 학창 시절의 모든 것이 얼마나 내 자신을 모르고 했던 말인지 이제야 알았어요. 그리스도인으로 사는 것에 더는 자신이 없어졌어요."

나는 상담해 주시는 분에게 조언을 구하는 것이 아니라 아무 기대도 없는 나의 심정을 이렇게 피력했다.

"그래, 너는 더 이상 할 수 없어. 그러나 우리에게는 희망이 있어 우리가 약하기 때문에 예수님이 우리에게 성령을 받으라고 하신 거야.".

"하지만 선생님, 예수님을 믿으면 성령이 이미 내 안에 계시는 것 아닌가요? 그런데 무슨 성령을 또 받는다는 것입니까?"

"물론 성령은 이미 네 안에 계시지. 아니, 그것보다는 네가 성령 안에 있다고 하는 표현이 더 정확할지 몰라. 그러나 우리가 성령 안에 있다는 것만으로 모든 것이 다 된 것은 아니야. 우리가 성령 안에 있으니까 이제는 그 성령에게 권능을 달라고 기도해야 하는 거지. 나도 예전에 너처럼 신앙생활을 하면서 나 자신의 한계를 느낄 때마다 내 힘으로 극복해 보려고 무진 애를 썼어. 무기력한 신앙 상태 역시 내가 기도를 열심히 하고 성경을 열심히 읽으면 회복될 거로 생각하고 힘을 냈지만, 그것 자체가 잘 되지 않았어. 이런 생활을 반복하다 보니 신앙생활이란 것이 너무나 어렵고 더구나 사람들 속에서 신앙 양심을 지키며 살아간다는 것이 불가능하다는 결론까지 이르게 됐지. 하지만 나중에 중요한 사실을 깨닫게 되었는데, 그것은 내가 순서를 바꾸었다는 것을 알게 된 거야."

"순서를 바꾸었다니요?"

나는 그 말이 이해가 되지 않았다. 하지만 그에게서 나오는 깊은 확신이 나에게는 없는 그 무언가가 그에게 있다는 생각을 하게 했다.

"즉 내가 기도를 잘 해서 내 상태를 좋게 끌어올린 다음에 하나님을 만나는 것이 아니라, 기도를 못 하기 때문에 하나님께 간다는 말이지. 우리가 그 상태로 가면 그분은 기도할 능력을 주신다는 거야. 그것이 바로 성령의 권능을 받는 것이었어. 다시 말해 우리가 우리의 상태를 변화시키기 위해서 다른 어떤 노력을 하기에 앞서서 성령의 권능을 힘입는 것이 먼저라는 거야. 이것을 알지 못했기 때문에 나는 순서를 바꾸었고 그래서 항상 실패했어. 너도 순서를 바꾸어서 노력하다가 스스로 좌절한 것이 아닐까?"

그의 질문은 나에게 중요한 부분을 깨닫게 했다. 그것은 사실이었다.

"그러면 과연 무엇보다 먼저 내가 성령으로 세례를 받는 것이 정말 현재 나의 문제를 해결하는 길이 되는 걸까요?"

"그럼, 네 문제의 핵심은 너의 힘으로는 그리스도인의 양심을 지키며 살기가 어렵다는 것을 절감했다는 것이지. 그래서 앞으로 사회생활을 하면서 어떻게 살아야 할지 자신할 수도 없고, 그렇다고 위선자처럼 살기는 더욱 싫고 뭐 이런 고민 아니니?"

"맞아요, 내가 제일 싫어하는 것은 이중적인 삶을 사는 잘못된 그리스도인들이었는데 나도 그렇게 될까 봐 걱정이 되고 또 참되게 살 용기도 없어졌어요."

"그래서 너에게는 능력이 필요한 거야. 이 세상을 이길 능력 말이야. 어떤 상황 속에서도 바른 그리스도인으로 살아갈 능력! 성령께서 우리에게 세례를 주시는 것은 바로 이런 권능을 주시기 위해서니까 네 문제에 대한 바른 해결책이지."

"나는 아직 아무 준비도 안 되어 있는데…."

"무슨 준비?"

"글쎄요…. 그래도 뭔가 준비를 해야 되는 것 아니에요? 하다못해 얼굴이라도 다시 씻든지…."

"네가 무엇을 해도 성령을 모시기 위한 준비를 할 수는 없어. 우리는 준비를 할 수 있는 능력도 없는 인간이란 말이야. 다만 네가 너의 힘으로는 더 이상 신앙생활을 할 수 없는 너의 무력함을 깊이 깨달았다는 것, 그것이 너에게는 가장 좋은 준비야. 성령이 있어야 하는 마음을 가진 것이 가장 확실한 준비라는 거지."

나는 다시는 다른 말을 할 수가 없었다. 그 자리에서 상담해 주시는 분과 함께 무릎을 꿇었다. 하지만 무언가 두려웠다. 특히 확신에 차서 상담해 주시는 분에게 미안하다는 생각이 들었다. 그리고 기도한 다음에도 아무 일도 일어나지 않으면 혹시나 그분이 겸연쩍어 할까 봐 미리 방패막이 같은 말을 했다.

"그런데요, 선생님. 나는 본래 무슨 체험을 한다든가 하는 것과는 거리가 먼 사람이에요."

"이것은 어떤 능력을 느끼기 위해서 너 자신을 바꾸려고 노력하는 것이 아니야. 그분은 인격이시니까 그분에게 너의 필요를 말씀드리고 요청하는 거야. 다만 문제는 이렇게 하는 것이 그분의 뜻인가 아닌가 하는 것이야. 즉 진리인지 아닌지에 달려 있다는 말이지. 만일 그분의 뜻에 맞는 진리에 따른 행동이라면 그것은 응답을 받을 수 있는 거야."

나는 상담해 주시는 분의 말이 성경적으로 바르다는 신뢰가 생겼다. 그래서 그 자리에서 그분과 함께 간단히 기도했다. 도저히 신앙생활 하기 어려우니 나에게 성령으로 권능을 주셔서 신앙생활을 잘 하게 해 달라고…. 그리고 방언으로 기도할 수 있기를 간절히 구했다.

비록 기도가 길지는 않았지만, 신뢰가 생겼다. 그리고 방언을 하고자 기도했을 때 내 입술에서는 이상한 말이 나오기 시작했다. 나는 너무나 놀랐다. 모든 것이 너무도 자연스럽고 쉬웠기 때문이다. 소나무 뿌리를 몇 개는 뽑아야 하나님께 무슨 응답이라도 받을 줄 알았는데 소리도 안 지르고 그저 말씀드린 것뿐인데도 주님은 내 기도를 들어주신 것이다. 그것도 이렇게 분명하게.

그로부터 한 달 후 나는 상담실을 다시 찾았다. 그리고 내게 일어난 변화를 말씀드렸다.

"선생님! 제일 먼저, 제가 가지고 있던 성령에 대한 오해가 풀렸습니다. 솔직히 이전에는 누군가가 성령을 강조하면 무언지 모르게 거부감이 들었습니다. 예수님의 십자가에 대한 메시지와는 달리 부정적인 선입견이 있었나 봅니다. 그리고 또 성령에 대해 기도하려고 하면 진짜로 성령이 나를 주장하실까 봐 두려운 마음도 있었고요. 왜냐하면, 제가 아는 성령을 받았다고 하는 사람들이, 쉰 목소리같이 변하고, 소리도 크게 지르고, 조금은 비인격적인 모습들이 연상되었기 때문에, 나도 그런 사람들처럼 되면 어떡하나 하는 두려움이 있었던 것입니다. 그런데 막상 성령을 만나 보니까 그분은 너무도 부드럽고 나를 인격적으로 깊이 존중하신다는 것을 알았습니다.

그리고 또 하나는 예전에는 사람들이 천국에 대해서 말하면 머릿속에 아무런 개념도 잡히지 않고 솔직히 믿기지 않았어요. 그런데 성령 세례를 받은 이후 천국이 믿어지고 아주 현실감 있게 느껴졌어요.

마지막으로 제 가슴 안에 변화가 생겼습니다. 전에는 제 가슴에 무슨 실뭉치 같은 것이 항상 느껴졌어요. 그것이 무엇인지는 모르지만, 항상 마음이 답답하고 무언가 풀어야 할 것 같은데 어디서부터 어떻게 풀어야 하는지 알 수 없어 괴로웠어요. 그런데 그날 이후 제 가슴에 있던 그 실뭉치 같은 것이 없어져 버린 겁니다. 정말 너무 신기해서 어떻게 표현해야 할는지…. 이것이 그동안 제게 일어난 변화입니다. 제대하고 처음 이곳에 왔을 때는 아무런 소망이 없었는데, 제가 이렇게 변화하고 소망이 생길 줄은 정말 몰랐습니다."

그 이후 나는 그리스도인의 삶에 대하여 자신을 얻었다. 내 힘이 아닌 그분의 힘을 느꼈고, 그 힘에 의지하는 비결을 알았기 때문이다. 지금 나는 주님께 내 삶을 드린 사역자가 되어 그 길을 걷고 있다.

 실제 9

30년 교육이 아닌 3일간의 성경공부가 나를 바꾸었다

나는 아홉 살 때부터 교회를 다녔다. 그리고 지금까지 교육계에서 유아 교육을 가르치고 있다. 나의 신앙생활을 돌아보면, 어린 시절부터 신앙생활을 열심히 하시는 어머님의 입을 통해 영적인 세계에 대해 들어 왔었다. 그러나 안타깝게도 내가 어머니에게서 들은 영적인 세계는 너무도 무서운 악령에 대한 세계이기도 했다. 나는 그런 세계가 싫었고 귀신을 보고도 담대히 쫓아내는 어머니와 같이 결코 될 수가 없다고 생각했다.

나는 신앙생활을 어머니 같은 식으로는 안 하리라 결심하고, 기독교에 대해 너무 깊이 들어가지 않고 내 방식대로 하나님을 믿으리라 결심했다. 이런 결심은 내가 결혼한 이후 한참까지도 별 어려움 없이 지속되었다. 그런데 이런 나의 결심에 회의를 갖게 한 사건이 생겼다.

그것은 우리나라에 불어 닥친 잘못된 예수 재림에 대한 열풍이었다. 그 해에 우리나라에는 10월에 예수님이 재림한다는 전제 아래 휴거되지 못한 자들이 당할 너무도 무서운 일들이 적혀진 유인물이 계속 뿌려지고 있었다. 그것을 읽으며, 물론 그들이 바르다고 생각하지 않았지만, 내가 과연 하나님 나라에 들어갈 수 있을지, 휴거될 수 있을지 심각하게 생각해 보게 되었다. 솔직히 자신이 없었다. 그제야 내가 현명하다고 택한 신앙의 태도가 사실은 발전이라곤 없는 어리석은 방법임을 깨달았다.

나는 하나님이 계심을 부인할 수는 없었다. 그분이 계시다는 것을 알고 있었다. 하지만 과연 그분이 나를 개인적으로 사랑하고 계시는지에 대해서는 확신이 서지 않았다. 그래서 개인적인 체험이 필요하다고 생각했다.

그렇다면 그 체험이 무엇일까? 이 문제를 놓고 상담을 하게 되었고, 상담해 주시는 분은 나에게 성령에 대해서 가르쳐 주시기 시작했다. 그분이 인도하는 대로 신앙 서적과 성경 구절들을 읽어 나갔다. 그리고 내 안에 성령의 필요성을 인식했을 때 그분은 나에게 함께 기도하자고 하셨다.

그때까지 나는 한 번도 개인적인 신앙 체험이 없는 사람이었기에 반신반의하면서도 성경 말씀을 따라서 기도했다. 기도는 지극히 평범하고 간단한 몇 마디였지만 그 자리에서 성령을 체험할 수 있었고 내 입에서는 이상한 언어가 나오기 시작했다. 너무나 큰 기쁨이 나를 감쌌다. 그 길로 학교에 가서 눈물을 흘리며 방언으로 기도하기 시작했다. 5분도 기도하지 못하던 내가 두 시간 동안이나 큰 소리로 기도하는데, 밖에서 소리가 나서 문을 열어 보니 옆방 교수가 염려스런 눈길로 서 있었다. 이 사건을 계기로 나는 나의 신앙 태도를 분명히 했다.

이제는 어디에서든지 내가 그리스도인임을 밝히고 그분을 더 깊이 알고자 한다. 내가 오해했던 것처럼 영적인 세계가 악령으로 차 있는 것이 아니라 인격적이고 찬란한 하나님의 세계임을 알았다.

　그 후로 내게 생겨난 마음의 변화를 보면서 내가 교육학 박사이지만 학교의 평생 교육보다도 인간이 성령을 마음에 모시고 그분과 교제한다면 그것이 더 확실하게 인간을 변화시킬 수 있겠구나, 교육이 추구하는 목표가 바로 이것이 아닌가 하는 생각을 절감하게 되었다.

과정 **7**

나의 진정한 아버지를 바로 알지 못하게 하는 굴레들

인간에게 질병을 일으키는 근원적인 원인
쓸쓸함과 긴장에서 벗어나는 길
그것은 하나님을 아버지로 만나는 길이다

이 과정의 목적

 하나님의 모습을 바로 볼 수 없는 왜곡된 안경을 쓰고 있으면 친밀한 교제가 이루어지기 어렵고 우리의 상실된 마음 역시 채워지지 못한다. 상실된 마음은 고아의 마음이다. 세상은 영적·감정적인 고아들로 가득찬 거대한 보육원과 같다. 육신의 아버지가 있을 수도 있고 입으로 하나님 아버지를 부를 수도 있지만, 자신의 감정이 아버지의 사랑을 느끼지 못한다면 그들은 고아의 느낌으로 살아간다. 당신이 아버지라면 당신 자녀가 당신을 곁에 두고도 고아처럼 긴장하고 두려워하고 다른 사람들에게 쩔쩔매는 모습을 볼 때 마음이 아플 것이다. 하나님 아버지의 마음도 이와 같다.

이 과정은 하나님을 개인적인 아버지로 체험하기 어려운 이유를 살펴보고 그 원인을 치유하기 위한 것이다.

예수님은 자신을 길이라고 하셨다. 길은 목적지가 아닌 목적지로 이어주는 것이다. 예수님이 우리를 데려가려고 하신 목적지는 어디인가? 그곳은 아버지다.

예수님은 자신을 통해 하나님 아버지가 어떤 분인지 우리가 알기 원하셨고 주님께서 아버지와 깊은 관계를 맺고 계시듯이 우리가 아버지와 그런 관계를 갖기 원하셨다. 하나님에 대한 이미지가 나를 품에 안고 계시는 참으로 친밀한 아버지의 이미지로 마음 안에 그려져 있다면 그는 성경이 머리에서 마음까지 내려온 사람이요 세상에서 가장 염려 없는 사람이다. 그러나 그리스도인 중에도 하나님 아버지에 대한 잘못된 인상 즉, 예수님이 보여주신 아버지와는 다른 이미지가 마음에 그려져서 입으로는 좋은 하나님 아버지라고 부르지만, 실제 삶 속에서는 아버지 없는 고아, 갈 곳 없는 방랑자 같은 느낌 속에 있는 사람들이 많다. 그런 신앙은 길에 서 있는 것처럼 무언가 충분치 않은 감정 상태가 나타난다. 예수님은 우리가 길에 서 있기를 기뻐하시지 않고 하나님 아버지와의 친밀한 만남이라는 목적지로 데리고 가기를 원하신다.[42]

하나님 아버지에 대해 잘못된 이미지를 갖게 된 이유는 무엇일까?

---

[42] 예수님은 요한복음 14장에서 근심하는 제자들을 향해 말씀하신다. "나는 너희가 있을 곳을 마련하러 간다. 내 아버지 집에는 있을 곳이 많다. 나는 길이요 진리요 생명이다." 그분은 자신이 길이 되어 제자들을 데리고 가기 원하신다. 그곳은 아버지의 집이다.

1. 육신의 아버지와의 관계가 하나님과의 관계에까지 영향을 미친다.

  1) 육신의 아버지는 하나님에 대한 이미지를 형성해 가는 데 있어 가장 강력한 영향을 끼치는 존재이다.

  그런데 그 아버지와 만나는 시기는 우리의 자아가 아직 온전히 이루어지지 않은 상태이기에, 이 시기에 일어났던 모든 경험과 사건, 느낌은 우리의 성격을 형성하는 근본을 이루게 되고, 이것은 우리가 평생 쓰고 다니는 마음의 안경이 된다.

  2) 하나님의 모습을 바로 볼 수 없을 때 우리에게 일어나는 보편적인 증상들은 어떤 것인가?

  막연한 불안감이다. 불안감이 늘 마음을 지배하고 있으며, 언젠가는 나에게 나쁜 일이 일어날 것 같은 예감에 사로잡혀 있다. 그러기에 기쁜 일이 있어도 마음 놓고 기뻐하지 못하고 마음 한 구석은 더욱 불안해진다. 기쁜 일 뒤에 갑자기 괴로운 일이 닥치면 어떻게 하나 하는 염려 때문이다.

  이처럼 마음 한구석에 항상 채워지지 않는 공백이 자리 잡고 있어서 아무리 하나님의 일을 열심히 해도 허전함을 느낀다. 무슨 일을 해도 실패할 것 같은 두려움에 가득 차 있으며 무엇에 쫓기고 있는 것 같은 조급함과 죄의식 그리고 정죄감으로 항상 기분이 좋지 않다. 항상 긴장하고 있다. 긴장감은 약한 자가 자신을 보호하고 책임지려고 할 때 나타나는 증상이다.

(1) 좋은 아버지

이러한 아버지의 자녀들은 그리스도인이 되었을 때 하나님을 아버지로 쉽게 느낄 수 있다. 하나님께서는 인간을 독립된 성인으로 이 세상에 보내실 수도 있겠지만, 인간을 통해서 아주 연약하고 어린 갓난아이의 상태로 태어나 그 아이가 가정에서 돌봄을 받는 관계들을 만드셨다. 가정이라는 형태 속에서 아버지라는 개념과 어머니 그리고 헌신적인 사랑의 개념을 배우게 되고, 이 모든 것을 통해 하나님 아버지의 마음과 사랑을 이해하게 된다.

그러나 아무리 좋은 아버지 밑에서 양육된다 할지라도 아이는 상처받을 수 있다. 실제로 아이가 상처를 받느냐, 아니냐는 자신이 접하는 사건의 객관적 사실보다는 그 사건을 어떻게 해석하느냐 하는 주관적인 판단으로 정해지기 때문이다.

아버지가 자녀를 위해 먼 곳으로 가서 직장 생활을 한다고 하자. 결코 그 자녀에게 아픔을 주려는 의도가 아니지만, 아버지를 멀리 보낸 아이는 아버지에게 버림받았다고 느낄 수 있다. 이것은 아이가 잘못 해석한 탓이지만 본의 아니게 아이의 마음에는 상처가 새겨지게 되는 것이다. 하지만 아버지와 대화를 편하게 하고 아버지와 모든 감정을 깊이 나눌 수 있으며 아버지에게 사랑받고 있음을 느끼는 자녀라면 그는 하나님을 바로 보는데 크게 어렵지 않을 것이다.

(2) 화를 잘 내는 아버지

언제 화를 낼지 모르는 시한폭탄 같은 아버지 밑에서 자란 자녀들은 화를 잘 내는 사람이 되는 것은 물론이고, 하나님 아버지에 대한 개념도 무엇을 잘못하기만 하면 때릴 준비부터 하고 계신 분으로 상상하게 된다. 인내나 용서보다는 지적과 질책이 앞서는 짜증스러운 하나님의 인상이 만들어지는 것이다.

그러므로 마음 한구석은 언제나 벌벌 떨며 긴장하고 있다. 잘하려고 열심히 하지만 그럴수록 더욱 실수가 잦아 자신을 용납하지 못하고 다른 사람의 실수도 용납하기 어렵다. 그러나 하나님은 우리가 실수하기를 기다리고 계시는 분이 아니다. 그분은 우리의 실수와 넘어짐을 이해하시고 우리를 기대하고 기다려 주시는 분이다. 화를 내고 불만과 짜증 어린 눈으로 당신을 보시는 그런 분이 아니다.

시편 145편 14절에서 말하기를 "여호와께서는 모든 넘어지는 자를 붙드시며 비굴한 자를 일으키시는 하나님"이라고 말하고 있다. 또한, 시편 147편 3절에서 "상심한 자, 즉 마음이 깨진 자를 고치시며 저희 상처를 싸매시는 하나님"이시라고 말한다. 하지만 이런 말들은 마음의 안경이 벗겨지기 전에는 마음속 깊이 들어오지 못하는 것이다.

(3) 거리감이 있는 아버지

정서적·감정적으로 자신을 표현하지 않는 아버지다. 슬퍼하지도, 웃지도 않고, 언제든지 가족을 통치하기 위해 거리를 두고 한 발치 뒤에서 바라보는 아버지다. 아침 일찍 나가고 일을 마친 후에는 동료들과 술을 마시고 늦게 돌아온다. 그래서 자녀들과 만날 시간이 없고 집에 함께 있어도 일상적인 대화 외에는 나누지 않는다. 이런 아버지의 자녀들은 점점 자라면서 삶에 대해 느끼는 감정과 생각들을 다른 사람들과 나누거나 표현하는 것에 어려움을 갖는다.

또한 훗날에 아버지가 되었을 때 자기의 자녀들과 대화하는 법을 잘 모르며 하나님을 만나도 이런 태도는 동일하다.

"하나님, 저 이런 일 하겠습니다." "하나님 이렇게 하겠습니다."

이렇듯 하나님과도 극히 막연하고 종교적인 관계, 또한 죽고 사는 문제나 세상의 큰 일만 의논하는 관계에 머물게 된다. 우리의 일상사와 마음에 일어나는 작은 감정들에 대해서 관심을 가진 분으로는 연상되지 않기 때문이다.

그러나 우리 삶의 90% 이상은 지극히 작은 일들이 모여진 것이다. 작은 일들에 대해 하나님 아버지와 나눌 수 없다면 큰 일에 대해서도 하나님께 의뢰하기 어렵다. 아버지와 평범한 대화를 나누기 어려운 아이의 마음에는 쓸쓸함과 외로움이 깃든다. 열심히 하나님의 일을 하면서도 이런 외로운 기분을 전전하다 결국 그 외로움을 극히 좋지 않은 방법으로 해결해 나가게 될 수도 있다.

(4) 연약한 아버지

육체적 혹은 성격적으로 약하고 사람을 두려워하는 아버지다. 이런 가정은 반대로 어머니가 강하며 어머니가 권위를 갖고 집안의 모든 대소사를 처리한다. 재정적인 권한을 어머니가 갖고 있으므로 아이들은 모든 필요를 어머니에게 부탁한다. 이러한 아버지를 둔 자녀들은 하나님 아버지께 자신을 전적으로 의뢰할 수 없다. 아들들은 대개 그 아버지처럼 연약하다. 자기 어머니처럼 강한 여자를 싫어하면서도 막상 결혼할 때는 그런 여자를 선택한다.

그러나 그 가정은 하나님이 세운 질서에서 벗어난 것이기에 자녀들은 아픔을 갖게 되고 본인도 역시 강한 아내를 의지하면서 또한 억압된 분노를 갖게 된다. 억압된 분노는 우울감으로 이어진다.

딸들은 남편이 자기 아버지처럼 자신감 없는 모습을 보이면 분노하며 약한 남편을 믿을 수 없어 남편을 지배하려고 한다. 연약한 아버지 밑에서 성장한 자녀들은 두려움이 많다. 그러나 하나님 아버지는 온유하며 전능하신 분이시다. 영원한 힘이 있으시기에 얼마든지 우리 자신을 그분께 맡길 수 있다.

(5) 안 계신 아버지

아버지가 군인이거나 다른 나라에 취업하여 장기간 가정에서 떠나있는 가정, 혹은 아버지가 일찍 돌아가신 가정, 이혼 등으로 아버지가 없는 가정에서 자란 자녀들은 아버지에 대해서 경험한 바가 없기에 아버지의 역할에 대한 현실적인 인식이 없다. 그래서 하나님 아버지가 자신의 삶에 개입해 주시는 것도 믿기 어려워 하나님과 관계를 갖는데 어려움을 느낀다.

그러나 하나님 아버지는 멀리 떠나계신 분이 아닌 실제로 우리와 항상 함께 하시는 분이다. 그분은 내가 이 세상에 처음 태어났을 때 그곳에 같이 계셨던 아버지이시다. 아버지를 만나는 일은 천국에서만이 아니라 이 세상에서 시작되어야 한다.

(6) 알코올 중독에 빠진 아버지

이런 가정의 자녀들이 겪는 괴로움은 실로 크며 자녀들이 받은 정서적 고통 또한 심각하다. 자녀들은 자신의 부모를 부끄럽게 여기고 싶지 않고, 아버지가 잘못됐다고 생각하는 것에 대해 죄책감을 느끼므로, 아버지의 술주정으로 인한 자신의 아픔이나 수치심 등을 절대 남들에게 말하지 않는다. 다만 그 상황에 대해 무관심으로 대처하려고 한다.

이런 가정은 아버지가 술을 마신 후의 기분에 따라 가정 분위기가 좌우된다. 아이의 감정이 아무리 슬프다 할지라도, 아버지는 밤에 아이들을 불러 일으켜서 노래를 시키고 이유 없는 야단을 치기도 한다. 아이의 감정과 인격은 무시되고 표현되지 못한다. 아이들은 오히려 아버지의 보호자가 되어야 하고, 술로 인해 거칠어진 아버지의 손찌검에서 어머니를 구해 주어야 하는 괴로운 상황에 처하기도 한다.

이런 자녀에게서 나타나는 가장 보편적인 결과는 정서적인 미성숙이다. 아이들은 어릴 때부터 감정의 돌봄과 존중을 받아 보지 못했기 때문에 커서도 자신의 감정을 존중하지 못한다. 자신의 감정은 무시하고 다른 사람의 기분에 맞추어 움직인다. 아이의 삶을 잃은 채 미성숙한 어른이 되어 버린다. 그리고 어른이 되어서는 자신이 참견하지 않을 일에도 참견하며 항상 마음이 분주한 상태에 머물러 있다.

이런 사람의 신앙 행위는 매우 헌신적일 수 있으나 그 마음 안에 깔려있는 감정들을 보면 놀랄 정도이다. 그는 하나님의 로봇처럼 행동하려 한다. 자신의 의견이나 감정을 하나님 앞에서 나타내려고 시도조차 하지 않는다. 자신의 아버지처럼, 하나님도 자기 같은 사람의 기분 따위는 염두에 두지 않으실 것이라고 생각하기 때문이다. 이들은 오직 하나님을 섬기려고만 할 뿐, 하나님의 사랑을 받아들이는 데는 매우 어려움을 느낀다.

 하지만 하나님은 우리의 인생에 있어서 독불장군이 아니며 우리는 그분의 로봇이나 노예가 아닌 자녀다. 그분은 우리의 감정 변화에 대해 민감하시고 우리의 의견을 깊이 존중하신다. 그분이 우리를 존중하시기에 우리 안에 개성이 살아나며 존재감과 우리 자신의 가치를 알게 된다.

 (7) 나를 버린 아버지

 아버지가 자기 아이를 버리는 믿을 수 없는 일들이 갈수록 늘고 있다. 우리나라 보육원 시설에 수용된 아이들 중에는 부모가 생존해 있는데도 버려진 아이들이 많다. 버림받았다는 느낌이 든 아이들은 자신을 죄에 쉽게 내어준다. '부모가 나를 버렸는데 나도 나를 버리지 못할 것이 없다.' 이런 마음가짐으로 자포자기하는 것이다.

 하지만 하나님은 부모가 너를 버릴지라도 나는 너를 버리지 않는다고 말씀하신다.(시편 27:10)

 (8) 나를 부끄러워하고 마음에 들어 하지 않는 아버지

 자신의 체면 때문에 자녀를 부끄러워하고 자녀에게 속으로 화를 내며 실망하고 있는 아버지, 자녀의 부족한 부분을 용납할 수 없는 아버지다. 자기 나름대로 가치 기준을 세우고 그 기준에 자녀가 도달하기를 끊임없이 요구한다. 혹은 부적절한 관계에서 태어난 자녀일 경우 자녀에 대해 애정을 갖고 있으나, 사람들 앞에서는 모른 척하는 아버지다.

그러나 하나님 아버지는 우리가 극악한 죄를 지은 부패한 존재임에도 불구하고 우리가 자식인 것과 당신이 아버지인 것을 부끄러워하지 않으신다. 또한, 예수님은 당신이 우리와 한 형제가 되도록 당신의 자리를 만드셨고 죄인과 한 형제 됨을 부끄러워하지 않으셨다.[43]

그분은 우리를 아무도 없는 곳에서 은밀히 사랑하신 것이 아니다. "나는 너를 사랑한다. 나는 너의 아버지이고 너는 나의 자녀다."라고 온 세상뿐만 아니라 우주에 공개적으로 선포하셨다.

우리가 아직 회개하기 전, 심히 더러운 모습, 부족한 모습을 하고 있을 때 바로 그렇게 선포하신 것이다.

(9) 나에게 해를 끼친 아버지

사람의 영혼을 파괴하는 가장 마음 아픈 사건들은 가까운 가족 관계에서 일어난다. 성폭력에서 시작하여 온갖 행할 수 없는 죄악을 자녀에게 행하고 심지어는 자식을 팔아넘기거나 죽이기도 하는 뉴스가 우리를 경악하게 한다. 하나님이 축복의 통로로 만드신 가정을 사탄은 인간 파괴의 통로로 이용하고 있다. 아버지에게 해를 받은 자녀가 마음에 받은 상처는 너무도 치명적이다. 어떤 훈련이나 정신 수양으로도 이러한 상처는 지워지지 못한다. 그러나 하나님 아버지의 사랑은 이 모든 것을 치유하시는 능력이 있음을 목격했다. 그것은 참으로 영의 아버지가 되시는 하나님만이 하실 수 있는 일이다.

---

[43] "거룩하게 하시는 이와 거룩하게 함을 입은 자들이 다 한 근원에서 난지라 그러므로 형제라 부르시기를 부끄러워하지 아니하시고"(히 2:11)

그분은 절대로 자녀를 이용하는 분이 아니다. 그분은 결코 자녀에게 해를 끼치지 않는다. 우리의 생명에 속한 모든 것들을 그분이 다 주셨고 지금도 주고 계신다.

우리를 징계함도 그분 자신을 위함이 아니라 우리의 유익을 위해서다. 그분은 자신의 감정 때문에 자녀에게 매를 드시는 분이 아니며, 보복하기 위해 어려움을 주시는 분이 아니고, 자기 일을 위해서 우리를 이용하는 분도 아니다. 그분은 자기를 죽음에 내어주기까지 우리를 돌보시고 기르시는 분이시다.

2. 고통과 위기에서 받은 상처 때문에 하나님에 대한 부정적 이미지가 만들어져 하나님과 친밀한 관계를 갖지 못한다.

살면서 만나게 되는 삶의 고통과 위기를 하나님 책임으로 돌릴 때, 하나님에 대한 부정적 이미지와 원망의 뿌리가 만들어진다. 삶의 위기는 영적인 위기의 순간이기도 하다. 사탄은 고통에 처할 때 부정적 생각을 집어 넣는다.

"이 일이 일어난 걸 보면 하나님이 나를 벌하시는 게 틀림없어. 하나님이 나를 보호했다면 절대 이런 일은 일어날 수 없잖아. 하나님은 내게 아무 관심도 없어. 하나님은 없을지도 몰라. 사람들이 다 꾸민 이야기일지도 모르지." 고통의 상황으로 힘이 들 때 결국 원망은 절대자인 하나님께 돌려진다.

이 세상에 일어나는 일들을 누구도 온전히 이해할 수는 없다. 그러나 분명한 것은, 하나님은 우리의 삶을 복 주시고 풍성하게

만드시는 분이며 누구보다 우리의 행복을 원하시는 분이다. (약 1:16~17)

사탄은 하나님을 인간의 고통에 대해 전혀 공감하지 않는 철심장을 가진 분처럼 왜곡된 이미지로 조작하려 한다. 이런 왜곡된 이미지가 속사람의 눈을 덮어 버리는 안경이다. 이런 거짓과 쓴뿌리로부터 마음을 지킬 수 있도록 하나님은 우리에게 이해할 수 없어도 모든 상황에서 감사하라고 하신다. 하나님은 모든 것을 합해 선을 이루신다고 약속하신다.(롬 8:28)

성경 속의 믿음의 주인공들은 모두 환난과 역경을 통과하면서도 하나님을 향해 쓴뿌리를 갖지 않고 계속해서 하나님을 신뢰한 사람들의 이야기이다. 환난은 우리 자신의 책임이 아닐 수가 있으나 그것에 어떻게 대응하고 반응하는지는 우리 자신의 책임이다.

하나님은 우리를 불쌍히 여기신다. 깊이 있고 민감한 느낌을 가지신 분이다. 완악하고 무감각한 아버지의 모습이 아니다.[44] 우리의 고통을 먼 하늘에서 혼자 냉정하게 바라보시는 분이 절대 아니다.

3. 조상으로부터 내려온 저주의 끈과 굴레들이 우리를 묶고 있어 하나님을 바로 알지 못하게 한다.

---

44) "아버지가 자식을 긍휼히 여김 같이 여호와께서는 자기를 경외하는 자를 긍휼히 여기시나니 이는 그가 우리의 체질을 아시며 우리가 단지 먼지뿐임을 기억하심이로다." (시 103:13~14).

음란함, 사기, 도적질, 저주의 말, 알코올, 거짓말, 점치는 것, 저주의 끈은 죄악의 끈이다. 성경은 이 끈이 4대째 이어진다고 했다.[45] 마술, 성적인 음란함, 우상 숭배의 죄악, 질병, 우울함…. 이런 죄악의 끈이 있으므로 말미암아 하나님을 바로 볼 수 없는 상태가 된다. 그러나 주님의 십자가는 이 모든 죄악의 끈을 끊으신다. 또한, 주님은 우리 대에서 이런 죄악의 끈이 끊어지기를 원하신다. 따라서 부모에게서 발견된 죄악들이 자신 안에도 숨어 있는지 살펴보고, 예수의 이름으로 이런 죄악들을 다시 받아들이지 않겠다고 거부하고 대적해야 한다.

느헤미야는 민족을 위해 기도할 때 그 민족과 조상들의 죄악을 발견하고 자신 안에도 같은 죄악이 있음을 보고 회개하며 그 죄악을 끊었다.[46] 바로 나의 세대에서 이런 끊음의 역사가 일어나서 다음 세대 자녀들에게는 이 저주의 끈을 물려주지 말아야 한다.

4. 모태 안에서 받은 상처와 영향이 나의 성격의 굴레가 되어 있을 수 있다

우리나라는 태교를 강조한다. 태아가 인격적 생명체임을 믿는 것이다. 성경은 더욱 실질적으로 태아도 생각과 감정을 가진 존재

---

45) "그것들에게 절하지 말며 그것들을 섬기지 말라 나 네 하나님 여호와는 질투하는 하나님인즉 나를 미워하는 자의 죄를 갚되 아버지로부터 아들에게로 삼사 대까지 이르게 하거니와" (출 20:5).

46) 느 1:6~7에 나타난 느헤미야의 기도 내용. "나와 내 아버지의 집이 범죄하여 주를 향하여 크게 악을 행하여 주께서 주의 종 모세에게 명령하신 계명과 율례와 규례를 지키지 아니하였나이다"

임을 보여준다. 엘리사벳의 복 중에 있던 태아가 그 어머니를 찾아온 마리아의 방문을 느꼈고 그 상황을 굉장히 기뻐했다.[47]

토마스 바니는 저서 『태아는 알고 있다』에서 "놀랍게도 그들은 어머니의 사고와 감정까지도 알 수 있다"라고 전제하고 이것에 대한 과학적 자료들을 제시하고 있다.[48] 그는 태아가 생각하고 느끼며 기억한다고 주장하면서, 태아의 자궁 체험이 그의 성격의 기본을 형성한다고 한다. 즉 싸움이 없는 부부에 비해 서로 싸우고 불화하는 부부 사이에서 태어난 아이는 정신적·육체적으로 장애가 있는 아이로 태어날 확률이 2.5배나 높았으며 공포심에 사로잡히고 신경질적인 아이가 태어날 확률은 정상적인 부부의 태아에 비해 5배나 높다고 기록했다. 그러나 이런 문제를 알았다고 해도 우리가 다시 어머니 뱃속으로 들어갈 수도 없으니 무슨 소용이겠는가!

그러므로 기독교인은 온전히 기뻐해야 한다. 우리 안에 오신 주님은 과거의 문제까지도 해결하시고 그 영향을 끊으실 수 있는 전능자이시기에 우리를 온전히 치유하실 수 있다.

세미나 기간에 많은 사람이 자신의 태아 상태를 보게 되었으며 그로 인해 현재 삶에 어떤 영향을 주고 있는지를 발견하게 된다.

수많은 사람이 성령께서 자신이 태아였을 때 당한 고통과 문제들을 치유해주신 경험들을 전했다.

---

47) 눅 1:39~44 참조.
48) 토마스 바니, 『태아는 알고 있다』, 샘터출판부, 1983.

5. 이런 문제들을 올바르게 해결치 못하게 하는 거짓된 사고방식들

1) 예수를 믿고 거듭나면 지나간 모든 것들은 현재의 삶에 아무런 영향을 주지 않을 것이라는 생각

과거에 어떤 삶을 살았든지 이제는 완전한 하나님 아버지를 알았기에 모든 괴로움은 지나갔으며 과거의 일은 현재의 나에게 아무런 영향을 끼치지 않는다고 생각한다. 그러나 현실을 보면 그렇지 않다는 것을 금방 발견하게 될 것이다. 우리가 예수님을 영접할 때 영은 온전히 변화되어 살아있는 영이 되었으나, 몸과 마음조차 완전히 변한 것은 아니다.

이제 완전히 변할 가능성의 길 위에 서게 된 것이다. 우리의 마음은 근본적인 변화가 필요하다. 변화를 위해서 과거의 잘못된 영향과 교육에서 완전히 벗어나는 과정이 있어야 한다. 예수를 믿고 문제가 해결되었기에 과거를 복잡하게 들여다볼 필요가 없다고 주장하는 것은 믿음이 큰 것이 아니라 심리적인 영역이 무지한 사람이라고 볼 수 있다. 믿지 않는 사람이 영적인 무지를 갖듯이 믿는 사람은 오히려 심리적 무지에 빠질 수도 있다.

2) 정서적 장벽과 성격의 장애들이 신앙생활과 성경적 지식이 쌓여 가면 자연히 없어지리라는 생각

정서적으로 문제가 있는 부분이나 성격 장애들, 그리고 죄에 약한 어떤 특정 부분은 대부분 아주 어린 시절에 습득되어 시간이 지나면서 몸의 일부처럼 습관이 된 것이기에 자연히 없어지지

않는다. 새로 고치겠다는 스스로의 결단이 있어야 마음 한 조각이라도 변화된다. 몸에 병이 들면 고치려고 노력하듯이 우리는 마음이 고쳐져야 할 필요성이 있음을 인정하고 성령의 도움 안에서 한 걸음씩 인도함을 받으며 새로운 습관을 세워가야 한다.

3) 부모가 우리의 삶에 잘못된 영향을 끼친 존재라는 사실을 인정한다는 것이 죄스럽다는 생각

4) 우리의 지난 시절을 생각한다는 것은 부모에게 나의 죄에 대한 책임을 돌리는 행위라는 생각

5) 부모와 나의 어린 시절의 가정 문제를 말하는 것은 나의 체면을 훼손하고 나의 자부심을 손상한다는 생각

마음의 병을 일으키는 대부분 원인이 부모와의 관계에서 일어난 것인 만큼, 내적치유세미나는 부모에 대해 많이 생각하는 계기가 될 것이다. 부모가 세상에 계시든지 돌아가셨든지, 부모가 우리의 마음에 끼쳐 놓은 영향력은 크다.

강의와 기도 시간에 부모에 대해 객관적인 사고를 갖는 것은 우리 안의 어두운 부분들에 대해 바르게 이해하고자 함이다. 우리가 자신 안에서 싸워 오던 것이 무엇이었는지를 바로 이해하는 것은 혼란과 무질서를 해결하는 첫걸음이며 우리의 사고 안에 큰 안도를 가져온다. 그리고 우리가 우리 자신을 이길 수 있게 하는 원동력이 된다. 결코, 잘못된 행위의 책임을 부모에게 돌리려는 것이 아니다.

6. 우리를 자유롭게 하는 진리의 사고방식은 무엇인가?

1) 부모를 바르게 판단하는 것은 부모를 배반하는 것이거나 또는 부모를 탓하기 위한 것이 아니다.

이것은 우리의 가정을 회복시키기 위해 바른 진단을 내리는 필수적인 과정일 뿐이다. 우리가 아픔을 건너뛰거나 잊어버리고 묻어버린다고 해서 아픔이 사라지는 것은 아니다. 오히려 더 깊이 마음속에 남아 있게 된다.

2) 부모를 사랑한다는 것은 죄악을 용서하는 것이지 은폐하는 것이 아니다.

부모를 공경하는 힘은 주님에게서 나온다. 우리가 부모를 바로 알 때 부모를 이해하고 사랑할 힘도 커진다.

3) 성령께서 우리의 부모가 어떤 사람이었는지 뒤돌아보게 하는 것은 잘못을 캐려는 것이 아니라, 우리 자신이 누구인지 바로 알도록 하기 위함이다.

부모의 삶과 사고방식을 바로 알아야 부모가 나에게 끼친 영향을 알 수 있고, 잘못된 영적인 굴레를 벗고 부모로부터 건강한 독립을 할 수 있다. 부모로부터 건강한 독립이 있어야만 하나님의 눈으로 내가 보이며 하나님께 온전히 안길 수 있다.

7. 어떻게 마음 안에 그려지는 하나님에 대한 왜곡된 인상을 지우고 하나님을 아버지로 만날 수 있을까?

느헤미야는 무너져 내린 자기 민족의 비참한 상태를 듣고 회복을 위해 기도했다. 기도 속에서 자기 민족과 자신 안에 들어 있는 죄악된 생각과 태도의 뿌리가 조상부터 전해져 오는 습관임을 깨달았을 때 그는 조상을 탓하는 대신 자기 대에서 모든 부정적 전승을 끊기로 결정하고 기도한다.(느 9:2) 조상 탓이나 다른 사람을 탓하지 않고, 나도 같은 죄악을 허용했음을 인정하며 회개한 것이다.

느헤미야와 같은 겸손함과 하나님을 만나기 원하는 갈망을 가지고 다음 네 가지 부분을 적용해 보자.

1) 나와 부모와의 관계에 문제가 있어 하나님을 경험하기 어렵다는 것을 받아들이라.

2) 자신 안에 있는 하나님에 대한 숨겨진 인상이 무엇인지 그리고 왜 그런 인상을 받게 되었는지 하나님께 물어보는 기도를 한다. 그리고 기도 속에서 기억나는 사건들을 구체적으로 하나님께 말씀드린다.

3) 부모에게서 받은 상처와 아픔들이 있다면 부모를 용서하고 사랑한다고 고백하라. 세상에 계시지 않는 부모라도 용서하고 사랑을 고백하라.

4) 조상에게서 온 굴레에 대해 예수의 이름으로 담대히 끊어서 자녀들에게 유전되지 않도록 기도하라. 성령의 능력으로

기도하라. 예수의 이름은 창조와 기적을 일으킨다.

실제 10

석양그늘 운동장에서 혼자 놀던 나와 놀아주신 하나님

아버지는 내가 태어나기 전에 행방불명이 되셨고, 어머니는 내가 어릴 때 개가를 하셨다. 할머니 손에서 자란 나는 아무에게도 내 의사를 표현하지 않는 아이로 자랐다. 겨우 죽지 않을 만큼만 사람들과 말을 했는데 너무나 말을 안 했기에 학교에서 정학 처분 통고서가 나온 뒤에야 집에서 납부금을 내주실 정도였다. 그러다가 교회를 다니게 되었고 남편을 만났다. 목회자인 남편은 나를 부모처럼 돌보며 사랑을 채워 주었다. 남편의 사랑 속에서 부족한 것 없이 살았기에 부모에 대해서는 더더욱 관심이 없었다. 내 어린 시절에 대해서는 깊이 묻어 버린 채 살아왔고, 남편도 결혼 생활 20년이 넘었어도 나에게 부모님에 대해서는 한 번도 묻지 않고 나도 말해 본 적이 없었다. 그리고 이런 배경이 신앙에 영향을 준다고 생각해 본 적은 한 번도 없었다.

그러던 중 우연히 내적치유세미나에 참석하게 되었는데 그곳에서 시편 139편을 읽고 나를 복 중에 짓는 하나님을 묵상하게 되었다. 그런데 그 순간 하나님을 아버지라고 부르기에는 너무 막연하다는 생각이 들었다. 나는 사모이기 때문에 그분은 나의 절대자이고 지금까지 나를 인도해 주신 분이라는 믿음은 분명했지만,

나의 개인적인 아버지라는 개념이 거의 희박했음을 그 시간에 깨닫게 된 것이다. 그러면서 이 문제를 처음으로 깊이 생각하게 되었다.

그러던 중 강의 시간에 안 계신 아버지에 관해 설명하는 부분이 있었는데 그 강의를 들으면서 갑자기 마음이 답답해지기 시작했다. 내 아버지를 생각해 보았지만 기억조차 없다. 그런 나에게 '아버지'는 무슨 의미를 지닌 단어일까? 하나님은 나처럼 아버지가 없는 사람에게는 무슨 일을 하실 수 있을까?

마음이 점점 답답한 가운데 머릿속에 뚜렷이 한 장면이 떠올랐다. 참으로 뜻밖의 장면이었다. 그것은 해가 넘어가고 있는 시골 초등학교 운동장이었다. 선생님과 아이들이 모두 집으로 돌아가고 학교에는 경비 아저씨 밖에 없었다. 저편 하늘에는 노을이 지고 있었고 아무도 없는 텅 빈 운동장에서 일 학년쯤 되어 보이는 내가 혼자서 땅 뺏기 놀이를 하고 있었다. 한 번은 이쪽 편이 되어서 또 한 번은 저쪽 편이 되어서…. 그런데 경비 아저씨가 와서 이제 늦었으니 그만 집에 가라고 하셨다. 그러자 어린 내가 어디로 가야 할지 몰라서 막막하게 그저 운동장 끝만 보며 서 있는 모습이었다. 나는 갑자기 왜 이 장면이 떠오르는 건지 전혀 이해할 수가 없었다. 한 번도 생각해 본 적이 없는 기억, 전혀 특별하지도 않은 어린 시절의 내 일상이었다. 그런데 이 장면이 떠오르면서 점점 더 마음이 답답해져 왔다. 그래서 기도 시간에 간절히 기도했다. 하나님께서 무엇을 하기 원하시는지 물었다. 그러자 하나님은 다시 한 번 그 시골 초등학교 운동장에 서 있는 내 모습을 보여 주셨다. 그리고 어린 내 앞에 오셔서 하나님께서 나와 함께 땅 뺏기 놀이를 하시는 것을 느끼게 하셨다. 오랫동안 하나님은 나와 재밌게 땅 뺏기 놀이를 해 주셨다. 나는 처음으로 아버지와 노는 어린 아이의 기분을 느껴 보았다. 이때부터 시작된 눈물은 세미나가 끝나고 집으로 온 다음에도 멈추지 않았다. 홍수가 난 것처럼 눈물이 흘렀다. 한 가지 장면이 생각나면 계속 울고 그러다 어느 정도 시간이 지나면 눈물이 걷히고, 그러고 나면 또 다음 장면이 이어졌다. 그리고 한 번 지나간 장면들은 더는 고통스러운 감정을 일으키지 않았다. 내 안에 닫혀 있던 오래된 문들이 열리는 것 같이 치유가 일어났다. 그리고 치유가 진행되면서 나와 관련된 인간관계들이 몇 년 안에 급속히 변하기 시작했다. 맨 먼저 변한 것은 어머니와의 관계였다. 생전 처음으로 어머니를 만나고 싶다는 생각이 든 것이다. 남편도 한 번도 만나본 적이 없는 어머니였다. 하나님은 나에게 '네가 아주 어릴 때 네 아버지가 행방불명 되었다고 수군대는 사람들의 이야기를 들으며, 그리고 어머니의 개가를 보며 너는 모든 사람을 거절하고 너 자신까지 거절하고 살았다.' 라고 하셨다.

  나는 정말 아무와도 관계를 맺지 않았다. 심지어 나를 키워 준 할머니조차도…. 그저 굶어 죽지 않을 정도의 말만 했었다.

  어릴 적 헤어져 얼굴조차 아른 했던 어머니는 이제 죽음을 앞둔 노모가 되어 있었고 나 또한 중년의 사모였지만 어머니와의 만남 속에서 나는 처음으로 어린아이가 되어 울었다.

  그 이후 내 모든 감정들이 죽었다가 살아나듯이 새로운 감정들이 만들어지고 계발되어 가는 것을 느끼며 내가 정상적인 사람으로 일어서고 있구나 하는 생각이 든다. 가장 큰 변화는 하나님과의 관계다.

하나님 아버지의 개념이 예전처럼 막연하지 않고 성경에서 말씀하시는 말들이 마음에 구체적으로 다가온다. 어떤 상황에서도 눈물이 나오지 않았는데 석양의 운동장에 서 있던 어린 나와 놀아 주신 하나님 아버지를 보고 난 이후 나의 눈에선 눈물이 마르지 않는다. 내가 변한 이후에 모임도 달라지기 시작했다. 내 앞에서 사람들은 봇물 터지듯 자신들의 이야기를 꺼냈고, 모임마다 솔직하고 진지하게 이루어져 치유가 일어나며 교회가 부흥하기 시작했다.

 실제 11

음식 알레르기가 없어졌어요

나는 모태신앙인으로 지금까지 한 번도 곁길로 가 본 적이 없는 열심 있는 신앙인이었다.

인간관계도 원만한 편이지만, 유독 어머니와는 말이 곱게 되지 않았다. 이 부분을 기도하는 중에 강의 시간에 들었던 웅덩이 그림 이야기가 생각이 났다. 고통스러운 일을 당할 때 우리 마음에는 마치 웅덩이가 패이는 것 같은데 이런 웅덩이를 대개는 덮어 버리고 건너뛰어 가지만 성령께서는 우리를 치료하시기 위해서 이 웅덩이 속으로 함께 들어가 주시고 해결해 주신다는 강의였다.

만일 나에게도 그런 웅덩이가 있다면 보여 주시고 나와 함께 들어가 그곳을 치료해 달라고 기도했다. 그런데 갑자기 내 안에 어떤 모습이 보였다. 그것은 웅크리고 있는 태아의 모습이었다. 나는 잘못된 잡념을 보고 있다는 생각이 들어 하나님에게서 온 것이 아니면 없어지게 해 달라고 기도하면서 만일, 하나님에게서 온 것이면 이해시켜달라고 기도했다. 그랬을 때, 내 안에 '이것이 바로 너다' 하는 소리가 들렸다. 그러면서 그 태아가 대단히 분노하고 있음을 알았다. 악을 쓰면서 심하게 분노하고 있었다.

"왜 이러고 있나요?"

나는 주님에게 물었다. '너는 어머니에 대해 분노하고 아버지를 심하게 경멸하고 있다.' 이런 생각이 들어왔다. 그러더니 갑자기 분위기가 싹 바뀌면서 나의 죄가 생각나기 시작했다. 그동안 내가 죄라고 생각하지도 못했던 모든 일이, 그리고 내가 합리화시키면서 저지른 모든 죄악이 생각나 주님께 용서해 달라고 눈물로 기도하기 시작했다. 용서해 달라고 기도하는 나의 마음속에 십자가가 생각이 났다.

'내가 이런 죄인이기에 나를 용서하시려고 주님이 십자가에서 돌아가셨구나! 그렇다면 주님이 나를 용서하신 것처럼 나도 우리 부모를 용서해야 하지 않을까?' 나는 부모님의 무엇을 용서해야 하는지 알 수 없었지만 무조건 부모를 용서해야만 한다는 것을 알았다. 그래서 주님께 말씀드렸다.

"주님, 부모님을 용서합니다. 부모님의 모든 것을 용서합니다."

짧은 기도였지만 나의 기도는 지금까지 내 모든 인생을 정리하는 것과 같은 비중이 들어 있었다. 그런 후에 또다시 아이가 조금 전과 같은 모습을 하고 떠올랐다. 그런데 이제는 그 아이가 너무도 평안하게 잠들어 있었다. 그리고 잠든 태아의 볼 위로 눈물 한 방울이 맺혀 있는 것 같았다. 그 눈물은 감사의 눈물이었다.

세미나가 끝난 후에도 태아의 모습이 선명했다. 그리고 몇 달 후 어머니에게 나를 임신하셨을 때의 상황을 듣게 되었다. 어머니의 말씀을 들으면서 내가 세미나에서 가진 그 체험이 하나님께서 주신 것임을 다시 한 번 확신할 수 있었다.

어머니는 나를 갖기 전에 자식을 잃으셨다. 그런데 또 임신이 되어 불안한데 아버지는 다른 곳으로 발령이 나서 5개월 동안 집에는 아무 소식도 전하지 않고 떨어져 계셨다. 그 당시 집에는 당장 먹을 것이 없었고 친정조차 폭격으로 완전히 망해 버린 기가 막힌 상태에서 어머니는 아버지에 대한 분노와 경멸하는 마음이 가득했다. 그것이 바로 태아였던 내가 느낀 분노와 경멸감임을 알았다. 어머니의 감정이 태아에게 전해졌던 것이다. 감정 뿐 아니라 몸의 알레르기도 태아의 경험과 관련이 있었다. 어머니는 밥은 없어서 드시지 못하고 마침 그 동네에 복숭아 과수원이 있어서 5개월 동안 복숭아만 먹고 지내셨다고 한다. 그래서인지 나는 복숭아 알레르기가 아주 심해서 아이들이 복숭아를 먹고 내가 그 아이들을 만지기만 해도 두드러기가 생겼다. 약사인 나 자신이 나를 고치려 해도 낫지 않았다. 하지만 가족들은 복숭아를 좋아했기에 집에서 복숭아가 보이면 나는 몹시 화를 냈다. 그런데 내적치유세미나에 참석하고 난 후 우연히 식탁 위의 샐러드를 먹었더니 아내가 놀라는 것이었다.

"당신, 아무렇지도 않아요?"

"뭐가?"

"그 샐러드 속에 복숭아가 들어 있었어요."

나는 깜짝 놀랐다. 전혀 알레르기 반응이 없었다. 더구나 복숭아를 껍질도 벗기지 않은 채 먹었는데도 아무렇지도 않았다. 그래서 올해는 평생 먹지 못한 복숭아를 많이 먹었다. 물론 나 때문에 덩달아 먹지 못했던 우리 집 식구들도 마찬가지였다.

40년 동안 신앙생활을 해 오면서도 내 안에 이런 웅덩이가 있는 줄 몰랐고 부모에 대해 분노와 멸시의 감정을 품고 있다고 생각해보지 않은 채 신앙생활 잘 한다고 나름 생각했었다.

성령이 아니고는 누구도 나의 숨겨진 웅덩이를 알지 못했을 것이다. 태아 때 어머니와 연결된 일들을 치료하시는 하나님의 역사를 체험하고 나니 사람의 진정한 변화는 성령의 역사가 아니고는 불가능하다는 생각을 하게 된다.

과정 **8**

내 마음속의 영적 전쟁

하나님이 살아 계신 것처럼
사탄과 마귀, 귀신도 존재합니다
우리가 이 세상을 떠날 때까지 악한 영들은
우리를 속이고 괴로움을 주려고 합니다

당신은 영적 전쟁터 안에 들어와 있습니다
이 전쟁은 당신 마음에서 일어나고 있기에
당신이 알아야 합니다

이 과정의 목적

 보이지 않는 세계가 보이는 세계를 다스린다. 그러므로 보이지 않는 세계를 다스리는 사람은 보이는 세계를 다스리는 것이다.

그리스도인은 하나님의 군사다. 적은 세상에 있는 혈과 육에 대한 싸움과는 전혀 다른 방식으로 공격해 온다. 적은 취약한 부분을 집중적으로 공격한다. 그러므로 영적 전쟁에서 승리하려면 약한 부분이 강건해져야 한다.

사탄의 공격에 승리할 수 있는 강건한 마음을 갖기 위해 두 가지가 필요하다.

첫째는, 사탄이 발판으로 삼으려고 하는 마음의 상처 난 부분이 치유되어야 한다.

둘째는, 사탄의 속임수를 분별하고 대적해야 한다. 이 과정은 사탄의 궤계를 분별하고 대적하는 실질적인 삶을 배우기 위함이다.

그리스도인의 마음은 전쟁터와 같다.
하나님은 전쟁에서 어떻게 승리할 수 있는지를 말씀하신다.

> 끝으로 너희가 주 안에서와 그 힘의 능력으로 강건하여지고. 마귀의 간계를 능히 대적하기 위하여 하나님의 전신 갑주를 입으라. 우리의 씨름은 혈과 육을 상대하는 것이 아니요 통치자들과 권세들과 이 어둠의 세상 주관자들과 하늘에 있는 악의 영들을 상대함이라. 그러므로 하나님의 전신 갑주를 취하라 이는 악한 날에 너희가 능히 대적하고 모든 일을 행한 후에 서기 위함이라 (엡 6:10~13).

1. 내가 준비되어 있든지 않든지, 내가 관심이 있든지 없든지 그리스도인은 영적 전투 가운데 있다. 왜 이러한 전쟁이 그리스도인 안에서 일어날까?

 세상 사람들의 마음은 이미 사탄이 점령한 곳이므로 오히려 싸움이 없다. 반면, 그리스도인들은 하나님의 영이 들어오는 순간부터 마음을 주관하고 있던 힘들이 자리를 내주지 않으려는 치열한 싸움이 시작된다. 지금까지 살아온 습관과 사고방식을 새롭게 변화시키려 할 때 그때부터 강한 저항이 시작된다.
 모든 그리스도인의 삶은 영적 세계의 영향이 민감하게 교차하고 있는 곳이다. 사탄은 인간의 악을 통해 세상을 지배해 가고 있다.
 하나님께 순종하기 원하는 그리스도인들은 그들에게 매우 위협적인 존재들이다. 하지만 우리가 영적 세계와 그들의 존재에 대해 무지하다면 주님께서 우리에게 주신 권세를 전혀 사용하지 못하고 영적 전쟁에서 패하게 된다.

2. 영적인 세계에 대해 잘못 이해하고 있는 극단적인 두 가지 태도

두 가지 극단적인 태도는 마귀에 대해 지나치게 부정하는 것과 또 다른 하나는 지나치게 강조하는 것이다.

1) 지나친 부정

'내가 관심이 없으니 그도 나에게 관심이 없을 것이다' 라고 마귀의 존재를 무시하며 인정하지 않으려는 태도다.

이런 사람들은 마귀를 쫓아내는 사람들에 대해 때로는 혐오감까지 가지고 바라본다. 그들은 마귀에 대해 말하면 오히려 복잡한 문제가 야기된다는 생각에 아예 그런 문제를 교회 안에서 이야기하는 것조차 꺼린다. 잘못된 색깔을 가진 신앙관이라고까지 생각한다. 마귀는 예수께서 2천 년 전에 멸하셨으니 우리와 상관없다고 강조한다.

그러나 마귀에 대해 바로 아는 것은 문제를 만드는 것이 아니다. 오히려 모든 현실적 문제는 영적 무지함 때문에 크게 발생한다. 마귀는 우리가 그를 내버려 둔다고 해서 그도 우리를 내버려 두지 않는다. 죽이고 멸망시키고 파괴하기 위해 우는 사자처럼 하나님의 자녀들을 주목하고 있다. 우리는 그리스도를 바로 알아야 하는 것처럼 우리의 대적 마귀의 속임수와 거짓에 대해서도 바로 알아야만 한다. 진리가 우리를 자유롭게 하고 강건하게 한다.

2) 지나친 관심

지나친 관심이란 바로 알지 못하면서 대신 모든 생각의 초점이 마귀와 귀신에게 쏠려있는 것을 말한다. 이런 상태의 특징은 삶의 자유로움 대신 예민함과 두려움이다. 이런 사람은 무슨 일이든지 귀신의 영향이고 귀신 때문이라고 한다. 남편이 화를 내는 것, 자동차의 접촉 사고가 난 것, 아픈 것 등을 모두 귀신의 역사라고 믿기 때문에 온종일 그의 주된 삶은 귀신을 쫓는 것에 집중되어 있다. 이런 사람은 심지어 자신이 잘못 선택하여 그르친 일이나, 고의적이고 이기적으로 악한 행동을 한 것도 모두 마귀가 시킨 짓이라고 생각해서 자신이 져야 할 책임을 마귀에게 떠넘긴다.

또한 어떤 자는 귀신에 대해 몇 가지 지식을 가지고 있다는 것에 대해 스스로를 영적으로 특별히 여긴다. 귀신을 대적하는 권세가 자신에게만 주어진 특별한 영적 은사라고 과신할 수도 있다. 그래서 어디서나 이런 초자연적인 역사를 일으키고 싶어 하고 자신의 능력을 드러내고 싶어 한다.

하지만 귀신을 쫓는 것은 영적 전쟁의 일부이지 전체는 아니다.

3. 영적 싸움에 대한 바른 태도는 어떤 것인가?

예수 그리스도의 생각에 집중하며 십자가의 복음을 더 정확히 아는 것이다. 생각은 두려워하고 염려하는 것에 집중하게 된다.

사람들은 마귀가 해를 주지 않을까 두려워한다. 두려움은 바르게 알지 못하고 충분히 알지 못했을 때 온다.

영적 전쟁에서 승리하기 위해, 또한 능력을 받고 두려움에서 자유롭게 되기 위해서는 반드시 적에 대해서 알아야만 한다.

또한 삶에서 나타나는 사건이나 영적 현상에 대해 마귀의 역사인지 아닌지를 스스로 판단하거나 마귀에게 묻는 어리석음을 범하지 말아야 한다. 오직 하나님께만 물어야 한다. 이것이 우리에게 일어나는 모든 일을 마귀와 연관 짓는 극단적 태도에서 우리를 지킬 수 있다. 그리고 우리는 우리의 정체성을 바르게 가져야 한다. 사탄은 하나님의 자녀로서의 신분에 대해 확신이 없는 사람들을 속이고 미혹한다. 그러나 나의 신분을 정확히 마음속에 정리하고 굳게 잡을 때, 우리는 마귀를 대적할 권세를 사용할 수 있고 그는 물러날 수밖에 없다.

4. 사탄은 어떤 자인가?

1) 사탄은 어떤 존재인가?

그는 하나님의 피조물이며 천사장이다. 그러므로 그는 창조주 하나님과 대적할 수 있는 존재가 아니다. 그는 본래 세상의 신이 아니며 하나님이 창조한 물질 세계도 그의 것이 아니었다. 그러나 지금, 그의 존재는 세상 도처에서 나타나며 하나님의 아들 예수 그리스도가 오시는 과정을 수없이 방해했고 결국 주님을 십자가에서 돌아가시게 만들었다. 이것은 그가 하나님으로부터 세상의 통치권을 위임받은 인간의 마음을 뺏음으로 가능했던 일들이다. (롬 6:16) 그는 하나님을 대적하기 위해 하나님이 가장 사랑하시는 인간을 자기 도구로 사용한다. 하지만 그가 인간을 멸망시키기 위하여 꾸민 모든 전략을 예수님은 십자가에서 깨뜨리셨다.(요 12:31) 우리가 그의 거짓말에서 벗어나 하나님의 사랑을 믿고 그리스도인이 될 수 있다는 사실은 이미 사탄의 전략이 깨진 것을 의미한다.

> 하나님의 아들이 나타나신 것은 마귀의 일을 멸하려 하심이니라 (요일 3:8).

2) 사탄은 왜 그렇게 되었는가?

하나님이 사탄을 창조하신 것이 아니다. 하나님은 그를 아름다운 천사장으로 만드셨다. 그러나 하나님보다 더 자신이 높아지고 완벽한 존재로 추앙받고 싶은 욕망과 자신의 한계를 잊어버린 교만이 그를 사탄으로 변하게 했다.(사 14:12-15)

그는 자신의 생각을 아담과 이브에게도 넣어 주었고 그들을 자신과 똑같이 파괴시켰다. 사람들 마음 안에 사탄이 가진 비정상적인 욕망과 교만이 있음을 우리는 쉽게 알 수 있다.

3) 그는 어떤 성격을 가지고 있는가?

그는 처음부터 범죄한 존재로 하나님의 성품과 철저히 반대되는 성품을 가지고 있다. 그의 잔인성은 전 세계에서 행해지는 악의 모습을 보면 알 수 있다. 수용소에서 인간이 인간에게 행하는 잔인한 고문, 생체 실험, 자식을 죽이고 강간하는 부모, 부모를 잔인하게 살해하는 자녀 등의 잔학함은 상상할 수 없을 정도이다. 그는 자신의 성품을 인간 안에 집어넣기 위하여 모든 매체를 동원한다. 음악, 영화, 예술, 책 등의 모든 매체 안에 자신의 성품을 반영시키고 인간은 이것들을 접하면서 점점 그의 사고방식을 닮아간다. 어린 청소년들이 폭력 비디오를 보고 모방하여 같은 죄를 짓는다. 세상의 범죄 모습이 그의 성격이다.

4) 인간에 대한 그의 태도는 어떠한가?

> 그러므로 하늘과 그 가운데에 거하는 자들은 즐거워하라. 그러나 땅과 바다는 화 있을진저 이는 마귀가 자기의 때가 얼마 남지 않은 줄을 알므로 크게 분 내어 너희에게 내려갔음이라 하더라 (계 12:12).

위의 성경 구절에 나오는 "크게 분내어"라는 구절은 NIV는 "He is filled with fury"라고 번역한다. 여기 사용된 "fury"라는 단어의 헬라어 "thymas"의 의미는 일반적인 분노가 아니다. 이것은 가장 극악한 광기와 원한에 사무친 분을 의미한다. 이것이 마귀가 하나님과 하나님의 자녀에게 가진 태도다. 마귀는 이런 심정을 가지고 우는 사자처럼 삼킬 자를 찾고 있다. 그는 하나님의 자녀가 위기의 순간이나 고통스러운 상처를 받았을 때 그 틈을 놓치지 않고 가장 비열한 방법으로 공격하고 좌절시키려 한다.

마음에 분을 품지 않아야 하고 마음에 쓴뿌리의 상처를 제거해야 하는 이유는 그것이 마귀가 들어오는 길을 만들어 주기 때문이다.

5) 현재 그의 세상에서의 위치는?

세상은 하나님께서 사람을 위해 만드셨고 사람에게 세상의 지배권을 위임하셨으나 하나님을 떠난 사람은 세상을 다스릴 능력을 잃었다. 결국, 사람은 사탄에게 이 세상을 넘겨주고 말았다. 그리하여 이제는 사탄이 세상의 지배자가 되어 문화, 정치, 종교, 환경, 과학 등의 모든 분야에 그의 정신을 심고 그가 원하는 방향으로 이끌고 있다. 그는 영적 존재이기에 물질 세계를 다스릴 수 없으나 사람을 통해 하나님이 창조한 아름다운 세계를 파괴하고 있다. 하나님이 만든 아름다운 땅과 바다가 생명체가 살 수 없는 죽음의 땅, 죽음의 바다로 변하는 배후에는 사탄의 속임이 있다.

5. 그리스도인의 삶에 벌어지는 영적 전쟁의 현장

원하지 않을지라도 모든 그리스도인의 마음 안에는 지금도 맹렬한 영적 전쟁이 일어나고 있다. 감정과 생각과 말에서 영적 전쟁의 성패가 적나라하게 드러난다. 하나님은 하나님의 자녀들이 영적 전쟁에서 승리하기를 원하신다. 그리스도인은 이 전쟁에서 충분히 승리할 수 있다. 그러나 패배할 수도 있다. 승리와 패배의 열쇠가 당신에게 있다. (약 1:14-15) 영적 전쟁은 당신의 마음판 위에서 벌어지고 있기 때문이다.

1) 생각은 영적 전쟁의 현장이다.

하나님은 우리의 생각 속에 자신의 뜻을 전하신다. 우리는 생각의 기능을 사용해 영이신 하나님의 뜻을 알아듣는다. 사탄도 영적 존재다. 그래서 그도 생각을 집어넣는다. 사탄이 가롯 유다의 마음에 예수를 팔려는 생각을 집어넣었다.(요 13:2) 이처럼 사탄도 하나님처럼 인간의 생각 속에 자기 뜻을 집어넣을 수 있다.

사탄이 인간에게 자기 생각과 뜻을 집어넣는 경로는 다양하다.

■ 저주의 말을 통하여

가족, 친구, 이웃 혹은 무당이나 관상쟁이를 통하여 사탄은 우리를 일생 동안 묶는 저주의 말들을 심는다.

■ 제안하는 말을 통하여

베드로가 예수님께 십자가에 죽지 않기를 제안했다. 주님은 그 제안이 어디에서 온 것인지 아시고 즉시 베드로를 향하여 "사탄아 물러가라"라고 명령하셨다. 그것은 베드로의 입을 통해 나왔지만, 베드로의 생각은 아니었다. 그것은 사탄의 제안이었다. 가롯 유다에게 예수를 팔라고 제안했다.(요 13:2) 베드로에게 하듯이 가롯 유다에게 하듯이 당신에게도 사탄은 제안할 수 있다. 사탄이 제안을 해도 우리는 내가 한 생각처럼 느끼기에 거부하지 못하고 그 생각 자체에 대해 분별하려고 하지 않는다.

어떤 사람이 백화점에 갔는데 마침 아무도 보는 사람이 없었다. 그때 이런 생각이 번뜩 스친다.

'저것 하나만 슬쩍 가방에 넣을까? 보는 사람도 없고 부피도 작아 아무도 모를 텐데' 그는 이것이 사탄의 제안이라고 알아차리지 못하고 자기의 생각이라고 여긴다. 그래서 생각대로 물건을 훔쳐

왔다면 이미 전쟁에서 지고 있다. 사탄은 계속 공격을 멈추지 않는다. 집에 오는 내내 이런 생각이 든다.

'나는 구제불능이야. 또 이런 짓을 하고 말았어. 난 변할 수 없어.'

이것 역시 사탄의 공격이지만 그는 자신의 생각 속에 사탄의 개입이 있다는 것을 전혀 모른다.

사탄의 제안은 결국 죄를 짓게 하고 그로 인해 정죄감에 빠지게 하며 자신을 싫어하게 한다.

■ 잘못된 상상력을 이용하여

무서운 것을 연상하게 하는 것, 생활 속에서 비참한 일들을 계속 상상하게 하는 것 등의 부정적인 상상은 인간의 감정 안에 불안과 두려움, 공포를 만들어 낸다. 두려움과 공포는 상황 판단을 흐리게 하고 잘못된 결정을 하게 만든다.

■ 생각의 싸움터에서 역사하는 악한 영을 어떻게 물리칠 수 있는가?

생각은 마음이 먹는 음식이다. 음식을 맛과 냄새로 분별하듯이 생각도 분별해서 먹어야 한다. 주님이 주신 맛이 아니면 그 즉시 뱉어내는 습관을 만들어야 한다. 분별하기 어려우면 하나님께 물어야 한다. 기도 속에서 응답을 듣기 어려우면 교회의 지체들에게 묻거나 신앙의 선배들에게 묻는다. 말씀을 읽으면서 분별해야 한다.

생각은 품지 않고 무시하면 된다. 흘러가도록 두면 되는 것이다. 계속해서 끈질기게 달라붙는 생각은 예수님의 이름으로 대적한다. 잘못된 제안을 거절한다. 그래도 되지 않을 때는 신앙의 사람에게 상담하는 것이 좋다. 끈질기게 일어나는 생각은 그 생각을 불러일으키는 뿌리가 내면에 있기 때문이다.

2) 감정의 싸움터에서 악한 영이 하는 일은 무엇인가?

악한 영은 부정적 감정을 타고 들어온다. 성경은 '분을 내어도 죄를 짓지 말며 해가 지도록 분을 품지 말고 마귀에게 틈을 주지 말라'(엡 4:26~27)고 권면한다.

또한, 악한 영은 감정을 부정적으로 자극한다. 관계나 사건들을 통해 분노, 고통, 공포나 좌절감 등이 일어나도록 자극하는 것이다. 이런 부정적 감정이 덮칠 때 그 감정을 너무 옹호하거나 받아 주지 않는 습관을 기르는 것이 좋다. 부정적 감정이 만들어지는 원인을 지나치게 찾아내려고 하거나 그 감정 속에 파묻히는 것이 진실한 것처럼 속으면 안 된다.

주님은 기뻐하라고 하신다. 성령의 열매는 희락과 기쁨이다. 부정적 감정이 순간적으로 덮칠 때 무시하거나 다른 일들에 집중하거나 말씀을 크게 선포하도록 한다.

그러나 지속해서 어떤 감정이 같은 대상에게 계속해서 느껴진다면 마음의 치유가 필요하다. 마음에 이미 상해버린 부분이 있기에 일시적으로 무시했지만, 다시 그 구덩이에 빠져드는 것이다. 이런 경우는 하나님께 상한 마음을 토로하며 치유해 주시기를 기도해야 한다.

■ 감정의 싸움터에서 역사하는 악한 영을 어떻게 물리칠 수 있는가?

그러므로 하나님의 능하신 손 아래에서 겸손하라. 때가 되면 너희를 높이시리라. 너희 염려를 다 주께 맡기라 이는 그가 너희를 돌보심이라. 근신하라 깨어라 너희 대적 마귀가 우는 사자같이 두루 다니며 삼킬 자를 찾나니. 너희는 믿음을 굳건하게 하여 그를 대적하라 이는 세상에 있는 너희 형제들도 동일한 고난을 당하는 줄을 앎이라 (벧전 5:6~9).

사탄이 마음을 자극할지라도 겸손한 마음과 염려하지 않는 태도를 가지면 사탄은 더는 힘을 쓸 수 없다. 겸손함과 염려하지 않는 것, 이것은 감정을 지키는 영적 전쟁의 승리 비결이다.

우리는 자신을 낮춤으로써 교만을 다스리고, 염려를 하나님께 맡김으로써 불신과 두려움을 다스릴 수 있다. 자신을 낮춘다는 것은 자신을 비하하는 것과는 다르다. 우리는 예수님에게서 무엇이 겸손인지를 배울 수 있다. 그리스도인의 적은 인간이 아니라 보이지 않는 마귀다. 사람을 향해 분노하지 말고 그 뒤에 숨은 마귀의 책략을 보려고 해야 한다.

어떤 사람들은 마귀, 혹은 어둠의 세력이 커다란 집단을 공격하지만 나 개인을 공격 목표로 삼는 것은 아닐 거라고 추측한다. 내가 사탄에게 관심이 없고 사탄을 공격하지 않으니 사탄도 같은 태도로 나를 대할 거라 여기는 것이다.

그러나 작은 구멍이 큰 배를 침몰시키듯이 마귀의 공격은 집단 전체 보다도 그 속에 들어 있는 한 사람 한 사람을 공격함으로써 하나님의 집단을 무너지게 한다. 사탄은 지금도 공동체 속으로 들어가 공동체를 파괴시킬 입구 역할을 해줄 한 사람을 찾고 있다. 누구든 영적 분별이 없을 때 그 도구로 사용될 수 있는 것이다.

3) 악한 영은 우리의 말을 어떻게 자신의 도구로 사용하나?

말로 자신과 타인을 공격하게 한다. 타인을 공격하는 무기가 되는 말은 비평과 험담이다. 말로 인한 상처는 칼로 받은 상처보다 더욱 오래가고 아프다. 불량하고 악한 자는 구부러진 말을 하고 다닌다.(잠 6:12)

사탄은 사람들로 하여금 말로 심한 악을 꾀하며 날카로운 삭도같이 간사를 행하도록 한다.(시 52:2) 말로 감정을 자극시킨다.

사탄의 도구가 된 사람들은 "그 사람을 위해 기도해야 해요. 왜냐하면, 그는 이런 사람인 것 같아요. 그는 훌륭한 지도자예요. 하지만 이런 소문이 있더군요…." 등과 같은 말로 부정적 소문과 선입견을 만들어 낸다. 우리는 자신도 모르게 이런 말들을 전하는 마귀의 심부름꾼이 될 수 있다. 거짓 소문으로 만들어진 선입견으로 인해 많은 단체와 교회들이 서로 하나가 되지 못한다.

또한, 부정적 독백에 빠져 모든 관점을 부정적으로 보게 된다.

'나는 안 돼'

'아무도 나를 좋아하지 않아'

'하나님도 나에게 관심이 없어'

'모두가 나를 미워해'

'모두가 내가 없어지기를 바라지'

이런 부정적인 생각들을 말로 구체화할 때 이 말은 현실화된다. 말씀으로 천지를 지으신 하나님의 자녀답게 우리도 언어의 힘이 있다. 언어도 습관이다. 부정적 언어의 습관을 지닌 것은 이미 사탄에게 도구로 사용되고 있는 것이다.

■ 우리의 말을 통해 역사하는 악한 영을 어떻게 물리칠 수 있는가?

그러나 너희 마음속에 독한 시기와 다툼이 있으면 자랑하지 말라 진리를 거슬러 거짓말하지 말라. 이러한 지혜는 위로부터 내려온 것이 아니요 땅 위의 것이요 정욕의 것이요 귀신의 것이니 시기와 다툼이 있는 곳에는 혼란과 모든 악한 일이 있음이라 (약 3:14~16).

우리는 말을 하기 전에 마음의 동기를 생각해 보아야 한다. 아름답고 친절한 말이라도 시기와 다툼과 판단이 동기가 된 말은 혀 속에 날카로운 삭도가 숨겨져 있어서 마음을 베는 악한 영의 도구가 되기 때문이다. 그러므로 입술에 파수꾼을 두고 말을 할 때마다 자신의 동기를 살펴보는 습관을 길러야 한다.

또한, 긍정적인 말을 선포함으로 부정적인 말을 통해 역사하는 악한 영을 이길 수 있다. 하나님의 말씀 속의 진리를 선포하는 것이다.

"나는 하나님의 자녀이다. 하나님은 나를 보호하신다. 나는 이 세상에서 쓸모가 있는 사람이다. 이 세상에는 내가 해야할 일이 있다. 나는 하나님이 만드셨기에 매우 중요한 사람이다. 내 안에는 하나님의 사랑이 흐르고 이 사랑은 다른 사람에게 흘러갈 수 있다. 나로 인하여 우리 가족과 이웃이 복을 받을 수 있다. 하나님은 내 입술의 말에 귀를 기울이고 계신다." 등의 긍정적인 진리의 말들을 선포할 때 영적 전쟁에서 이길 수 있다.

6. 내가 선포하는 말로 인해 사탄이 패하고 물러날 수 있는 이유는?

하나님의 영이 임하심으로 하나님의 자녀가 된 사람은 사탄을 대적할 권위가 있다. 우리 자신이 가진 몸의 힘으로 귀신을 이기는 것이 아니다. 교통순경의 지시에 따라 8톤 트럭이 멈춘다. 순경의 힘으로 자동차를 세우는 것이 아니라 제복의 권위로 자동차를 세운 것이다. 마찬가지로 그리스도인에게도 제복이 입혀져 있다. 그 제복은 하나님으로부터 부여받은 것이다. 제복이 하나님께로부터 나온 것이기에 악한 영들은 순복할 수밖에 없다.

> 내가 너희에게 뱀과 전갈을 밟으며 원수의 모든 능력을 제어할 권능을 주었으니 너희를 해칠 자가 결코 없으리라 (눅 10:19).

그러므로 그리스도인이 이러한 권위를 사용하여 사탄의 역사를 꾸짖지 않는다면 마귀는 어디서도 꾸짖음을 받지 않으며 공격받지도 않는다.

세상 사람들은 사탄의 지배 아래 들어 있다. 그러므로 세상 사람들은 사탄을 쫓아내고 대적할 수 없다. 오직 그리스도인만이 그의 나라 백성이 아니며 그의 지배에 들어 있지 않기에 그를 대적할 수 있다.

7. 악한 영을 향해 권위를 사용하여 대적하는 방법

1) 예수님의 이름과 보혈을 근거로 명령하고 대적한다.
"나사렛 예수의 이름으로 명하노니 악한 영은 물러가라." 하고 대적할 수 있다. 또한, 예수의 보혈에 힘입어 명한다. "너는 절대 역사하지 못한다." 하고 대적할 수 있다.

2) 하나님의 말씀

하나님의 기록된 말씀을 사용해서 대적하는 기도를 한다. 하나님의 성품, 성경에 선포하신 나에 대한 사랑, 이런 진리들을 선포한다. 진리의 선포 자체가 감정과 생각의 악한 영들을 물리치게 한다.

"성경에 기록되기를 내 모든 죄를 사하시며 나를 불의에서 깨끗하게 한다고 하셨다. 너는 나를 참소하지 못한다. 물러가라." 라고 대적할 수 있다.

"하나님은 나를 사랑하신다. 결코, 그분이 나를 저주하려고 이런 일을 하신 것이 아니다. 반드시 협력하여 선을 이루실 것이다. 나를 속이는 악한 귀신아 물러가라." 라고 대적할 수 있다. 악한 영을 대적하는 것은 다른 신령한 자가 대신해 주는 것이 아니다. 또한, 특별한 날만 하는 것도 아니다. 일상적인 삶 속에서 낙심과 염려와 부정적 생각에 떨어질 때 사탄의 공격이라고 여겨질 때 대적하는 기도를 할 수 있다. 하나님은 우리에게 매일 매일 하나님이 주신 전신갑주를 입으라고 하신다.

3) 성령의 능력

성령의 능력을 통하여 병든 사람과 귀신 들린 사람을 위해 기도할 수 있다. 성령의 능력을 힘입는 사람이 되기 위해서는 내 안에 계신 그분을 마음 아프게 하거나 근심케 하는 죄를 짓지 말아야 한다.

4) 진리를 말하는 것

생각과 감정과 언어생활 속에서 하나님의 바른 태도로 옷을 입는 일상이 될수록 우리는 자연스럽게 영적 전쟁에서 승리하는 삶을 살게 된다. 승리는 어느 날 하루만 있는 것이 아니라 계속적이며 연속적으로 이루어져야 하고 또 이루어질 수 있다. 속사람의 성품과 생각을 새롭게 하지 않고 여전히 죄를 짓고 불의와 음란과 거짓을 좋아한 채로 "사탄아, 물러가라!" 하며 아무리 악을 써도 소용이 없다. 그러나 연약한 아이라 할지라도 말과 생각에 하나님의 말씀이 있고 죄를 미워하는 마음이 있다면 그의 입에서 나오는 권위 앞에서 악한 영은 두려워 떤다.

실제 12 - 영적인 속임수의 굴레를 드러내고 끊으시는 하나님

너는 너의 어머니를 죽이고 나온 사람이었다.

"하나님, 나 자신이 하나님을 더욱 사랑하기 원합니다. 하나님, 나를 맡깁니다."

나는 열심히 기도했다. 하지만 내 말은 허공을 치는 듯 힘없는 독백처럼 느껴졌다. 하나님을 부르면서도 내 안에 하나님에 대한 거리감이 느껴지고, 그런 느낌이 드는 것이 너무도 싫다. 내가 최선을 쏟아 붓고 있는 교회 대학부 활동! 그 안에 있는 불편한 관계들이 떠오른다. 왜 나는 누구에게든지 힘을 다해 잘하다가도 아무것도 아닌 것을 가지고 폭발적으로 화를 내곤 하는 것일까? 얼마 전에도 그런 일이 있었다. 한 번씩 내가 그런 모습을 보일 때면 그동안 쌓아왔던 모든 관계는 여지없이 무너지고 만다.

'내가 왜 이럴까? 누구하고도, 그리고 하나님과도 정말 친밀하다는 느낌을 가져보지 못했다. 모든 인간이 다 나와 같을까?' 나는 세미나에서도 이런 생각에 빠져 있었다. 주위를 돌아보았다. 너무도 열심히 기도하는 사람들, 그리고 그들의 눈에 흐르는 눈물. 나도 그들처럼 진지하게 하나님과 대화를 나누고 싶었다. 그러나 성령을 체험하고 방언을 하면서도 하나님과의 격이 조금도 좁혀지지 않는 것 같았다. 나는 물었다.

"하나님, 나는 도대체 왜 이렇습니까? 이곳 세미나에서 강의하는것처럼 내 안에 거리감을 느끼게 하는 원인이 있다면 가르쳐 주십시오."

기도가 아니라 차라리 절규라고 해야 옳을 것 같은 심정이었다. 그런데 그때 내 안에 떠오르는 말이 있었다.

"너를 임신하고 임신중독증에 걸려서 엄마는 이렇게 병이 든 거야."

가족들에게서 많이 들어본 말이었다. 어머니는 매우 몸이 약하시고, 지금은 다른 사람의 신장을 이식받아서 살고 계신다. 어머니가 이렇게 몸이 약해지신 이유에 대해 할머니와 아버지 그리고 어머니는 이런 말로 나에게 설명하시곤 했다.

그 내용은 이렇다. 어머니가 나를 임신하셨을 때 우리 집은 매우 가난했고 어려웠다. 그런데 어머니가 나를 임신하시고 임신중독증에 걸리자 집안에서는 아이를 지우라고 하셨다. 하지만 어머니는 그런 몸으로 나를 출산하셨고, 그 뒤로도 쉬지 못하고 일을 해야 했기에 결국 신장이 약해졌고 신장 수술을 할 수밖에 없게 된 것이다. 그때 나를 유산시켰다면 어머니의 건강이 이토록 나빠지지는 않았을 것이라는 생각에 항상 어머니에게 미안하고 죄책감이 들곤 했다.

할머니가 나에게 이런 말을 할 때마다 마치 '너 때문이다' 라고 원망하시는 것 같아서 "그럼 나를 낳지 말지 왜 낳아서 이렇게 고생을 하세요?" 하며 내 방으로 와서 울곤 했었다.

'정말 내가 태어나지 않았더라면 얼마나 좋았을까! 그래서 어머니가 건강하시면 얼마나 좋을까!'

그런데 왜 갑자기 이런 말들이 다시 생각이 나는 것일까? 이것이 내가 느끼는 대인 관계와 하나님에 대한 거리감과 무슨 상관이 있다는 말인지 이유는 알 수 없었지만 가슴이 너무도 답답해서 상담자에게 물었다. 상담해 주신 분은 나에게 말씀하셨다.

"너는 지금 잘못된 죄책감에 빠져 있어. 너의 어머니가 임신중독증에 걸린 것. 그리고 그 후에 그 일로 계속 몸이 약해져 지금처럼 남의 신장을 가지고 이식받아 사셔야 하는 것은 절대로 너의 잘못도 아니고 너의 어머니 잘못도 아니야. 그리고 네가 이 세상에 태어난 것은 너의 어머니의 계획도 아니었고 너의 계획도 아닌 바로 하나님의 계획이었어. 그 계획을 방해하고 너의 생명을 죽이려는 사탄의 방해가 있었지만 주님이 너를 지금까지 모든 생명의 위협에서 지키시고 여기까지 인도하셨지. 너의 생명에 대해 죄책감을 가질 이유가 없단다. 너를 만드신 분은 하나님이셔. 네가 너의 생명을 하나님이 만드셨다는 것을 참으로 인정한다면 함부로 너의 생명에 대해 경시하는 말을 하지 못할 거야. 자! 이제 자신을 가지고 하나님이 주신 생명임을 믿고 힘차게 살도록 해. 너는 결코 살모사처럼 어미를 죽이고 나오는 그런 나쁜 인간이 아니야. 너의 생명에 대해 자신을 가져도 돼."

"나 때문에 어머니가 그런 것이 아니란 말이지요?"

"그래, 그것은 너의 책임이 아니야."

"나는 지금까지…. 그래요, 나는 지금까지 어머니가 힘들어 하시면 내가 건강하다는 그 자체가 괴롭고 죄스러웠어요."

"자신의 생명 자체가 죄스럽다는 것은 마치 세상을 살아가면서도 마음 놓고 발을 땅에 딛지 못하는 것과 같은 모습이야. 그러니 어떻게 힘있게 살 수 있었겠니?"

그랬었다. 나는 어떻게 살아야 하는 것인지조차 알 수 없었다. 나는 내가 너무 깊이 속고 있었다는 것을 알았다.

"나는 미안했기 때문에 더욱 어머니에게 잘하려고 노력했어요. 하지만 그럴수록 더욱 잘 해드리지 못했고, 그럴 때마다 나 자신이 부족하다는 열등감 때문에 화가 났지요."

"당연한 현상이야. 누구와든지 죄책감이 있으면 건강한 사랑의 관계가 자라나지 못하지. 의무감이 더 많게 되고 그럴수록 무엇이든지 더 안 되잖아. 형제가 하나님께 가진 마음도 어머니에게 갖는 것과 똑같을 거야. 그렇지 않아?"

사실이었다. 나는 하나님을 위해 살려고 하면서도 그 삶이 하나님을 사랑한다는 것과는 무언가 달랐다.

"맞습니다. 저의 삶이란 항상 잘못 만들어진 부담스러운 생명인 것 같았어요. 내 존재 자체가 기쁜 것이 될 수 없었어요. 이런 생각 위에서 하나님께 내 일생에 대해 하나님의 뜻을 묻는다는 것이 이치에 맞지 않았어요."

"속으면 안돼. 형제의 생명은 하나님이 만드셨어. 사탄은 여러 번 형제를 죽이려 했지만 하나님은 그때마다 형제의 생명을 지키셨기에 지금 이곳에 있는 것이지. 하나님께는 형제의 생명이 너무나도 고귀해."

상담자의 말은 모두 사실이었다. 사실이기에 내 안에 어두운 마음을 무너뜨렸다. 나는 내가 왜 하나님께 기도하면서도 거리감이 좁혀지지 못했는지 점점 이해가 되었다. 내 안에 안개처럼 퍼진 죄책감의 정체를 확실히 알게 되었다. 다시는 속지 않으리라.

나는 크게 소리치고 싶었다.

"나 때문에 어머니가 그렇게 되신 것이 아니다. 나는 어머니를 죽이고 태어난 사람이 아니다. 나는 하나님이 만드신 것이다."

내 마음속에 이렇게 희망과 기쁨이 넘쳐나다니 믿을 수가 없다. 이제야 마음 놓고 자신있게 내 두 발로 땅을 밟을 수 있게 되었다.

 실제 13

너는 이중인격자이다

한 남학생이 세미나가 진행되고 있을 때 상담실을 찾았다.
"문제가 무엇이지요?"
"저는 대인관계를 못해요. 특히 여학생들과 이야기를 하려고 하면 더욱 말을 할 수가 없어요."
"왜 말을 할 수 없는데요?"
"… 저는 … 이중인격자이기 때문입니다. 그것을 여학생들이 알 것 같아요. 그래서 말을 할 수 없어요."
학생은 말을 하면서도 여전히 떨고 있었다. 모든 것에 자신감이 하나도 없어 보였다.
"언제부터 자신이 이중인격자인 것을 알았나요?"
"초등학교 때요."
"어떻게 알았어요?"
"초등학교 4학년 때인데 선생님이 그렇게 말씀하셨어요. 제가 쉬는 시간에 아이들과 장난을 치고 있었거든요. 그런데 아이들은 선생님이 오시는 것을 먼저 보고 모두 자리에 앉았는데 저는 못 보았어요. 그래서 저만 걸렸지요. 그때 선생님이 저에게 이렇게 말씀하셨어요. '너는 교회도 다니는 녀석이 그렇게 쉬는 시간에 혼자

떠드냐? 너는 이중인격자다' 하고 말이에요."

"그래서 알게 된 것이군요?"

"네."

"주님이라면 쉬는 시간에 떠든 학생에 대해서 뭐라고 하실까요?"

"……"

"이중인격자라는 말을 주님이라면 하실까요?"

"아니요. …안 하실 거예요." "저는 그때 이후로 완전히 변했어요. 그전에는 학교에서도 재미있게 놀고 무섭지 않았는데 그 후에는 점점 자신이 없어졌어요."

우리는 같이 기도했다. 주님은 그 학생의 가장 악한 결박이 무엇인지 아셨기에 이런 대화로 인도하신 것이었다. 그 결박은 그 학생을 아무것도 할 수 없는 자로 만드는 결박이었다. 생각 없이 나온 선생의 한마디를 사용해서 악한 영은 이렇게 어린아이를 결박시켰다.

"주님이라면 학생에게 뭐라고 말씀하실 것 같아요? 기도할 때 무슨 생각이 들었지요?"

"주님은 나에게 괜찮다고 하실 거예요."

학생의 눈에서 눈물이 쉴 새 없이 흘렀다.

 실제 14

나의 운명을 만들었던 사탄의 저주
- 이 아이는 짓밟히고 살 인생이오 -

나처럼 교회를 열심히 다니는 사람도 별로 없을 것이다. 그러나 나처럼 교회에서 많은 고통을 당한 자도 없다고 생각한다. 그러면서도 교회를 열심히 다녔다. 내가 교회를 다니지 않으면 그나마 아무 희망도 없기 때문이다. 누가 나의 삶이 어떤 것이냐고 물으면 나는 서슴없이 대답했다.

"별 볼 일 없는 인생이죠."

나는 정말로 그렇게 믿고 있었다. 이 세상에 나같이 별 볼일 없는 인생은 없다고.

교회에서 열린 성경퀴즈대회 등에서 나는 항상 1등을 차지했다. 그리고 주일이면 주일학교 아이들을 가르치기 위해 일주일씩 공과 공부를 했다. 하지만 주일날 밤이면 나는 혼자 수없이 울었다. 속상하고 무언지 창피한 기분 때문이었다. 아무리 열심히 준비해도 잘 안 되는 것 같았다.

"우리 선생님은 재미도 없고 제일 못 가르친다."

뒤에서 이런 소리가 들리는 것 같아 괴로움으로 밤을 새웠다. 그 중에서도 제일 괴로운 것은 "하나님이 나에게 이렇게 말씀하셨어요." 하면서 간증하는 사람들을 볼 때다. 나는 평생 그렇게 열심히 교회를 다녔지만 그런 말을 할 수 없었다. 성경퀴즈대회 같은 것이라면 얼마든지 잘할 자신이 있었지만, 하나님께서 말씀하시는 음성이란 것은 도저히 들을 자신이 없었고 단 한 번도 들리는 것도, 느껴지는 것도 없었다. 하나님께도 소외당하는 것 같아 큐티반도 싫어졌다. 모든 사람이 싫었고 우리 아이들도 싫었다. 내 자식들이지만 나를 미워하고 남편만 좋아하는 것 같았기 때문이다.

그런데 이런 나의 삶에 종지부를 찍는 일이 생겼다. 우리 교회 사모님이 내적치유세미나에 다녀오신 후에 내적치유 공부반을 시작했다. 나는 내적치유가 무엇인지도 몰랐지만 교회에서 하는 것이니까 참석을 했는데 이것이 내 인생을 바꾸는 계기가 될 줄은 몰랐다.

공부하는 중에 사모님이 우리 어머니에 관해 물었다. 나는 어머니 말을 하면서 나도 모르게 화가 나기 시작했다. 어머니가 나를 미워한다고 생각했기 때문이다.

"정말 어머니가 그렇게 집사님을 미워하셔요?"

사모님이 물었다.

나는 "그렇다"라고 대답했다. 많은 증거가 있다고 생각했다. 내가 결혼할 때 어머니는 나에게 40만 원짜리 장롱을 해 주고 우리 동생에게는 100만 원짜리 장롱을 해 주셨다. 하지만 내가 우리 어머니를 미워하는 진짜 이유는 따로 있었다. 내가 제일 듣기 싫어하는 말, 그 말을 어머니가 자주 했기 때문이다.

"너는 짓밟히고 살 인생이란다."

이 말은 어머니가 처음 한 것이 아니다. 아주 어릴 때 내가 심한 병에 걸려 죽어 가고 있었다고 한다. 그때 이웃집 무당 할아버지가 나를 보면서 어머니에게 "이 아이는 죽을 아이라오. 버려진 아이인데 아마 살아도 사람들에게 짓밟히고 살 팔자요. 그러니 차라리 죽는 편이 나을 거요." 하신 것이다. 어쩌면 어머니를 위로하려고 그런 말을 한 건지도 모른다.

그런데 어머니는 가끔 내게 이 말을 했다.

"그때 그 박수무당이 그렇게 말했는데 네가 살았다."

나는 이 말을 들을 때마다 화가 났다. 혼자서 설거지를 하다가도, 다림질 하다가도 화가 났다.

'그래, 나 같은 인생은 짓밟히고 살 인생이야. 참 불쌍한 인생이다. 이 세상에 필요 없는 인생이지. 나는 짓밟히고 살 팔자를 타고났어. 팔자란 건 있는 거야.'

사실 내 인생은 그 말대로 되어 왔다. 믿었던 사람들에게 짓밟히고 버려졌다. 그래서 더더욱 팔자를 믿고 운명을 믿었다. 그리고 모든 사람에게 철저히 짓밟혀지는 나의 인생을 보면서 이런 팔자를 나에게 준 누군가가 원망스러웠고, 이런 비참한 팔자를 타고 난 내 자신은 더욱 싫었다.

그런데 사모님은 전혀 생각지 못한 말씀을 하셨다.

"집사님, 그것은 사탄이 지어낸 거짓말이예요."

"네?"

"그것은 거짓말이예요. 하나님은 그런 팔자를 만드시지 않아요. 그 말의 힘을 예수의 이름으로 끊어야 해요. 지금 당장 끊도록 합시다."

나는 어리둥절했지만, 사모님의 말씀이 가슴에 박혔다. 그래서 사모님이 하라는대로 기도했다. 기도하는데 요한복음 1장 12절 말씀이 떠올랐다. 그중에서도 '권세'라는 말, 그 말이 나의 가슴에 박혔다. '나에게 하나님의 자녀로 살 권세가 있구나! 그 능력이 있었구나! 하나님이 나를 짓밟히고 살 비천한 팔자로 만드신 줄 알았는데 나도 다른 사람들처럼 하나님이 사랑하시는 자녀이고 권세가 있는 사람이구나!' 이 생각에 가슴이 벅차 오면서 그 말이 가슴 안에서부터 믿어졌다.

그날 사모님과 상담을 마치고 나오는 나의 발길은 마치 공중에 뜬 것처럼 가볍고 힘이 났다. 웬일인지 온 세상이 아름답기만 했다. 나는 이 세상에서 가장 저주받은 운명인 줄 알았는데 그것이 아니고 오히려 내가 가장 축복받은 사람이라는 생각으로 내 입에서 찬송이 흘러 나왔다.

하나님의 말씀이 살아있고 능력이 있다는 것을 체험했다. 사탄의 거짓말이라는 말을 듣고 난 뒤에 읽은 그 말씀 한 구절이 나를 이렇게 변화시켰다. 그 뒤로 내가 얼마나 변하고 내 남편이 얼마나 변했는지, 그리고 우리 사업을 하나님이 얼마나 축복해 주시는지 감격스럽기만 하다. 어느 날 남편이 나와 함께 손을 모으며 이렇게 좋은 하나님을 자기도 믿고 싶다고 기도해 달라고 했다. 나는 남편의 손을 잡고 남편도 하나님의 자녀가 되는 권세를 달라고 기도했다.

이것이야말로 기적이 아닌가! 내 인생이 변하고 내 운명이 변한 것 아닌가! 지나온 나의 삶이 억울하다. 속이는 말에 묶여서 평생 괴로워하고 내 운명 또한 그렇게 만들어 버릴 뻔했던 독약과 같은 그 말을 나 자신이 그토록 깊이 믿고 있었음을 나는 정말 몰랐다.

과정 **9**

나를 위하여 인간이 되신 예수 그리스도

그분이 당신을 만나기 위해 오셨습니다
이제는 당신이 예수님께 가야 합니다

"나를 간절히 찾는 자가 나를 만날 것이다."

이 과정의 목적

 이 과정은 나와 같은 인간이 되신 예수 그리스도를 정확히 알기 위함이다. 내 속사람이 인간이 되신 예수님을 알면 외로움과 눌림에서 완전히 벗어날 수 있다.

'존스 콰이어즈'라는 사람이 자신의 아내의 딸을 찾아 달라고 사설 기관에 의뢰했다. 아내는 자신과의 결혼이 두 번째였고, 처음 남편은 한국동란 때 전사했다. 아내는 자신의 딸을 여덟 살 때 보육원에 맡겼고 아이는 곧바로 입양된 후 소식이 끊겼는데 12년이 흘러서 아이를 찾기 원한 것이다. 그 기관은 아이를 찾게 되었는데 그 아이는 클로디어라는 가수로 성공을 거두고 있었다. 하지만 그녀는 시각 장애인이었다. 친어머니가 자신을 찾는다는 말을 들은 클로디어는 한마디로 그 청을 거절했다.

"앞도 못 보는 어린 자식을 버린 어머니는 어머니도 아니다. 이제 와서 무엇 때문에 나를 찾느냐!"

 클로디어의 마음에는 어머니에 대한 이런 깊은 원망과 분노가 있었던 것이다. 하지만 클로디어의 양부모는 단 한 번만이라도 친모를 만나 보기를 제안했다. 그녀는 양부모의 부탁을 들어주기 위해 한 번의 짧은 만남을 허락했다. 그리고 막상 만남이 이루어졌을 때 클로디어는 놀라운 사실을 알게 되었다. 그녀의 어머니가 자신의 이름을 부르며 다가와 손으로 자신의 얼굴을 만지고 확인해보는 것이었다. 그녀의 어머니도 시각 장애인이었던 것이다. 그녀는 자신이 시각 장애인이었기에 남편이 전사하자 혼자서 아기를 키울 수 없어서 어쩔 수 없이 입양기관에 아기를 맡겼던 것이다.

 클로디어는 비로소 진실을 알게 되었다. 자신이 정상인이 아니라 앞을 보지 못하는 장애를 가지고 있기 때문에 친부모가 자신을 버렸을 것이라는 생각은 모두 오해였다. 그 오해가 풀리자 클로디어는 어머니가 얼마나 자신을 사랑하고 그리워했는지를 알게 되었다.

이 실화는 우리가 하나님에 대해 오해하며 마음을 닫는 현상과 비슷한 면이 있다.

기독교 하나님은 사람과 개인적 관계를 맺으신다. 예수님이 십자가에 돌아가심으로 하나님과 사람 사이를 가로막고 있던 지성소의 휘장은 찢어지고 누구든지 주의 이름을 부르는 자는 구원을 얻고 그 열린 길을 통해 하나님이 계신 지성소로 들어갈 수 있다. 하나님과 개인적인 친밀한 교제를 나눌 수 있다. 그러나 마음 안에 클로디어 같은 오해가 있을 때 하나님을 종교적인 경배의 대상으로 섬기며 신앙적 행위는 할 수 있으나 마음의 지성소 안에 하나님을 두지 않으려 한다.

그러나 예수님은 다만 종교적인 경배의 대상이 아닌 아버지와 사랑하는 자식으로 그리고 남편과 아내가 가지는 깊은 사랑의 관계를 맺기 원하셨다. 이것은 하나님 아버지의 간절한 바람이셨기에 주님은 십자가를 지시기 전에 우리가 하나님과 이러한 관계 속으로 들어가기를 간절히 기도하셨다.(요 17:21) 마음을 나누는 친밀한 관계는 죄인에서 의인으로 바뀐 법적인 신분의 변화로만 되는 것이 아니라 클로디어처럼 관계를 막고 있던 오해와 아픔들이 사라져야 가능하다. 몸은 교회 안에 있고 하나님을 찬양하지만, 하나님과 종교적인 대상 그 이상도 이하도 아닌 관계를 맺은 그리스도인들이 많다.

하나님이 종교적 대상에 머물 때 마음의 공백이 결코 채워지지 못한다. 종교적 대상은 상실한 마음과 버려진 느낌, 외로움을 해결해 줄 수 없고 나라는 존재의 필요성을 느끼게 해주지 못한다.

마음에 숨은 속사람을 감동시킬 수 없다.

그렇다면 인간이 하나님에 대해 거리감을 느끼게 하는 오해는 무엇이며 어떻게 이런 감정적 거리를 해결할 수 있을까?

1. 속사람이 하나님을 향해 마음이 열리지 않는 이유는 무엇일까?

첫째는, 오해다.

어려움에 처해 있을 때 하나님이 나를 도와주셨어야 했는데 돕지 않고 방관하시거나 일부러 나를 고통 가운데 빠지게 하셨다는 오해를 품고 있으면 마음이 열리지 않는다. 어린 시절에 혼자서 아무것도 할 수 없을 때 겪었던 고통스러운 환경과 사건들이 하나님께로 책임이 돌려지면서 하나님의 선하심과 사랑에 대한 불신이 생겨 마음이 열리지 않는다.

둘째는, 거리감이다.

하나님은 인간인 나와는 다른 분이기 때문에 내가 문제 삼는 것과 하나님이 중요하게 여기는 것은 너무 다를 거라는 생각이 든다. 이런 거리감이 하나님을 마음속 깊이 친밀한 대상으로 받아들이는데 어려움을 갖게 한다.

2. 이런 오해와 거리감에 대해 성경은 어떻게 답변하고 있나?

하나님은 우리가 엄마의 뱃속에 있을 때도 함께 하셨고 나를 조성하며 지키셨다고 하신다. 새벽날개를 치며 바다 끝에 가서 숨을지라도 그곳에서도 주님의 손이 인도하신다고 하셨다.(시 139)

또한, 주님은 우리와 다른 분이 아니라 인간이 당할 수 있는 모든 고통과 아픔을 온몸으로 다 경험해보신 분이라고 말한다.(사 53:3)

3. 예수님의 인성에 대한 바른 지식과 이해가 하나님과의 심리적 거리감을 없앨 수 있는 유일한 길이다.

그러므로, 사탄은 사람들로 하여금 하나님이 나와 같은 온전한 인간이 되셨다는 역사적 사실을 알지 못하도록 은폐하거나 예수님을 잘못 알게 하는데 총력을 기울이고 있다.

악령과 성령의 역사를 분별하는 기준은 예수 그리스도께서 육체로 오신 것을 시인하는 영인지 시인하지 않는 영인지로 알 수 있다. 거짓된 악령은 이미 세상과 교회에서 여러 모양으로 활동하고 있다.(요일 4:1~3)

사도 요한은 예수 그리스도께서 인간으로 오심을 부인함으로 성도들을 미혹하는 사탄의 속임수에 넘어가지 말 것을 당부하고 있다.(요이 1:7)

4. 예수님을 나와 같은 사람으로 받아들이는 것이 우리의 신앙생활과 마음의 치유에 결정적으로 중요한 이유가 무엇일까?

예수님을 나와 같은 사람으로 받아들인다는 것은 그가 인간의 진정한 모습 즉 나약하고 상처받을 수 있고, 마음에 위로를 필요로 하는 인성을 가지신 완전한 인간이 되어서 인간과 똑같은 조건으로 인생의 길을 걸어가신 분으로 생각한다는 것이다.

이것을 알 때
- 예수님의 고난에서 나의 고난을 발견할 때 주님과 하나가 되어 치유와 부활의 능력이 나의 삶에 나타난다.
  (요 3:14, 12:32)
- 그가 나를 얼마나 깊이 이해하시고 체휼하시며 도우실 수 있는 분인가를 믿을 수 있게 된다.
- 하나님의 보좌 앞에 예수를 의지하여 담대히 나아가 나의 모든 죄와 허물을 부끄럼 없이 보여드릴 수 있는 믿음이 생긴다.
- 아무리 용서할 수 없는 자라도 용서할 수 있는 힘을 얻는다.
- 하나님께 자발적인 사랑과 순종을 할 수 있는 감정적 회복과 치유를 갖게 된다.

5. 예수님은 우리 죄를 없애기 위해 제단에 바쳐진 제물이며 또한 그 제물을 들고 지성소로 들어간 대제사장이다.

히브리서 5장 1절에서 6절의 제사 의식을 통해 우리는 두 가지의 중요한 조건을 보게 된다. 그것은 제물과 제물을 들고 하나님과 사람 사이에 선 제사장이다.

예수님은 제물이시며 영원한 멜기세덱의 반차를 좇는 제사장

이라고 하신다.(히 7:17)

예수님은 구약의 대제사장들처럼 자기 죄를 위하고 백성의 죄를 위하여 날마다 제사 드리는 것과 같이 할 필요가 없으니 이는 저가 단번에 자기를 드려 이루셨기 때문이다.(히 7:27)

6. 예수님께서 우리의 대제사장이란 사실은 우리에게 무엇을 의미하는가?

구약의 대제사장은 예수 그리스도의 예표이다. 저가 무식하고 미혹된 자를 능히 용납하고 중보할 수 있었던 것은 자신도 사람이었기에 죄를 용서받아야 할 다른 사람들과 같이 연약한 동질성을 갖고 있었던 것이다. 그래서 그는 다른 자들을 이해하고 용납하는 충성된 태도로 하나님께 기도했다. 예수님은 구약의 대제사장처럼 죄가 있는 분은 아니었으나 실제 인간이 되셔서 인간의 고통을 몸과 마음으로 체험해 보심으로 충성된 우리의 중보자 대제사장이 되신 것이다.(히 5:1~2)

예수님은 나와 같은 인간이 되셨다.
예수님이 인간이 되신 것은 천사들을 붙들어 주려 하심이 아니요 오직 아브라함의 자손을 붙들어 주려 하심이다. 그는 허물 많고 문제 많은 우리의 자비하고 충성된 중보자, 대제사장이 되어 우리의 죄를 위해 기도하신다. 인간으로 오셔서 인간이 당하는 모든 시험을 받아 고난을 당해 보셨기에 그 아픔을 아시고 시험받는 우리를 능히 도와 주신다.(히 2:16~18)

7. 예수 그리스도의 인성을 부인하는 자들의 주장

1) 전능하신 창조주가 물질과 시공간의 제한을 받으실 필요가 있겠는가?

"그가 구원자라면 인간과는 다른 아주 탁월한 존재여야 하지 않겠는가?"(배도 고프지 않고, 쓸쓸한 외로움도 없고, 고통도 못 느낌 등)라고 주장하는 자들이 있다.

2) "예수님이 하나님이시므로 인간의 성품은 없고, 오직 거룩한 하나님의 모습, 하나님의 성품만을 가지고 계신다."(단성론, Monophysitism)는 주장도 있다.

3) 이런 의견들의 결과

예수님을 나와 같은 진정한 사람으로 생각지 않고 어떤 가현상이나 인간과 본질적으로 다른 초월적인 권세를 가진 자, 하늘의 소식을 전하기 위해 잠시 나타난 자로 설명하는 사상은 그리스도 인성의 따뜻한 중보적 도움을 느끼지 못하는 결과를 만들었다. 이러한 결과를 살펴 보면 이 사상이 미혹의 영으로부터 온 것임을 알 수 있다. 결국, 이것은 인간과 예수님 사이에 거리감을 만들었으며, 나아가 하나님과 성령에 대해서도 거리감을 느끼게 하는 결과를 만들어 냈다.

'예수님은 하늘에 속한 신령한 분이고 나와 같은 진짜 인간이 아니시니 나의 이런 구질구질하고 작은 문제들을 그분께 어찌 다 말할 수 있으며 내가 전셋집 때문에 괴로워하고, 머리 숱이

줄어드는 문제로 화를 낸다든지, 마음의 욕망과 욕심을 버리지 못해서 괴로워하는 문제들을 그분께 가지고 나아가기는 너무나 부끄럽고 두렵기까지 하다'고 생각하게 된다.

  4) 예수님의 인성을 왜곡함으로 인해 만들어지는 하나님에 대한 두려움과 소원한 거리감은 결국 별세한 성도를 중보자로 대신 내세워 그들을 통해 하나님께 나아가려는 성도 경배가 만들어진 동기가 되었다.

성도 경배 사상, 마리아 경배 사상의 이면에는 예수님의 인성을 그대로 받아들이지 못하는 사고가 있다고 칼 아담은 그의 저서 『우리 형제 그리스도』에 다음과 같이 기록하고 있다.

'예수님은 나의 이런 사정을 다 이해하지 못하시지만 나와 같은 엄마의 삶을 살아 본 마리아는 내가 자녀 때문에 슬퍼하는 마음을 더 이해하실 것 같다. 또한, 신이었던 예수님보다는 가난하게 살았던 성 프란시스가 더 나를 이해해 줄 것 같다는 마음을 만들어 사람들은 그들을 통해 하나님께 나아가려고 하기 시작한다.'

그러나 성경은 하나님과 사람 사이에 중보자는 오직 한 분 예수 그리스도밖에 없다고 단언한다.(딤전 2:5) 성경은 분명히 말씀하신다. 예수님은 우리를 형제라 부르시기를 조금도 부끄러워 아니하시고 모든 점에서 우리와 같이 되셨다.(히 2:17)

8. 인간이 되신 예수 그리스도의 성품과 생활환경은 어떠했나?

1) 출생(눅 2:7)

예수님이 출생한 곳은 짐승들이 있는 불결한 마구간이었다. 아무리 가난하다 해도 그런 곳에서 태어난 사람은 드물 것이다. 하지만 이 사실을 우리는 아름다운 성탄카드에서 푸른 빛이 감도는 마구간의 그림으로 본다. 카드에 나타난 주님이 누우신 마구간은 신비한 빛과 별과 깨끗함으로 장식되어 있다. 그러나 그것은 단지 그림일 뿐, 현실은 그와 같지 않았다. 어느 여인이 가장 불결한 마구간에서 아이를 낳고 싶어 할까? 내담자 가운데에도 실제로 그의 어머니가 동네 헛간 같은 곳에서 자신을 낳은 사람이 있었다. 그는 그 이야기를 하면서 수치심과 아픔을 표현했다. 그 수치심은 어른이 된 뒤에도 그에게 여전히 열등감으로 작용하고 있었다.

예수님은 육신의 부모 삶도 그리고 예수님 자신의 삶도 물질적으로 풍요롭지 않았다. 카드에 묘사된 것처럼 낭만과 향기가 배어나는 동화 같은 삶이 아니었다.

2) 장성하심(눅 2:40, 막 6:3)

주님이 기적을 베푸시며 사역을 시작하셨을 때, 고향 사람들은 그분을 마리아의 아들이라고 하며 무시하고 가르침을 들으려고 하지 않았다. 예수님은 요셉의 아들로 불리지 않았다. 사람의 눈으로 보기에는 결혼 전 처녀의 몸으로 임신한 부정한 여자, 마리아의 아들에 지나지 않았던 것이다.

우리는 성령의 감동으로 쓰여진 성경을 통해 주님이 동정녀 마리아의 몸에서 태어난 사실을 알게 되었다. 그러나 예수님과 동시대를 살고 한동네에 살았던 사람들 눈으로 볼 때 예수님은 부끄러운 출생의 배경과 가난한 목수 아버지를 둔 시골 사람이었고, 가족들은 예수님을 정신이 나간 상태로 오해하기도 했다.

3) 시험을 겪으심(마 4:1~11)

사탄이 예수님을 넘어뜨리기 위해 사용한 미끼는 인간이 가장 필요로 하며 이것 때문에 하나님을 배반하는 세 가지였다. 물질과 사람 앞에 인정받고 싶은 마음, 권력으로 사탄은 예수님을 유혹했다. 사탄이 이것을 미끼로 썼다는 사실은 예수님도 우리와 같이 물질과 권력과 사람들의 인정을 필요로 하는 사람이 되셨음을 증명한다.

예수님은 겉으로는 힘들어 보이지만 내면으로는 요술 방망이로 뭐든지 필요한 것을 뚝딱 만들어서 쉽게 사신 것이 아니었다. 예수님은 마술 같은 능력을 사용해서 위기를 모면하지 않으셨다. 죽음의 순간에도 자신이 가진 신적인 능력을 사용하지 않고 인간으로 그 고통을 겪으셨다.

최초의 아담은 자신이 원하는 것을 얻기 위해 하나님의 뜻을 거스르면서까지 쟁취했으나, 마지막 아담 예수님은 모든 욕구와 뜻을 내려놓고 철저히 하나님께 순종하며 사셨다.

9. 이사야는 성령의 감동을 받아 하나님이 보내실 메시아, 예수 그리스도의 모습을 예언했다.(사 53장)

1) 그는 연한 순(筍)과 같은 분이다.

연한 순은 갓난아이가 손으로 만져도 꺾어질 수 있다. 주님은 이렇게 이 세상에서 누구에게든지 핍박을 받을 수 있는, 자신에 대한 방어능력이 부족한 모습으로 이 세상에 오시고 이 세상에 계셨다. 주님은 강한 사람으로 오신 것이 아니라, 누구든지 무시하고 상처 입힐 수 있는 연한 순의 모습으로 살아가셨다.

2) 마른 땅 : 광야 같은 환경, 도움을 얻지 못하는 삶

물이 부족한 마른 땅에서 나온 줄기는 튼튼하지 못하고 약하다. 마른 땅처럼 영양가가 없는 어려운 가정에서 태어나 어릴 때부터 혼자 힘으로 자신이 먹고 살 것을 다 감당해야 하는 아픔을 가진 사람들이 많다. 학교에 다니며 부모에게 어리광을 피울 시기에 신문을 돌리고 시장에서 막일 해야만 먹고 살 수 있는 아이들이 있다. 이것이 마른 땅이다.

예수님 역시 만왕의 왕이셨지만 이 세상에 사실 때는 아무 연줄 없이, 배경 없이 삶을 사셨다. 그분을 온전히 이해하는 자는 단 한 사람도 없었으며, 가장 힘들고 연약한 순간에 철저히 혼자가 되셨다. 십자가를 지실 때도 광야로 쫓긴 어린양처럼 그는 홀로 고난의 길을 가야 했다. 땅에서 태어난 사람들 속에서 홀로 하늘에서 오신 예수님은 누구에게도 이해받지 못했다. 이 세상의 어떤 자도 예수님처럼 마른 땅에서 홀로 뿌리를 내려야 했던 삶은 없다.

3) 멸시: 귀히 여김을 받지 못하는 삶

예수님의 외모는 고운 모양도 없고 풍채도 사람들이 흠모할 만

한 것이 없었다고 기록되어 있다. 그래서 사람들은 마음 놓고 주님을 무시하고 멸시했다. 주님이 이적을 베풀어도 대수롭지 않게 여겼고 고향 사람들도 주님을 무시의 눈길로 대했다. 그러나 성경은 그가 멸시를 받음으로 우리가 평화를 누리고 귀함을 얻게 되었다고 한다. 사람들에게 멸시받은 자들을 예수님은 친구로 부르시고 제자로 삼으셨다. 그 명단 속에 당신이 있고 내가 있다.

4) 질고를 아심

예수님은 그 얼굴이 다른 사람보다 훨씬 상했고 그 모양이 사람들보다 좋지 않아서 예수님을 보고 놀랐다고 기록되어 있다.(사 52:14)

예수님은 사람들에게 벌레 취급을 당하셨고 훼방거리요 조롱거리 취급을 당했다고 기록되어 있다.(시 22:6)

예수님은 사람들이 얼굴을 돌려버리는 문둥병자와 같은 취급을 당했다고 기록되어 있다.(사 53:3, 레 13:45)

이처럼 성경에 기록된 예수님의 외모와 실제 삶의 모습은 성화나 영화에 등장하는 모습과는 많이 다르다.

10. 예수님은 왜 스스로 이런 고난의 삶을 사셨을까?

사탄은 십자가 위에서 극도의 통증 속에 있는 예수님에게 신적인 권능을 사용해서 내려오라고 유혹했다.[49] 제자들도 예수님의 어머니도 예수님이 물 위를 걸으신 능력으로 십자가 위에서 내려오기를 바랐을 것이다. 하지만 예수님은 사람들이 묶고 못 박은 그대로 너무도 비참하고 나약하게 돌아가셨다. 성경은 하나님이 이렇게 자신을 스스로 제한하신 이유, 저가 범사에 형제들과 같이 되신 이유는 하나님의 일에 자비하고 충성된 대제사장이 되어 백성의 죄를 구속하려고 하신 것이라고 설명하고 있다.(히 2:17~18)

 종교적인 숭배의 대상이 아니라 마음을 열고 서로 아픔을 나누며 교제하는 친구가 되기 위해서 끝까지 인간의 삶을 사셨다. 주님이 인간이 되셨기에 인간을 대신한 제물이 되실 수 있었다. 주님은 신적인 권능을 사용하지 않고 끝까지 하나님께 순종하는 모습을 보이셨다. 그래서 주님을 영접한 자도 주님처럼 하나님께 순종하는 길을 걸을 수 있는 사람으로 재창조하셨다.

 주님은 우리 같은 보통 사람으로 모든 고난을 겪고 이겨내셨다. 광야에서 불 뱀에 물려 죽어가던 사람들이 모세가 쳐든 구리 뱀을 본 순간에 나음을 입은 것처럼 현재 자신이 당하고 있는 고난을 예수님의 삶 속에서 발견했을 때 그 독은 즉시 사라진다. 고통은 치유되고 두려움은 용기로 변한다. 이것은 경험해 본 사람만이 알 수 있는 신비다. 이것이 예수님과 내가 하나가 되는 순간이고 십자가의 주님과 눈을 마주치는 순간이다. 이것이 상처받은 사람

---

49) 예수님을 십자가에서 끌어내리려는 유혹(마 27:39~44, 마 15:29~32, 눅 23:35~39). 십자가의 강도와 예수님을 고소한 바리새인들과 서기관들, 예수님을 바라보는 모든 사람들이 한 목소리로 죽어 가는 예수님을 향해 요구한다. "네가 십자가에서 너 스스로를 구원해 보아라. 그리하면 우리가 너를 믿겠다."

들이 갈 수 있는 피난처다. 사탄이 예수님이 온전한 인간이 되셨다는 사실을 왜곡시키려는 이유가 바로 이것이다.

배신감으로 고통당하고 있는 사람이 배신당한 예수님을 성경에서 찾아낼 때, 배신감의 고통은 오히려 예수님의 마음을 깊이 이해하게 한다. 용서할 수 없다는 분노 속에 있는 사람이 사람들에게 공격을 당하는 예수님을 보며 용서할 수 있는 너그러운 마음을 갖게 된다. 예수님도 이런 고통을 당하셨다면 나도 기꺼이 이 고통을 받아들일 수 있다고 하나님의 자녀들은 고백하게 된다.

예수님의 눈물과 온 힘을 다 하신 인간적인 모습을 바로 알아갈수록 우리는 종교인이 아니라 하나님의 친밀한 친구가 되고, 하나님과 동행하게 되는 영성의 삶이 이루어진다. 이 삶이 예수님이 십자가를 지시기 전에 간절히 기도했던 바로 하나됨의 관계다.

 실제 15

나도 너의 아버지처럼 그렇게 가난했다.

　나는 신학교를 다니는 신학생이었다. 하지만 내 마음속에 있는 많은 두려움과 갈등들은 신앙생활을 아무리 열심히 하고 성령을 체험해도 잘 해결되지 않았다. 나는 사람들이 두려웠고 사람들을 만나면 자신이 없고 불편했다. 그러다 보니 말도 제대로 할 수가 없어서 말을 하려면 더듬기까지 했다. 항상 마음에는 무언지 모를 죄책감이 깔려 있었다. 이런 죄책감과 두려움은 점점 커졌다.
　그래도 나는 하나님이 나에게 무언가 바라시는 것이 있다고 생각하고 신학교에 들어갔다. 하지만 신학교를 다니면서도 마음 한 구석에 자리 잡고 있는 하나님에 대한 두려움과 불편함은 쉽게 사라지지 않았다.
　이런 나의 상태를 다른 시각으로 이해하기 시작한 것은 내적치유세미나에 참석하고부터였다. 나는 이 세미나에서 처음으로, 나 자신을 정죄하고 괴롭히는 대신 하나님께 원인을 가르쳐 달라고 기도할 필요가 있음을 자각했다. 내가 이렇게 묻기를 주님은 간절히 기다리셨던 것일까? 놀랍게도 기도를 시작하자마자 주님은 즉시 한 장면을 보여 주셨다. 그것은 너무도 까마득한 나의 어린 시절의 일이었다.

우리 집은 너무도 가난했다. 어느 날이었다. 친구들을 집으로 데리고 와 놀고 있는데 멀리서 아버지가 오시는 모습이 보였다. 그런데 그때 아버지의 모습은 마치 거지와 같은 모습이었다. 나는 아버지가 너무도 부끄러웠다. 그래서 순간적으로 "저 사람은 우리 아버지가 아니야."라고 했다.

내가 생각난 것은 바로 이 장면이었다. 이 장면을 보는 순간 '내 마음속에 항상 가지고 있던 불안과 두려움의 원인이 바로 이것이었구나!' 하고 이해가 되었다. 나는 아버지를 부인하고 부끄러워한 죄를 용서해 달라고 하나님께 진심으로 용서를 구했다. 사탄은 이것을 붙들고 나의 마음에 계속해서 죄책감을 넣어 주고 있었던 것이다. 하지만 기도한 후에도 이상하게 내 마음이 편해지지가 않았다.

"왜 우리는 그렇게 가난했나요?"

나는 이번에는 하나님께 이렇게 화를 내고 있었던 것이다.

'지겹도록 가난한 그 세월, 가난하지만 않았다면 아버지가 그렇게 하고 다니지 않았을 텐데!' 라는 생각이 들면서 감정이 북받쳐 올랐다. 그리고 '이런 감정으로 세미나가 끝나 버리면 어떻게 마음을 추슬러야 하나?' 염려가 되었다. 그런데 마지막 강의 시간에 주님은 나의 이 헝클어진 마음을 깨끗이 녹여 주셨다. 인간으로 오신 예수님에 대한 강의를 듣고 있을 때, 주님의 말씀을 들은 것이다. 그분은 이렇게 말씀하셨다.

"나도 너의 아버지처럼 그렇게 좋은 옷을 입지 못했단다. 나도 그렇게 가난했어."

나의 찢겨진 마음속으로 이 한마디가 울릴 때 얼음이 녹듯이 마음의 원망과 분노가 녹아내렸다.

'주님이 그렇게 사셨다면, 하나님의 아들도 그렇게 가난하게 사셨다면….'

나 혼자만이 아니라 하나님의 아들도 그렇게 사셨다면 가난 때문에 하나님이 원망스럽다는 생각이 들지 않았다. 그리고 가난했던 나의 삶이 부끄럽지 않다는 용기가 생겼다. 마음에 두려움이 사라지고 난 후에 나는 신학교를 그만 두었다. 내가 신학교를 가고자 했던 동기를 알았기 때문이다. 그리고 적성에 맞춰 다른 전문 직종을 공부했다. 그러나 나는 이전보다 더 하나님을 사랑하고 있다.

 실제 16

나에게도 그들은 귀신 들렸다고 했다.

그녀는 두 아이의 엄마였고 평범한 주부였다. 그런데 그녀에게 문제가 발생한 것은 성령을 받고 방언을 하면서부터였다.

방언을 하는데 갑자기 영어로 욕이 터져 나온 것이다. 그녀는 자신이 영적으로 뭐가 잘못되었나 걱정되어 교회와 상담을 하게 되었고 교회는 그녀가 귀신 들린 것이라고 했다. 그리고 귀신을 쫓아내는 은사를 가졌다는 집사를 소개했다. 그녀는 어린 두 아이와 남편을 두고 귀신 쫓는 집사 집에 들어가 한 달을 살았다. 그곳에서 한 달을 살며 매일 기도를 받는 과정에서 폭행으로 인해 몸에 많은 상처가 생겼다. 기도해 주는 집사는 이 사람에게 매우 강한 군대 귀신이 들어갔다고 말하며 모든 인간적인 대우를 끊고 귀신 취급을 했다. 말을 하면 귀신이 말한다고 야단을 쳤다. 온몸에 귀신이 있기 때문에 침 속에도 귀신이 들어 있다고 해서 그녀는 계속 침을 뱉어냈다.

결국 그녀의 상태는 악화되어 정신병원으로 보내졌다. 하지만 퇴원 후에 집에 와서도 그녀는 자기 아이들과 한 방에서 잘 수가 없었다. 혹여 밤중에 자신에게 있는 귀신이 아이들에게 들어갈까 봐 불안했기 때문이다. 자신의 침 속에 있는 귀신이 아이들에게 들어갈까 봐 무서워 숟가락도 함께 쓸 수 없었다. 국도 같이 먹을 수가 없었고 자신이 손 댄 음식에 아이가 손을 대면 벼락같이 화를 냈다.

병원에서는 이 여인에게 회복 불가능한 정신 분열이라는 진단을 내렸다. 그러는 동안 가족들은 너무나 많은 고통을 함께 겪어야 했다. 내가 처음 그녀를 만났을 때 그녀는 계속 자신 안에 귀신이 있는 것 같다는 증상을 호소했고 그런 생각은 그녀에게 심장병 증세와 불면증까지 가져오게 했다. 사실 삶을 산다고 할 수 없을 정도의 몸 상태였다.

하지만 나는 그녀의 주장대로 그녀가 귀신에 사로잡힌 자라는 것에 도저히 동의할 수 없었다. 그녀에게서 풍기는 따뜻한 인간애는 결코 그렇게 오랫동안 귀신들린 사람에게서는 나올 수 없는 것이었기 때문이다. 나는 만날 때마다 강조했다.

"당신은 귀신 들린 것이 아니에요."

나의 말에 대해 누구보다도 믿고 싶어 하는 것은 그녀 자신이었지만, 그녀는 그 말을 믿을 수가 없었다. 자기의 마음속에서 나쁜 것들을 느낄 때마다 귀신이 있기에 이런 증상이 나타나는 것이라는 확신이 깊이 박혀 있었으므로, 어떤 말을 해도 그 말이 그녀에게는 믿어지지 않았던 것이다. 10년 동안 그녀를 묶고 있던 '귀신이 안에 살고 있다' 라는 생각이 못처럼 생각 속에 박힌 것이다.

나는 그녀의 배경에서부터 치유를 시작해야 되겠다는 판단이 들어 정기적으로 만남을 가졌다.

그리고 지금까지 지나온 모든 시간을 하나씩 확인해 보는 방법으로 치유 상담을 시작했다. 과거를 점검해 보면서 방언을 하는 중에 영어로 욕설이 튀어 나온 심리적 배경도 뚜렷이 드러났다.

그녀의 아버지는 미군부대의 군인이었는데, 아내와 다툴 때 영어로 욕을 자주 했다. 그러다보니 그녀의 어머니가 진저리를 친 말이 바로 아버지의 입에서 나오는 영어 욕이었다. 이것이 뱃속에 있던 태아에게 전해진 것이다. 그리고 이것은 이 사람의 잠재의식 속에 있다가 깊은 심령으로 기도할 때에 그 아픔이 밖으로 표현된 것으로 밝혀졌다. 이런 과정들을 함께 나누는 가운데 치유의 변화들이 많이 나타나기 시작했는데 그것은 분노를 느낄 줄 알게 되었다는 점이다.

"나는 요즘 내가 정상적인 사람이 되었다는 것을 느껴요. 다른 것보다도, 어떤 사람이 미우면 그 사람을 마음으로 미워도 하고 가끔 화도 내요. 예전 같으면 이런 일은 상상도 못했지요. 누구를 미워한다거나 화를 낸다거나 이런 것은 전부 귀신이 하는 짓이라고 생각했기에, 마음속에서 그런 생각이 올라오면 깜짝 놀라 얼른 그것을 막곤 했어요. 그래서 항상 모든 사람을 사랑하고 좋아하는 것처럼 보였지만, 그것이 사랑하는 마음에서 그러면 좋지만 귀신이 밖으로 나타날까봐 감정을 꾹 누르며 참는 거라서 항상 숨이 막힐 듯이 괴로웠어요. 그런데 이제는 누구를 미워하는 마음이 생겨도 예전처럼 미운 감정을 느낀다는 것 자체를 가지고 두려워하지 않아요. 그냥 화도 내보고 표현도 해봐요. 그러면서 느껴요. 아! 내가 이제야 정상으로 돌아왔구나 하고요."

그런데 그녀의 감정이 서서히 정상적으로 반응하면서 그녀는 참으로 넘기 어려운 벽을 만났다. 그것은 자신의 일생을 이렇게

까지 파괴시킨 사람들, 즉 자신에게 귀신이 들렸다는 판정을 내리고 철저히 자신에게 인격적 모독과 멸시를 가한 자들에 대한 분노와 적개심이 폭발한 것이다. 그녀는 너무나 고통스러워했다.

"그들을 용서해야만 이 고통이 풀릴 수 있어요. 그들을 용서하세요."

나의 제의에 대해 그녀는 이렇게 울부짖었다.

"어떻게요? 어떻게 용서를 해요? 아무도 나 같은 일은 안 당해 보았을 거예요. 예수님도 많은 고통을 당하셨다고 하지만 나처럼 이렇게 귀신이 들렸다고 야단맞으며 사람 축에도 못 낀 취급을 받아 보신 적은 없으실 거예요. 이렇게 철저히 10년의 세월을 귀신이 들렸다는 불안 속에서 살아왔어요. 우리 자식들도 돌봐줄 수 없었어요. 주님도 이런 고통은 안 당해 보셨을 거예요. 이 세상에 어느 누가 이런 일을 당해 보았겠어요?"

그녀의 말을 듣고 나는 갑자기 할 말을 잊고 말았다. '이 사람에게 무슨 말로 위로해서 이 마음의 못을 뺄 수 있을까?'

말을 못하고 가만히 있는 나에게 갑자기 주님께서 너무도 정확하고 분명한 말씀을 주셨다.

"나도 그런 말을 들어 보았고 사람들은 나에게도 역시 귀신이 들렸다고 했다."

그때까지 잊고 있었던 공관복음에 나타난 장면이 그제서야 떠올랐다. 그렇다! 당시에 하나님의 대변자의 역할을 하고 있던 영적 지도자들에게서 예수님은 귀신의 왕이 들렸다는 소리를 들으신 것이다. 군중들 앞에서…. 나는 주님이 생각나게 해주신대로 주님의 이 말을 그분에게 전했다. 그때였다. 그 말을 하는 순간 그녀 안에서 활화산처럼 타오르던 원통함의 불꽃이 푹! 꺼지는 것을 느꼈다. 그리고 그녀는 울고 또 울고 통곡하더니 한참 후에 말했다.

"주님도 그런 일을 당하셨네요. 그런데도 그들을 용서했다면 저도 용서할게요." 나는 고통이 소용돌이처럼 그녀를 덮다가 예수님께 옮겨지는 것을 보았다. 나는 다시금 이해할 수 있었다.

'아, 이것이구나. 주님이 오신 이유…. 그분이 오신 것은 마음이 상한 자를 위로하시며 포로된 자에게 자유를 주시기 위해서라고 하셨는데 바로 이것이구나! 우리가 고통 중에서 이 고통을 동일하게 당한 누군가를 필요로 할 때, 그 고통을 함께 나누는 자가 되시려고 우리와 같은 고통을 직접 당해 보신 것이구나! 이런 것이 바로 체휼한다는 것이로구나!'

나는 그때 분명히 예수님이 가지신 위로의 능력을 보았고, 그 위로의 힘은 예수님이 직접 고통을 받음으로 우리에게 전해지는 것임을 알게 되었다.

 실제 17

나와 함께 야단맞고 계신 예수님

'그럴 수가 있어? 왜 나를 그렇게 괴롭혀? 왜 나를 무시하는 거야? 자기가 뭔데….'

다림질하다가 나도 모르게 분노가 끓어올랐다. 벌써 십여 년 전의 일이다. 그런데 이렇게 집안 일을 하다가도 슬며시 그 일이 생각나고, 또 그 일만 생각하면 나도 모르게 화가 나고 괴로워진다.

대학을 졸업하고 간 첫 학교였다. 햇병아리 선생으로 누군가를 의지하고 싶어 사람을 찾고 있었는데, 마침 그곳에 학교 선배가 계셨다. 그런데 이게 웬일! 사회 초년생인 내가 가장 의지하고 싶었던 그 선배가 하루 종일 작은 것 하나도 넘어가지 않고 어디서든지 질책을 하며 야단을 쳤다.

'너, 학교 선생 그만두는 것이 좋겠다. 못난 후배 때문에 지금까지 내가 쌓은 것이 다 무너진다.'

왜 그가 그런 말을 하는지 모르는 채 나는 그의 앞에서 기가 꺾이고 시들어 갔다. 처음 경험하는 학교생활은 정말 가시방석이었다. '하지만 이제는 먼 옛날 일인데, 그리고 나는 이제 목사의 사모인데….'

오래 전의 일을 잊지 못하고 괴로워하는 나 자신에게 화가 났다.

하지만 다른 사람들이 나에게 했던 심한 일도 다 잊혀지는데 유독 그 일만큼은 잊혀지지 않고, 한 번씩 생각나면 기도도 안 되고 마음을 진정하는 데도 한참이 걸리곤 했다.

어느 날 또다시 그 선배가 생각이 나며 괴로워지기 시작했다. 나는 더 이상 문제에 사로잡혀 있고 싶지 않았다. 하나님께 기도해야겠다는 마음에 무릎을 꿇으니 하나님께도 불같이 화가 나는 것이었다.

"하나님, 저는 도저히 그를 용서할 힘이 없어요. 용서한다고 해도 다시 이렇게 떠올라 괴로워 죽겠어요. 하나님, 그가 괴롭힐 때에 하나님 도대체 뭐하셨어요? 하나님은 어디 계셨어요?"

그런데 그때 내 마음속에 영상인지 어떤 한 장면이 떠올랐다. 손이 보였다. 나를 야단치고 지적하고 있는 손이었다. 그 앞에서 고개를 숙이고 야단을 듣고 있었다. 그랬다. 처음 학교에서 나는 매일 그 선배 앞에서 그렇게 당하고 있었다.

그런데 놀라운 일은 내 옆에 누군가가 서 계신 것이었다. 그분은 주님이셨다. 주님은 나와 함께 그 선배의 야단을 듣고 계셨다. 고개를 숙인 채…. 주님의 그 모습을 보며 내 안에 타오르는 증오가 사라졌다. 그리고 나는 그 선배를 용서할 수 있었다.

가장 힘없어 보이는 나처럼 내 곁에 계셨던 주님의 모습은 내가 설교를 통해 들은 어떤 모습보다도 강하게 나를 변화시키는 힘이 되었다. 나는 그 주님의 모습을 결코 잊을 수 없다.

과정 **10**
치유가 성숙으로

성령께서 행하시는
마음의 치유는 수술과 같습니다
아픈 환부를 도려내고 치료받았을지라도
그곳이 완전히 회복되어 건강해지기 위해서
시간과 영양이 필요하듯이
마음의 치유 또한 이와 같습니다

지금까지 상처라는
무거운 바위에 눌려있던 부분이
비록 그 바위는 제거되었지만 그 밑에 눌린 싹은
이제 자라나야 합니다

이 과정의 목적

 이 과정은 치유를 성숙으로 만들기 위해 당신이 성령께 구체적으로 협조할 부분을 가르쳐 줍니다. 치유가 성장과 성숙으로 연결되기 위해서는 당신이 성령께 적극적으로 협조해야 합니다. 협조 여부에 따라 눌려있던 싹은 쉽게 자라기도 하고 더디게 자라기도 합니다. 당신의 협조는 이토록 중요합니다.

치유를 성숙으로 성숙을 습관으로 만드십시오.

"사탄은 조롱한다. '저들이 건축하는 것은 여우가 올라가도 무너질 것이다.' 그러나 우리의 모든 원수는 성벽을 재건하는 것을 듣고 두려워 기가 꺾였다. 이것은 이 일이 우리 하나님의 도우심으로 완성된 것임을 그들도 알았기 때문이다." (느 6:16)

과연 나는 변화될 수 있을까?
내적치유란 순간적인 감정적 경험에 그치는 것일 뿐
결국은 본래의 모습으로 돌아가는 것이 아닐까?

부흥회에서 큰 체험도 하고 눈물 콧물 다 흘리는 경험도 했으나 몇 개월 지나면 다시 이전의 모습으로 돌아가는 것을 경험한 사람은 이런 의문을 가진다.

이것은 마치 느헤미야가 성벽을 새로 재건하려고 했을 때 원수들이 조롱하며 그 성벽이 며칠이나 가겠냐고 비웃었던 것과 같다. 그러나 느헤미야는 원수들의 말에 귀를 막고 한 손에는 칼을 들고 한 손에는 벽돌을 든 채 쉼 없이 무너진 성벽을 재건해 나갔다. 그 결과 50여 일만에 무너졌던 성벽은 새로 재건되었고 이 소식을 듣게 된 원수들은 낙담하고 두려워했다. 내면에서 올라오는 치유와 변화에 대한 의구심은 원수가 주는 생각이다.

예수 그리스도의 영을 받은 하나님의 자녀들은 그 영이 온전히 회복된 것처럼 반드시 마음이 새롭게 될 수 있고 또한 반드시 새롭게 되어야 한다.

그러나 마음의 건축이란 성숙하는 시간이 필요하다. 이 책에 소개된 사례들은 주로 내적치유세미나에서 나온 간증들이다. 그런데 이곳에 소개된 모든 사례자도 온전히 성숙한 사람들이 아니고 성숙해가는 과정에 있다. 내적치유세미나에서 경험한 치유는 완성이 아니고 시작이다.

사탄은 항상 조급하게 하고 지금 당장 모든 것이 이루어지지 않았으니 지금까지 마음에서 느꼈던 변화도 모두 가짜이며 일시적 감정이라고 속이며 낙심에 빠지게 한다.

이런 거짓에 속지 말아야 한다. 주님이 느헤미야를 통하여 70여 년이나 무너져 있던 성벽을 새롭게 수축하셨듯이 당신에게 건강한 새 마음과 아름다운 성품을 새롭게 건축하실 것이다.

육신에서 굳은 마음을 제하고 부드러운 마음을 주시며 성령을 거하게 하셔서 하나님의 모든 법을 행할 수 있는 자로 변화시키신다.(겔 36:25~27) 영이 새롭게 되었듯이 몸과 마음도 새롭게 될 것이다. 이것은 예수님의 피로 보증하신 약속이다.(히 9:13~14) 이 마음의 건축에 당신의 계속된 협조가 필요하다.

우리는 20여 년이 흐른 뒤에도 내적치유세미나에서 경험한 주님과의 만남이 시발점이 되어 삶 전반에 걸쳐 영성과 인간관계 그리고 몸의 건강과 생활의 변화가 일어나고 있다는 증언을 하는 분들을 수없이 만나 보았다. 성령께서 일으키신 마음의 파장은 중단될 수 없다.

그렇다면 우리가 지속적인 변화와 성장을 위해서 어떻게 성령께 협조해 드릴 수 있을까?

1. 생각의 길을 계속해서 새롭게 만들어야 한다.

(생각에 대해서는 "지식인가 관계인가?"에서와 "영적 전쟁과 내적치유?"에서 조금씩 다루어졌으나 이곳에서 더 구체적으로

생각의 길에 대해 정리해 본다)

인생은 곧 그 사람의 생각이 만든 작품이다. 생각이 밖으로 나온 것이다. 생각은 행동을 만들고 행동은 습관을 만들며 습관은 일생이 되고 인생이 된다. 생각이 근본적으로 바뀌지 않으면 성령을 받고 영적 체험을 해도 다시 옛날 생각이 옛날 습관으로 당신을 데리고 간다. 하지만 생각이 변화되고 새로운 생각의 길이 만들어졌다면 치유는 지속해서 진행되어 인격과 삶 전반을 변화시킨다.

길은 갑자기 만들어지는 것이 아니다. 자주 다니면 흔적이 생기고 그렇게 시작된 흔적이 대로가 되어 고정되어 버린다. 수십년 동안 내 속사람이 통행하던 길을 바꾸려면 그 길에 지진이 일어나야 하고 통행 불가의 말뚝이 박혀야 한다. 그리고 열심히 새 길을 만들어 새 길로 다녀야 한다. 성령께서 이 일을 주관하신다. 그러나 당신이 이 작업을 기뻐하고 원해야 한다.

파괴할 생각의 길이 있다는 것을 알자.

1) 그리스도인이 되었을지라도 파괴해야 할 생각의 길들이 있다. 주님을 영접하는 순간에 두뇌의 모든 것이 지워지고 빈 백지 상태로 주님과 교제를 시작한 것은 아니다.

예수님을 믿고 새롭게 살아야겠다는 결심과 각오가 컸지만, 아직도 머릿속에는 지금까지 가지고 있던 모든 기억과 가치관, 고집과 지식이 당신 생각의 땅을 차지하고 있다.

2) 지금까지 담겨 있던 모든 생각과 가치관은 가나안의 부족들처럼 하나님의 말씀을 마음 안으로 들어오는 것을 막고 방해한다.

하나님은 이스라엘 백성에게 가나안을 허락하셨으나 그곳은 비어 있지 않았다. 그곳에는 강대한 족속들이 있었다. 족속들은 자신들이 그 땅의 주인이라고 주장하며 하나님의 백성들을 들어오지 못하게 막고 죽이려고 했다.

하나님의 땅임에도 불구하고 먼저 차지하고 있던 족속들이 소유권을 주장하듯이 우리의 마음도 이와 같다. 우리의 사고 속에는 가나안 족속들과 같은 온갖 종류의 지식이 산재해 있다. 이 지식은 하나님의 진리와 대부분 반대된다. 그러므로 충돌과 전쟁이 일어나는 것이다.

3) 하나님은 우리에게 가나안의 모든 족속들을 완전히 진멸하라고 명령하신다.

만일 그것을 남겨 둔다면 찌르는 가시가 되고 우리 안에 오신 성령의 역사를 방해하기 때문이다. 가나안 땅을 차지해야 방황이 끝이 나고 하나님을 위한 포도 열매를 맺을 수 있다. 가나안 땅을 차지하는 과정에서 하나님은 가나안의 어린아이들까지 죽이라고 하셨다. 이해할 수 없는 명령이다. 그러나 결국 이스라엘을 망하게 한 것은 그 어린 아이들이었다. 그들이 자라서 후대의 이스라엘을 변질시킨 것처럼 우리 안에도, 가나안의 순수해 보이는 어린이들처럼 전통이나 문화라는 이름으로 포장되어, 전혀 악해 보이지 않는 지식이 많다. 그것들이 하나님의 말씀을 거스르게 하는 도구로 사용되며 절망으로 끌고 가는 생각의 길을 만들고 있다.

4) 오랜 세월 동안 품고 있는 생각은 대로처럼 넓어지고 강력한 진을 만들어 속사람을 그 속에 가둔다. 그 진은 속사람을 속이는 사탄의 진이다. 그러나 그 안에 갇힌 사람은 자기가 갇힌 줄을 모른다.

생각이 삶에 미치는 영향이 얼마나 큰지를 보여주는 실제 사례다. 그는 평생 사고와 질병이 끊이지 않아서 머리끝에서 발끝까지 수술을 안 해 본 곳이 없을 정도였다. 빈번한 사고를 당하며 죽음의 위협을 느끼자 어차피 곧 죽을 것 같으니 힘든 오지에 선교사로 가서 죽겠다고 지원을 했다. 선교사 출발 전에 세미나에 참여했는데 하나님께서 전혀 뜻밖의 깨달음을 주셨다. 그것은 자신이 갇혀 있던 생각의 진에 관한 것이었다. 그는 어린아이 때 주일학교 선생님으로부터 믿지 않는 사람은 삼사 대까지 저주를 받으니 부모를 전도하라는 설교를 들었다. 그래서 생각하기를 우리 부모는 교회에 오지 않으니 나는 저주를 받고 내 아이까지 저주를 받겠구나! 라고 생각했다. 이 생각은 그의 잠재의식 안에 자리를 잡고 생각에까지 영향을 미쳤다. 그리고 결과는 끊임없는 사고와 질병이었다.

하지만 그는 믿지 않는 가족이 받을 저주라고 생각하고 당연하게 받아들였다. 그리고 속히 삼사 대가 지나 하나님의 축복을 받는 때가 오기를 기다렸다. 자신의 어린 아들이 수술했을 때도 이제 우리 아이까지 시작됐구나 하며 당연히 여겼다고 했다. 이런 어리석은 생각의 진에 묶여 있었기에 사탄은 마음 놓고 그 가정 안에 온갖 질병과 사고를 일으켰다. 그러나 세미나의 강의를 듣는 중에 문득 자신이 속았구나 하는 것을 깨닫고 그 생각을 대적한 다음부터는 다시 그와 같은 생각을 하지 않게 되었다고 했다. 놀라운 사실은 그 후 몇 년 뒤 그를 다시 만났는데 그가 말하기를 그 생각을 끊고 난 이후에는 자기와 아들에게 그토록 빈번하게 일어나던 사고가 단 한 번도 일어나지 않았다는 것이다.

생각은 생각으로 끝나는 것이 아니라 삶을 만들어 낸다.

그러면 어떻게 악한 생각의 길을 파괴하고 새로운 생각의 길을 만들 수 있을까?

1) 하나님이 주시지 않은 생각들을 분별해야 한다.

사탄으로부터 온 생각임에도 불구하고 내 생각이나 하나님이 주신 생각이라고 오해하고 있다면 절대로 몰아내려고 하지 않을 것이다. 우리 자신이 몰아내려고 하지 않으면 성령께서도 도우실 수 없다.

생각을 분별하는 방법은 다음과 같다.

(1) 독백이 아니라 대화를 통해서 잘못된 생각을 분별한다.

상담과 성숙한 지체와의 대화가 분별에 도움을 준다. 그러나 항상 이런 상담자를 곁에 둘 수는 없다. 그러므로 예수님은 우리에게 '도우시는 분' 카운슬러 되시는 성령을 보내 주셨다.

그리스도인은 성령과 대화함으로 악한 생각을 찾아낼 수 있다.

대화는 반드시 내가 말하고 다음에는 그분의 말씀을 듣는 과정이 있다. 몇 백일 몇 천일 기도를 해도 내 말만 반복하고, 주님의 음성을 듣지 않으면 내가 어떤 잘못된 생각을 하는지 알 수가 없고, 알 수 없으니 생각의 길을 바꿀 수 없다. 다음 그림은 독백하는 사람의 결과로 만들어지고 있는 생각의 길이다. 독백의 결과는 절망의 사이클을 만들어 낼 뿐이다.

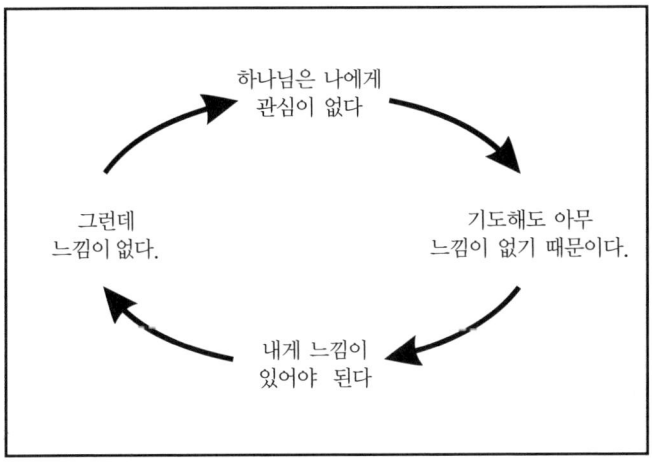

[그림 6]
이것은 독백으로 이루어진 생각의 길이다. 이 길은 절망의 사이클이며 고정되고 자동화된 사고방식이다

(2) 말씀 앞에서 비추어 보고 분별해 낸다.

말씀 앞에서 볼 때 옳지 않다면 그것은 하나님께로부터 온 생각이나 진리가 아니라고 결정해야 한다. 아무리 세상 사람이 다 좇아가는 생각일지라도 성경이 아니라고 하면 아니다 라고 믿는 자세가 필요하다.

현대사회에서 사랑과 성은 별개의 문제라고 주장하는 청년들은, 결혼하지 않을 사람과도 성관계 할 수 있다는 가치관의 변화로 결혼 전 성관계를 맺고 있지만, 성경은 혼인관계 아니고는 절대로 성관계를 허용하지 않고 있다. 이렇듯이 다수의 생각이나 사회의 문화나 흐름에 비추어 진리 여부를 가리는 것이 아니라 말씀으로 분별해가는 것이 중요하다.

성경은 시대 상황에 따라 움직이는 윤리가 아니라 인간의 살 길을 보여주는 절대적 진리이기 때문이다. 생각 기준의 다림줄을 어디에 두고 있는지 살펴보라. 성경을 다림줄로 삼아야만 바른 분별을 할 수 있다.

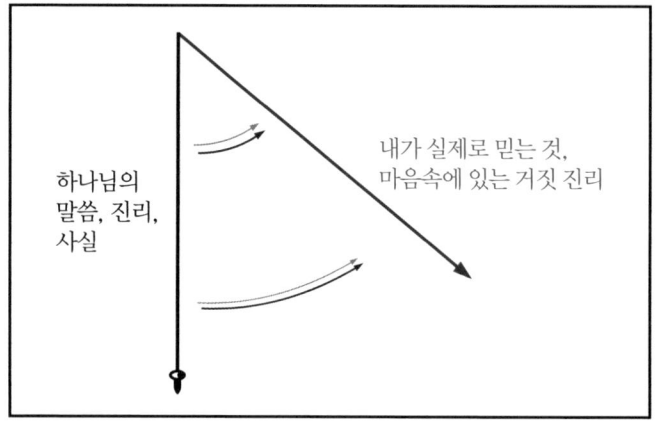

[그림 7]
두 개의 화살표는 우리 안에 있는 생각을 나타낸다. 아래로 직선을 향한 화살표는 영원히 변하지 않는 하나님의 진리를 의미한다. 옆에 사선으로 내려 그은 화살표는 사람들이 만든 기준들이다. 이 둘 중 하나를 우리는 척도로 삼고 분별의 지침으로 삼는다. 세상의 기준을 척도로 삼은 사람은 비스듬한 사선에 몸을 기댄 것처럼 삶의 안정감이 없다. 시대에 따라, 사람에 따라 변하는 거짓 교훈은 사람을 불안하게 한다.

(3) 그 생각들이 들어온 이후 어떤 영향과 결과를 만들어 내는지 살펴보고 분별해 낸다.

생각이 들어옴으로 당신 안에 용기가 생기며 하나님에 대한 사랑과 사람에 대한 사랑 그리고 믿음과 소망이 커지는가? 아니면 사랑이 식고 사람들이 싫어지며 믿음이 흔들리고 미래에 대한 염려로 먹구름이 낀 것처럼 느껴지는가? 이런 분별을 통하여 그 생각이 하나님께로부터 온 것인지 아닌지 분별할 수 있다.

2) 잘못된 생각의 길을 파괴하고 새 길을 만들자.
이 생각의 길도 절망의 악순환을 만드는 잘못된 길이다.

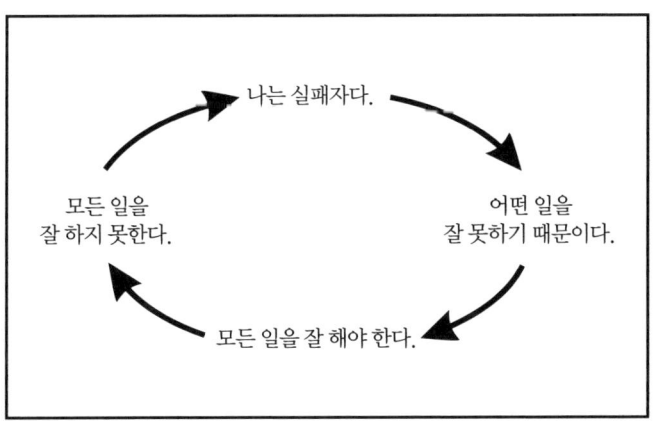

[그림 8 – 생각의 길]

다음과 같은 기도로 잘못된 생각의 길, 습관화된 부정적 사고를 파괴할 수 있다.

"내가 예수 그리스도의 이름으로 대적한다. 내가 모든 것을 잘

해야 하는데 그렇지 못하니 나는 실패자라는 생각은 거짓이다. 이것은 하나님께로부터 온 것이 아니다. 나는 다시는 이 생각에 따르지 않는다."

이렇게 대적하고 선포한다. 초자연적인 힘으로 가르쳐진 악한 교훈들, 헛된 철학들, 전통 문화 관습을 통해 쌓아진 하나님의 진리와 대치되는 생각들, 상처를 통해 얻게 된 왜곡된 교훈들, 악한 입을 통해 만들어진 선입견 등 우리 안에는 점검해 보아야 할 것들이 많고 대적해야 할 생각들이 많다. 마치 쓰레기를 치우듯이 이런 생각들을 치워 나가고 대적해 나가는 작업이 진행될수록 당신 안에는 주님의 진리가 들어와서 머무르게 되고 당신에게는 자유와 큰 기쁨과 성결의 변화가 일어날 것이다. 이것이 생각의 길을 바꾸는 작업이다.

아무리 오래된 생각의 길이라고 해도 잘못된 길은 반드시 무너지고 새롭게 놓여야 한다. 잘못된 생각의 길을 따라가면 죽고 망하게 된다. 그리고 자기뿐만 아니라 가족과 주변까지도 어렵게 만들고 그 생각의 길을 자녀에게까지 물려주게 된다.

우리가 바른 생각을 붙잡을 때 성령께서 내가 붙잡은 바른 생각에 힘을 불어넣어 주신다. 내가 할 일은 바른 생각을 붙잡는 것이다.

바르지 않은 생각을 선택하는 것이 불신앙이다. 이것은 인간이 저지른 가장 근본적인 죄악이었다. 불신앙은 감정적으로 하나님을 못 믿는 것이 아니라 다른 생각을 선택하는 것이다. 불신앙은 사람을 죽음으로 이끌어 간다.

아담과 이브에게 하나님은 바른 진리를 말씀하셨으나 사탄은 이브에게 다른 생각을 가르쳐 주었다. "하나님 말씀은 사실이 아니야, 네가 이 선악과를 따 먹으면 죽는 것이 아니라 오히려 네게 큰 이익이 올 거야."

두 개의 상반된 생각이 올 때 어떤 생각을 선택하는지에 따라 방향이 달라지며 미래가 달라진다. 선택에는 책임이 따른다. 사람이 한 번 죽는 것은 정한 이치요 그 후에는 심판이 있다.(히 9:27)

바른 치유는 반드시 생각의 변화를 가져오게 되어 있다. 감정이란 생각의 뒤를 따라오는 결과물이다. 바른 생각을 하면 바른 감정이 만들어진다. 감정이 뜨거워서 울고 웃을지라도 생각에 변화가 없다면 그 치유는 오래가지 못한다.

2. 하나님과 대화할 때 감정을 하나님 앞에 솔직히 표현하는 기도를 하라.

우리는 감정을 솔직히 보여 드려야 한다. 원망하며 하나님께 적개심을 드러내는 식이 아니라 한나처럼 괴로움을 토하며 자신의 아픈 감정을 솔직히 하나님께 보여드리는 것이다. 유의할 점은 자신이 가진 도덕과 윤리와 종교적 기준으로 자신의 감정을 판단하지 말고 다만 의사에게 증상을 말하듯 자신의 아픈 감정이나 솔직한 감정을 모두 말씀드리는 것이다. 분노라는 감정을 가진 것 자체에 대해서 자신이 잘못되었다고 스스로 판단하면 그 분노를 정직하게 말씀드리지 못하고 무의식적으로 억압하거나 합리화하거나 다른 사람 탓으로 책임 전가하게 된다.

이럴 때 감정의 상처가 해결되지 못한다. 어떤 추악한 감정일지라도 기도로 솔직히 말씀드리고 도움을 구할 때 성령의 빛이 아픔을 치유하시고 깨끗하게 하신다.

3. 건전하지 않은 내면의 분석에 빠지지 않도록 주의하라.

내면의 지나친 분석에 빠지게 되는 이유를 살펴보면 다음과 같다.

1) 자신 안에 실질적인 성령의 역사를 체험하지 못한 채, 오직 내적치유에 대한 관심만을 가지고 내적치유 서적들을 접하거나, 다른 사람의 간증만을 듣고 스스로 자신을 진단해 나갈 때, 우리도 모르게 성령 대신 내가 주체가 되어 치유를 주도하기 때문에 치유 대신 분석이 된다

2) 자기 탐구의 목표가 자신의 마음에 감정적인 기쁨이나 안정을 누리기 위한 것으로 계속 일관될 때 치유 대신 분석에 빠진다.

3) 자기 탐구의 목표가 예수님과의 관계보다는 자기 자신의 의로움과 완전함 쪽으로 기울어질 때 자기 분석으로 빠진다.

4) 자신이 잘못한 부분이나 책임져야 할 부분에 대한 회개보다 계속해서 위로를 받으려는 이기심이 클 때 치유는 중단된다.

이렇듯, 치유의 근본적인 목적이었던 하나님과 관계의 변화가 아니라 마음 자체에 대한 분석으로 빠질 때 다음과 같은 부작용이 나타난다.

(1) 내면 세계 안에 갇히게 된다. 내면을 탐구하는 것과 내면 세계 안에 갇히는 것은 다르다. 전자는 발전이 있으나 후자는 오히려 정신적인 문제와 비판 정신, 교만한 태도 그리고 시간이 지나도 실제적인 삶의 변화가 없다. 결국, 성령께서 행하시는 치유 자체에 대해 부정적 태도를 갖게 한다.

(2) 자신의 내면에 대해 모든 것을 다 아는 것 같고 심리적인 원인에 대한 이유를 다 찾아냈다고 말하지만, 감정이나 관계 속에 전혀 변화의 능력은 나타나지 못한다.

(3) 치유의 경험이 있을지라도 계속해서 인격의 성장으로 이어지지 못하고 중단된다.

이처럼 처음에 내적치유를 접하고 바로 알지 못한 채, 잘못된 분석에 빠져 들지 않는다.

4. 다른 사람에게 관심을 갖고 작은 사랑의 행동을 적극적으로 실천하라.

봉사의 실제적인 행동은 내면 세계로 지나치게 향하려는 에너지를 조절해 준다. 봉사와 사랑의 행동은 우리의 관심이 내가 아니라 주님께로 돌려지게 한다. 의식 없이 행하는 작은 사랑의 실천은 속사람을 건강하게 만들어 준다.

실질적인 봉사의 행동은 머리로 들어온 진리를 깨달음으로 이어지게 된다. 진리는 머리로만 배우는 것이 아니라 손과 발로 배운다.

다른 자를 위해 염려할 때 내면의 분석으로 향하게 하는 속임수에서 벗어날 수 있다.

5. 모든 악한 것과 결점도 솔직히 나눌 수 있는 그리스도의 몸된 교회를 구하고 그 안에 속해야 한다.

성령을 따르는 자는 교회를 일으키며 이웃 교회도 소중히 여긴다. 교회는 치유의 공동체다. 약한 것과 질병과 악한 영의 속임에 잡힌 문제들이 공동체의 관계와 예배와 기도를 통해 치유되고 강건하게 된다. 그런 몸을 쉽게 찾을 수 없다고 탄식하기 전에, 당신이 속한 작은 구역 모임이 당신으로 인해 진정한 그리스도의 몸이 될 수 있도록, 바른 성도의 교제가 될 수 있도록 기도하라. 모든 것이 한 사람에게서부터 출발한다. 당신이 바로 그 한 사람이 될 수 있다.

6. 성경을 적극적으로 읽고 연구하고 묵상하고 외운다.

당신이 직면한 모든 문제에 대해 성경을 통해 해답을 얻을 수 있다는 믿음을 가지고 성경을 대하라.

어떤 심리학 서적보다도 성경 안에 인간의 비밀과 심리적 문제들에 대한 모든 해법이 다 들어 있음을 기억하고 성경을 탐구하라. 끊임없이 성경으로 돌아가 당신 마음속에 일어나는 모든 심리적·영적인 갈증과 혼란에 대해 답을 구할 때, 성령께서 성경 안에서 그 답을 찾아가는 경험을 하게 해주실 것이다.

7. 조급해 하지 말라.

속사람이 완전히 성장하기까지는 많은 시간이 걸린다. 성장으로 이어지는 과정이 힘들지라도 포기하면 안 된다. 성령께서 이 일을 계속 행하실 것이며 당신의 협조를 요청하심을 기억하라. 느헤미야서를 묵상해 보라.

무너진 성벽을 새로 건축하는 과정은 우리 마음의 건축이 얼마나 어려운 일인지를 보여 준다. 그러나 반드시 건축하게 하실 것이다. 원수에게 다시는 수치와 조롱을 당하지 않기 위해서 우리 마음의 성벽을 튼튼하게 재건하자.

가족 전체 안에 일어난 치유와 회복

가족간의 사례들이 모여지기까지는 수 년의 기간이 걸렸다. 바른 내적치유는 반드시 가족의 무너진 관계가 회복되는 결과를 만든다.
가족 관계가 회복되어 아버지와 아들이, 엄마와 딸이 함께 주님을 찬양하는 모습은 내적치유 사역의 꽃이다.

실제 18 – 어느 사역자 가족의 이야기

짐이 너무 무거워요

남편의 이야기

나는 모태신앙으로 열심히 신앙생활을 하다가 대학 때에 선교단체에 들어가 선교사로 헌신하고 지금은 대학에서 학생들에게 복음을 전하며 주님을 섬기고 있다. 그러다가 같이 사역하는 사람을 만나서 결혼했다. 함께 복음을 전하며 평생 주님을 섬기면 너무나 좋을 것 같았다. 결혼하고 열심히 사역했다. 사역을 하면서도 다른 사람이 싫어하는 일을 찾아서 더욱 열심히 했다. 이처럼 몸을 아끼지 않고 사역을 해 왔는데, 올해 간사 수련회를 하면서 이상하게 다 때려치우고 싶다는 생각이 가득 차는 것이었다.

전 세계 복음화, 민족 복음화, 예수 그리스도!
다 좋은 것이고, 그래서 이것에 내 삶을 다 드렸지만 이제는 내게 아무런 기력이 남아 있지 않은 듯했다. 나는 다른 기도를 할 수 없었다. 다만 이렇게 말했다.
"하나님, 죽고 싶어요. 나를 제발 죽여주세요. 내 짐이 너무 무겁기만 합니다."

집에는 눈에 넣어도 아프지 않을 아이들과 사랑하는 아내도 있지만, 그 모든 것이 나에게 아무런 힘이 되지 못했다. 다만 끊임없이 계속되는 사역과 내게 주어진 일들에 눌려 그저 모든 것이 귀찮다는 생각뿐이었다. 그때 내 마음속에서 이런 음성이 들려왔다.

"안 된다. 죽을 수는 없다."

나는 그 생각에 대답했다.

"그러면 어떻게 합니까?"

"너의 그 짐은 내가 져야 할 짐이다. 내게 맡겨라."

그러면서 마태복음의 말씀이 생각났다.

수고하고 무거운 짐 진 자들아 다 내게로 오라 내가 너희를 쉬게 하리라 나는 마음이 온유하고 겸손하니 나의 멍에를 메고 내게 배우라 그리하면 너의 마음이 쉼을 얻으리니 이는 내 멍에는 쉽고 내 짐은 가벼움이라 (마11:28-30).

주님의 이 말씀과 함께 지나간 삶들이 스쳐 지나가면서, 주님이 나에게 왜 이 말씀을 하시는지 이해가 되었다.

몇 달 전 내가 처음 내적치유세미나에 참석했을 때였다. 강의하시는 분이 이렇게 말했다.

"이번 세미나에서는 주님께서 거지와 같은 자의 옷을 벗기고 물로 씻어 주기를 원하신다고 하셨습니다."

나는 마음이 찔렸다. 그것은 바로 나라는 생각이 들었기 때문이다. 나는 항상 거지와 같이 얼굴과 옷에 무언가가 묻은 것 같은 느낌을 받곤 했다. 그래서 사람과 이야기를 하면 나도 모르게 자꾸 얼굴을 문지르는 습관이 생겨 버렸다. 그 세미나 이후 내 안에 깊은 무언가를 주님이 만지시기 원한다고 생각했지만, 그 일은 더디기만 했기에 괴로웠다.

 하지만 나는 또 사역했고 그 와중에 나를 돌아볼 여유는 없었다. 그렇게 여름을 지내고 나니 극도의 피곤함밖에 남아 있지 않았다. 그런 나에게 오늘 주님이 말씀하시는 것이었다. 너의 짐을 나에게 맡기라고…. 나는 주님이 이 말을 왜, 무슨 뜻으로 하시는지 알 수 있었다. 그 말은 정말 주님이 나를 아시지 않고는 하실 수가 없는 말이었다.

 짧은 시간이었지만 주님의 그 말과 함께 지난 일들이 순간적으로 스쳐가며 이해가 되기 시작했다. 내가 어렸을 때 우리 가정은 아버지가 외도해서 집안에 많은 고통이 있었다. 그러던 어느 날 교회를 갔더니 어머니도 계신 자리에서 다른 아주머니들이 나를 보고 이렇게 말하는 것이었다.

 "상호야! 너는 너의 아버지같이 되지 마라. 너의 엄마 불쌍하다."

 그 말을 들으며 무척 부끄러웠다. 그 뒤로부터 나는 다른 사람이 나를 더럽게 볼지 모른다는 생각을 하게 되었음을 알았다. 아마도 사람들의 입에 오르내리는 더러운 아버지처럼 나도 그렇게 보일지 모른다는 염려가 내 안에 자리 잡았나 보다.

 그 뒤로 성인이 되어서는 사람들과 이야기를 할 때 내 얼굴에 무엇이 묻지 않았는지 불안해서 항상 얼굴을 만지는 버릇이 생겼다. 그리고 일부러 눈에 힘을 주고 다니고 씩씩하며 당당한 척하는 버릇이 생겼다. 목소리도 크게 하고 교회 생활도 누구보다도 열심히 해서 내가 더럽지 않다는 것, 내가 거지가 아니라는 것을 증명하고 싶었던 것 같다.

아버지가 외도하는 어수선하고 괴로운 가정에서 나는 내 몸을 기댈 누군가를 찾기 시작했다. 그래서 어머니께 갔지만, 어머니는 울면서 웅얼거리며 기도하고 계셨다. 누나에게도, 형에게도 갔지만 아무도 나를 위로해 주지 못하고 모두 힘들어서 괴로워하고 있었다. 나는 누구에게도 기댈 곳이 없어 어린 마음에 너무 고통스러워 죽어야겠다고 생각했다. 그러면서 끈을 가방에 넣고 다녔다. 초등학교 때의 일이었다. 나는 어디에서 죽을지 죽을 장소를 궁리했다. 그 후로도 그 끈은 아주 오랫동안 내 가방 속에 있었다.

하지만 그 괴로움 속에서도 나는 우리 가정을 책임져야 한다고 생각했다. '나라도 가정을 책임져야 한다.' 그러다 결혼을 했고 이제 쉴 수 있기를 원했다. 아내에게 나를 의지하고 싶었다. 하지만 아내도, 가정도 내가 쉴 수 있는 곳이 아니었다. 오히려 내가 책임져야 하는 또 다른 무거운 짐이었다. 그리고 또 내가 감당해야 하는 수많은 주님의 일들…. 나에게 있는 이 짐의 무게가 더는 감당할 수 없이 무거워졌다. 그래서 나는 죽게 해 달라고, 이제는 죽게 해 달라고 어릴 때 그 심정으로 주님께 기도했던 것이다.

그런데 주님은 어린 나의 모습을 보여 주시며 그 모든 것이 내가 가져야 할 짐이 아니라고 하셨다. 내가 이렇게 많은 짐을 져 왔다는 것조차 몰랐다. 내가 왜 힘이 드는지 그 원인도 모르는 채 힘이 들었다. 이제야 비로소 어릴 때부터 지금까지 그 짐을 지고 살아왔음을 알았다. 내가 주님께 내 짐을 드리겠다고 했을 때 내 입에서 갑자기 이런 말이 나오고 있었다.

"주님, 이제야 살 것 같습니다. 이제는 열심히 잘 살겠습니다."

정말 살 것 같았다. 그러면서 아내 생각이 났다. 내가 짐에 눌려 지쳐있다보니 아내에게 짐을 떠 넘기고 있었음을 알았다. 나도 지기 어려운 짐을 내가 그 사람에게 지워주고 있었구나…. 나는 울면서 하나님께 용서해 달라고 기도했다. 내가 사랑해 주어야 할 사람인데, 하나님이 나에게 사랑의 선물로 주신 사람인데, 나는 짐만 안겨 주고 있었다.

집으로 돌아와 아내와 함께 이야기했을 때 아내는 나의 말을 이해했다. 그 뒤로 나의 사역과 가정생활은 참으로 많이 변했다. 내 짐을 져주시는 주님! 오늘도 나는 그분에게 내 짐을 다 맡긴다. 이제는 어떤 사람 앞에서도 당당하게 나의 있는 모습 그대로를 보일 수 있다. 그리고 사랑을 줄 수 있다.

아내의 말

내 남편은 결혼 전에 아주 인상이 강했다. 의지가 굳고 매사를 열심히 하는 사람으로 보였다. 나중에 그의 이런 모습이 바로 자신의 열등감을 감추기 위해 만든 모습이란 것을 알고 놀랐다. 일부러 눈도 크게 똑바로 뜨고 다니려고 노력을 했다고 한다. 하지만 막상 결혼해서 보니 여러 가지가 실망스럽고 내 안에 그를 무시하는 마음이 생겼다. 서로가 훈련받은 성숙한 사람들이라고 생각했는데 부부 생활 속에 많은 마찰이 있었고, 이런 것은 내가 전혀 예상치 못한 것이어서 남편에게는 물론 나에게도 크게 실망했다. 아마 남편도 그랬을 것이다.

그러다가 우리 두 사람은 내적치유세미나에 참석하게 되었고, 나는 나대로, 남편은 남편대로 자신의 모습을 새롭게 발견하기 시작했다. 이런 발견은 우리 두 사람 사이의 문제를 근본적으로 해결해 주는 계기가 되었다. 남편은 처음 세미나에 참석했을 때 자신의 이미지를 확실히 알게 되었다. 그것은 자신이 거지와 같다는 생각이었다. 자신이 거지처럼 더럽다는 자아상을 가지고 있었음을 발견한 것이다. 남편이 그런 것을 느끼고 있을 때 남편과 따로 떨어져 기도하던 나는 주님이 남편을 새롭게 씻기시고 새 옷을 입히셔서 나에게 데려다 주시는 것을 보았다.

자신이 왜 그렇게 느끼는지 정확한 원인에 대해서는 알지 못한 채 남편의 처음 세미나는 끝났지만, 그 뒤로 하나님은 남편을 치유하시는 일을 점진적으로 행하셨다. 남편은 점점 더 힘들어했고, 결국은 완전히 지쳐서 쓰러지기 직전의 상태에 이르렀다. 그때 두번째로 세미나에 참여했고 비로소 남편은 처음으로 자기 속에 있는 말을 주님에게 한 것 같았다. 그는 항상 잘 하려고 최선을 다하는 모습이었고 주님에게도 그랬다. 그런데 그의 입에서 이제는 지쳐서 죽고 싶다는 고백이 나온 것이다. 그러자 주님은 남편이 지고 있는 짐을 깨닫게 해 주셨다.

남편은 나에게 용서를 구하며 자신에 대해 깨닫게 된 점을 말했다. 남편의 이야기를 듣다 보니 남편이 그동안 했던 많은 행동이 그제야 이해가 되었다. 예전에 내가 이상하게 생각한 것 중 하나는, 남편은 사역자인데도 내가 울면서 하나님께 기도하는 모습만 보여도 짜증을 내며 견디지를 못했다. 나는 그런 남편이 너무 야속하고 무정하다고 생각했었는데, 알고 보니 그의 잠재의식 속에 어머니가 아버지 때문에 울면서 기도하는 그 모습이 들어 있었음을 알았고 그래서 나의 그런 모습을 그토록 싫어했다는 것을 알았다.

남편이 변화되면서 남편이 나를 깊이 이해하고 용납해 주고 있다는 편안한 느낌을 받았다. 남편은 그 뒤로 정말 많이 변해갔다. 무엇인가에 항상 조급해하고 얽매여 있는 듯한 사람이었는데 지금은 편안하게 풀어지는 것 같았다. 전에는 내가 그의 마음에 안 드는 행동을 하면 받아들여 주지를 못하고 화를 내며 윽박질렀는데, 이제는 자신의 감정을 절제하고 나의 의견이나 행동을 받아들일 여유가 생긴 것을 느낄 수 있었다.

남편의 변화와 함께 나에게도 많은 변화가 생겼다. 마음이 부드러워지고 남편에게 정말 잘 해주어야겠다는 생각이 들었다. 기도도 많이 안 했는데 정말 남편에게 순종하고 싶고, 또 실제로 순종하게 되는 나의 모습을 보았다. 전에는 남편에게 순종하기 위해서는 항상 노력해야만 했다. 배운 대로 순종하기 위해서 기도하고 늘 긴장해야 했다. 하지만 이제는 자연스럽게 남편에게 순종한다. 아직도 의견이 안 맞으면 틀어지는 일이 있기는 하지만 지금의 생활은 예전의 삶과는 전혀 다른 차원임을 둘 다 잘 알고 있다. 변화는 어린 아들에게도 나타났다. 아이도 짜증이 없어지고 웃음이 많아졌다. 행복한 가정이라는 말을 우리 가정에 붙이는 것에 조금도 주저하지 않는다.

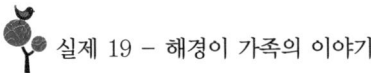 실제 19 – 해경이 가족의 이야기

나의 손에는 칼이 들려져 있었다.

해경이 엄마의 이야기

내가 어떤 사람이었는지는 아무도 모른다. 밖에 나가면 나는 마치 주눅이 든 사람처럼 보였고, 교회에서는 누구에게도 화를 내지 않을 사람처럼 보였다. 그러나 나는 남편과 아이들에게 말할 수 없이 심한 화를 내면서 살았다. 남편은 이런 나에게 당신은 시도 때도 없이 화를 낸다고 한탄했다. 우리 식구들은 정말 내 밥이었다.

화를 내는 것과 함께 내 안의 상태는 극심한 불안과 초조, 바로 그것이었다. 무엇이 그렇게 불안하고 초조했는지, 지금 생각하면 아무것도 불안해 할 이유가 없는데 하루도 마음 편하게 눈을 떠 본 날이 없었다. 마음이 불안하고 초조하니 교회에 더욱 열심히 다녔지만 해결되지는 않았다. 나는 내 안에 무엇인가가 잘못되었다는 것을 어렴풋이 느끼고 있었다. 그러던 중 내적치유세미나 소식을 들었고 세미나 동안 상담을 하는 기회가 있었다. 그러나 괴롭기는 하지만 무슨 말로 나의 불안과 초조함을 설명해야 할지 몰랐고 힘들기만 했다. 그때 상담하시는 분이 지금까지 겪었던 일 중에서 가장 가슴 아팠던 일을 이야기해 보라고 하셨다.

그 말을 듣는 순간, 마치 기다렸다는 듯이 한 사건이 뚜렷하게 생각이 났다. 왜 그때 그 생각이 그렇게 선명하게 났는지 모르겠다. 내게 떠오르는 사건은 내가 딸에게 저지른 행동들이었다. 나는 그 사건을 상담해 주시는 분에게 말씀드렸다.

"나는 내 딸을 칼로 죽이려고 했어요."

"어떻게 하셨는데요?"

"아이가 내 말을 듣지 않고 고집을 피웠어요. 그때 아이는 겨우 세 살이었어요. 그런데 내가 그 아이를 지하실로 끌고 내려가서는 부엌칼을 들이대면서 말을 들을래 아니면 죽을래 하면서 야단을 쳤어요. 그런데도 우리 아이가 절대로 잘못했다는 말을 안 하는 거예요. 지금 그 생각이 나요."

내 입으로 말을 하면서도 내가 그런 짓을 했다는 것이 괴롭고 부끄럽기만 했다. 그러자 상담해 주신 분이 나에게 물었다.

"그런 행동을 누구에게 배웠지요?"

"엄마요, 우리 엄마요."

눈 깜짝할 사이에 내 입에서 터져 나온 말이었다. 그러면서 내 뱃속에서부터 통곡이 터져 나오기 시작했다. 얼마를 그렇게 울었을까? 상담하신 분을 통해 주님은 나에게 말씀하셨다.

"이제는 네가 그 칼을 버렸노라."

그 말을 듣는 순간 나의 왼쪽 가슴이 새처럼 가벼워져서 마치 날아갈 것 같았다. 그리고 무거운 다듬잇돌 같은 것이 불안과 초조로 할딱거리는 내 마음을 지그시 눌러 주는 것이었다.

내 어머니! 그 어머니는 어린 내가 말을 듣지 않을 때마다 칼을 들이대고는 너 죽고 나 죽자는 말을 하시곤 했다. 어머니가 나에게 칼을 들이댔던 것처럼 나도 딸에게 칼을 들이대며 살았다. 내가 그렇게도 싫어했던 어머니의 그 행동을 우리 아이들에게 그대로 하고 있을 줄은 정말 몰랐다. 주님은 나를 용서하시고 내 손에서 수십 년 동안 떨어지지 않고 있던 칼을 버리게 하셨다.

상담을 끝내고 집으로 오면서 내 입에서 268장 찬송이 흘러나왔다.

"죄에서 자유를 얻게 함은 보혈의 능력…."

'아! 그랬구나! 그래서 내가 이제까지 죄악 속에서 이렇게 불안하고 초조했구나! 그러면서 그것을 내 아이에게까지 물려주고 내가 평생을 그 칼을 들고 살 뻔했구나! 하나님은 다 보고 계셨구나. 내가 20년 전에 내 아이에게 한 그 행동을 다 알고 계셨구나.'

이 일을 체험하면서 내 삶이 변하기 시작했다. 하나님이 두려웠다. 나의 모든 것을 다 아시며 보고 계시는 살아 계신 하나님을 만났기 때문이다. 그 후에 모든 것이 변하기 시작했다. 그 변화 중 하나는 내가 우울증에서 벗어나고 당당해졌다는 점이다.

우리 어머니는 아들과 딸을 심하게 차별하셨다. 그 어머니 밑에서 나는 내 자신에 대해 아무런 가치를 가질 수 없었다. 마음이 좋은 남편과 결혼을 했지만, 나는 그 사랑을 받을 줄 모르고 남편이 나에게 상처만 준다고 판단하고는 원망하며 섭섭한 일들을 녹음기에 녹음해 둔 것처럼 남편에게 퍼붓곤 했다. 그럴 때면 남편은 놀라서 이렇게 말하곤 했다.

"야, 정말 토씨 하나 안 틀린다. 어쩌면 그렇게 머리가 좋나."

한 번도 나를 따뜻하게 안아준 적도 없고 따뜻한 위로의 말 한

마디 해준 적이 없는 나의 어머니! 그 어머니 아래서 나는 모든 것이 섭섭하고 억울하기만 했나 보다. 그런 나에게 주님은 내가 누구인지 분명히 말씀해 주셨다.

"너는 하나님께로부터 온 자다."

그 말을 들으니 53년 동안 내가 누구인지 모르고 그저 천하고 열등하고 못난 사람이라고만 자학하며 살아온 나 자신이 너무나 억울하고 이제라도 이런 말을 들려주신 것이 감사하고 고맙기만 했다. 길을 가다가도 엄마들이 자기 자식에게 함부로 대하고 무섭게 대하는 것을 보면 마음이 아파서 제발 그렇게 하지 말라고 말리고 싶다. 좋은 엄마가 되라고, 나 같은 엄마가 되지 말라고 말리고 싶다.

처음 세미나에 참석한 이후 내가 얼마나 많이 울었던지, 눈물을 모으면 한 양동이가 넘을 것이다. 후회스러워서 울고, 아이들에게 미안해서 울고, 그리고 하나님께 감사해서 울고, 사람들이 불쌍해서 울었다. 그러고 보니 세상천지에 나같이 정신적으로 고생하는 사람들이 널려 있었다. 나도 예전에는 우상을 섬기고 남묘호렌게교에 빠지기도 하고 병원에도 다니고 안 해 본 것이 없었지만, 하나님의 사랑을 체험하는 길만이 치료약이라는 것을 말해 주고 싶다.

나는 그곳에 다녀와서 아이들에게, 그리고 친척들에게, 이웃에게 내적치유라는 것이 얼마나 중요한지 수없이 말을 했다. 감사하게도 내 아이들에게도 주님은 새로운 일을 해 주시고 동생 식구들과 이웃들을 비롯한 많은 사람들이 세미나에 참석해서 자기 엄마를 사랑하고 아버지를 사랑하고 가정이 회복되었다.

특히 감사한 것은 내가 처음 내적치유세미나에 참석해 주님이 나의 마음의 손에서 칼을 빼앗아 주신지 4년이 지났는데 이제 나의 딸을 통해 내 인생의 아픔을 마무리 해주신 것이다. 딸이 치유를 받으면서 처음으로 나를 이해했기 때문이다. 그동안 우리 아이들은, 엄마는 성격이 나쁘고 아버지는 착하다고 모두 아버지 편이었다. 나도 물론 그렇게 생각하면서도 마음이 허전하고 외로웠다. 그런데 하나님은 우리 딸 해경이에게 내가 아버지에게 왜 그렇게 화를 낼 수밖에 없었는지를 이해시켜 주신 것이다. 딸아이가 주님이 나에 대해 가르쳐 주신 것을 말하며 내 손을 잡고 울었을 때, 정말 모든 한이 풀렸다. 남편도 아이 말을 듣더니 나중에 내 손을 잡으며 이렇게 말했다.

"나를 용서해라. 너같이 착한 부인을 데려다가 이렇게 마음 고생을 시키고 지금까지 울고 살게 한 나를 용서해라."

이 말을 들으며 오히려 내가 잘못했다고 같이 안고 울었다. 얼마나 긴 터널이었던지…. 이제는 그 터널을 빠져 나왔다는 생각이 든다. 남편과 신혼처럼 새로워지는 마음을 느끼며 감사하기만 하다.

딸 해경이의 이야기

어느 날 갑자기 엄마가 부흥회 같은 곳에 다녀오시더니 나를 붙들고 무슨 지하실 이야기를 하면서 용서해 달라고 하셨다. 계속해서 용서해 달라고 하시며 우시는데, 나는 한 번도 본 적이 없는 엄마의 모습에 너무나 놀라고 당황했다. 그러면서 속으로는 이게 며칠이나 갈까 생각했다. 왜냐하면, 그전에도 엄마는 화를 낼 때는 불같이 내다가 감정이 바뀌면 우리에게 좋게 대해 주셨기 때문에 이번에도 그런 것이려니 생각한 것이다.

아무튼, 계속 용서해 달라고 하시니까 무엇을 용서해야 하는지도 모르면서 용서한다고 했다. 그 뒤로 엄마는 자꾸 내적치유세미나 이야기를 하셨다. 나는 그 소리가 듣기 싫었다. 왜 꼭 그곳에 가야만 은혜를 받는 것인가라는 생각이 들면서…. 그때부터 나는 엄마를 살피기 시작했다. 그러다가 엄마가 예전처럼 다시 화를 내는 모습을 보이면 기다렸다는 듯이 '역시 그러면 그렇지. 엄마가 바뀔 수가 있겠어? 별수 없지.' 하면서 엄마의 변화를 거부했다. 하지만 엄마 안에 근본적인 변화가 일어나는 것을 점점 알게 되었다. 무엇보다 눈물이 많아지신 것을 느꼈다. 예전에는 걸핏하면 화를 내는 모습이었는데 이젠 걸핏하면 우시는 것이었다.

한번은 내가 부엌에서 설거지하다가 그릇을 깼다. 나는 가슴이 두근거리며 엄마의 불호령이 터지기를 기다리는데, 이상하게도 엄마는 화를 내시는 것이 아니라 오히려 내 손이 다치지 않았는지 걱정하시는 것이었다. 엄마의 이런 작은 변화들을 보며 내적치유세미나에 호기심이 생겼다. 결국 나와 내 동생 그리고 이모와 사촌 동생들까지도 세미나에 참석하게 되었다. 실로 가족 전체가 참석하게 된 셈이다.

내가 세미나에 참석하면서 알게 된 것은 내 안에 있는 두려움이었다. 첫 번째 세미나에서는 무언지 모르지만 실컷 울면서 세미나를 마쳤고, 그후 세미나의 순장님과 함께 성경을 공부하는데 그야말로 극심한 두려움이 나를 에워싸는 것을 느꼈다. 너무나 무서워서 숨을 쉴 수조차 없었다. 그 무서움 속에서 나는 수없이 많은 엄마의 모습을 보았다.

나는 방 안에 갇혀 있었고, 엄마는 수없이 많은 화를 내고 나를 야단치며 꼼짝도 못하게 했다. 순장님은 나에게 어머니를 용서해 주라고 했다. 나는 엄마를 미워하지도 않았기에 무엇을 용서해 주라는 것인지 몰랐다. 그런데 밤에 잠을 자다가 다시 그 극심한 두려움에 사로잡혔다. 낮에 느낀 것과는 비교할 수도 없이 무서웠다. 그러면서 내가 엄마의 무엇을 용서해야 하는지 이해하기 시작했다. 내가 잘못한 것이 있지만 나를 그런 극심한 두려움 속에 떨게 하는 엄마의 태도는 주님 앞에서 옳은 것이 아님을 깨닫게 된 것이다. 그리고 놀랍게도 내가 엄마를 용서하자 두려움이 사라졌다.

그 후 세월이 흘러 잠을 자는데 꿈속에서 이제는 내가 엄마를 계속 야단을 치고 있었고 엄마는 울고 있는 모습을 보았다. 알고 보니 엄마와 나의 위치가 완전히 바뀐 것이다. 전에는 엄마가 나를 야단치고 나는 무서워서 울기만 했는데 이제는 내가 엄마에게 그런 행동을 하는 것이었다. 그 밤에 나는 울면서 하나님께 회개 기도를 드렸다.

그런데 정작 심각한 문제는 내가 결혼을 하고 난 후에 나타나기 시작했다. 나는 하나님의 은혜라고 할 만큼 훌륭한 배우자를 만났다. 그런데도 항상 불안했다. 그래서 늘 이런 말을 했다.

"여보! 나를 버리지 마요. 알았죠? 절대 나를 버리면 안 돼요!"

하루에도 몇 번이고 그에게 다짐을 받아야만 안정이 되었다.

이런 내가 염려되었는지 남편은 자기가 아는 정신과 의사에게 상담을 시켰다. 그러나 나의 불안은 사라지지 않았다.

그리고 나에게 있는 증상 중 또 하나가 시댁 식구들에 대한 극심한 두려움과 반발이었다. 나의 머리로는 그들이 나를 사랑하고 나도 그들을 싫어할 이유가 별로 없는데도, 시댁이라는 말만 나와도 머리가 아프고 시댁 식구들과 언젠가 같이 살 것을 생각하면 결혼 생활 자체가 절망스럽게 여겨졌다. '나는 덫에 걸린 거야. 나는 어떡하지?' 나도 모르게 이런 생각을 하는 것이었다.

남편이 나를 절대로 버리지 않는다고 확인을 해 주었지만, 나의 마음속에서는 그가 나를 버릴 것이라는 확신 같은 마음이 들었기에, 아이도 갖고 싶지 않았고 열심히 일만 찾아다녔다. 신혼인 내가 얼마나 열심히 공부했던지 고3 수험생은 비교도 안 될 정도였다. 이제와서 생각하니 만일 남편이 나를 버릴 경우를 대비해서 혼자서도 떳떳이 살아갈 준비를 하고 있었던 것 같다. 하지만 이런 내 태도 때문에 결혼생활은 모두가 말하는 깨가 쏟아진다는 신혼이 아니라 지옥 같은 괴로움과 갈등의 연속이었다. 부모님들도 나에 대한 염려 때문에 눈물과 한숨이 떠나지 않으셨다. 이런 마음을 모르는 사람들은 나를 부러워하며 얼마나 행복하냐고 했다.

그래서 나는 다시 한 번 세미나에 참석했다. 그리고 꼭 나의 이런 행동들을 바꾸고 싶었다. 왜냐하면, 너무 괴로웠기 때문이다. 나는 참석한 분들이 "하나님께서 나에게 이런 것들을 보여 주시고 말씀해 주셨다"고 하는 것이 무엇인지 알고 싶었고, 그리고 나에게도 하나님께서 꼭 말씀해 주시기를 기도했다.

그런데 정말 하나님이 나에게 말씀해 주셨다. 기도 시간에 전혀 생각지 않았던 어머니의 모습을 본 것이다. 그 모습은 어머니가 아버지와 많이 다투고 난 다음 혼자서 부엌에 무릎을 쪼그리고 앉아서 한 손으로는 눈물을 연신 훔치면서 차가운 밥에 물을 말아 푹푹 눌러가며 잡수시고 계시는 모습이었다. 김치를 한 그릇 앞에 놓고…. 반찬도 안 먹고 밥만 억지로 입에 넣고 있는 그 모습이 보였다. 그러면서 내게 '용서'라는 단어가 강하게 떠올랐다. 무엇을 용서해야 하는가? 누구를 용서하라고 하시는 걸까?

그때 나의 마음속에 숨겨진 감정을 처음으로 알게 되었다. 그것은 바로 아버지에 대한 것이었다. 지금까지 아버지와 어머니가 싸우면 항상 어머니가 화를 내셨고 아버지는 아무 말없이 그저 듣고 계시는 입장이었으므로 아버지는 온유하고 불쌍하다고 생각했다. 어머니가 잘못한다고 여겼고 그래서 나는 아버지를 사랑한다고 생각했다. 하지만 내가 정말 화를 내고 있는 대상은 바로 나의 아버지였다.

그날도 아버지와 어머니는 시댁문제 때문에 서로 싸우셨다. 내 눈에는 어머니를 저렇게 울게 만들고 화를 내게 하는 아버지가 어머니를 버린 것으로 보였다. 아버지가 자기 식구들을 어머니보다 더 사랑하는 것으로 보였고, 그것은 곧 어머니를 버린 것으로 생각했고 그런 아버지의 태도에 너무나 화가 났다.

그리고 남편도 아버지처럼, 지금은 이렇게 나를 사랑하고 온유하지만 분명 자기 식구들 때문에 나를 버리고 자기 식구들끼리 한 편이 될 것이라고 생각했다. 그러면 나도 우리 어머니처럼 일생을 저렇게 화만 내고 울면서 외롭게 살게 될 것 같았다. 그래서 남편에게 나를 버리지 말아 달라며 애원하고, 그러면서도 "당신이 자신의 혈육을 택하지 않고 나를 택할 수 있겠느냐"며 그가 나를 버린다는 것을 기정 사실화시켰다. 그러기에 남편을 빼앗아 가는 시댁 식구들을 그렇게 미워하고 그들에게 적대감을 느꼈음을 알았다.

'아! 이랬구나!'

순식간에 내 마음속 나의 모든 행동이 이해되었다. 나를 상담해주시는 분에게 주님이 내게 깨닫게 해주신 이 모든 사실을 나누었을 때 그분은 나에게 이렇게 말해 주셨다.

"자매의 인생은 결코 어머니의 복사판이 되지 않을 거야. 예수 그리스도의 십자가로 이런 두려운 생각을 끊도록 하자."

나는 전심으로 주님께 부탁했다.

"주님, 나의 인생이 어머니처럼 되지 않게 해주세요. 주님이 말씀하시는 그런 아름다운 가정을 가질 수 있도록 도와주세요. 우리 어머니가 아버지에 대해 가진 원망과 분노가 끊어지기를 기도합니다."

나는 내 마음을 잘 안다고 생각했는데 이렇게 숨겨진 마음이 있는 줄은 정말 몰랐다. 하나님이 울면서 찬밥을 먹는 어머니의 모습을 보여 주시고, 그 속에서 나의 숨겨진 감정과 생각을 끌어내 주셨다는 것이 너무도 신기했다.

지금껏 우리 식구 모두는 어머니는 화만 내는 사람으로 생각했는데 왜 어머니가 그럴 수밖에 없었는지 이해가 되었고 어느 한 사람 어머니의 편이 없었음을 알았다. 어머니가 너무도 불쌍하고 마음이 아프다. 이제는 내가 어머니의 편이 되어 주어야겠다.

어머니의 눈물을 닦아 드리고, 다시는 울면서 혼자 찬밥을 드시지 않도록 해 드리고 싶다.

해경이 남동생의 이야기

나는 다른 사람이 보기에 아주 모범생이었다. 학교에서도 공부를 잘해서 인정을 받았다. 하지만 나의 마음은 사람들이 보는 것과는 많은 차이가 있었다. 우리 집은 어머니의 목소리가 아버지보다 더 컸다. 언젠가 어머니의 팔을 베고 주무시는 아버지를 보며 '아, 저것이 우리 아버지의 모습이구나.' 라고 생각했다. 어머니 앞에서 아무 소리도 못 하시는 아버지, 나를 보호해 줄 수 없는 아버지, 그것이 내가 어릴 때 아버지에게 가진 인상이었다.

우리 부모님은 내가 아주 과묵하고 검소한 아이라고 칭찬하셨다. 그러나 사실 과묵한 아이가 아니고 다만 부모님에게 내 속마음을 이야기하고 싶지 않았기에 말을 안 했던 것뿐이었다. 나는 교회에 열심히 다녔지만, 대학에 와서 많은 회의에 빠졌다. 그런 나의 생활 속에서 예수님은 교회에 가서 만나는 대상일 뿐 나의 삶 속에서는 실질적으로 아무런 자리도 차지하지 않았다. 그러면서 마음은 불안하고 끝이 없는 경쟁 속에서 지쳐가고 있었다. 초등학교 때부터 시작된 이 경쟁, 이것은 끝이 없었고 이제는 다른 사람을 앞지를 자신이 없어졌다. 하지만 아무에게도 이런 말을 할 수 없었고, 더구나 부모님에게 이런 마음을 나눌 생각조차 하지 못했다. 그만큼 나와 부모님과의 관계는 멀었다.

그런데 어느 날 어머니께서 내적치유세미나에 다녀오시고 많은 변화를 보이기 시작하셨다. 처음에는 어머니의 그런 변화가 일시적인 것이겠거니 했는데, 계속해서 어머니의 삶 속에 일어나는 변화를 보며 나도 한 번 그곳에 참석하고 싶다는 생각이 들었다.

나에 대해 정리해 보고 싶었다. 세미나에 참석했을 때 놀랍게도 하나님은 내 마음속의 혼란을 분명하게 정리해 주셨다. 두 가지 장면이 보였다. 한 장면은 어렸을 때 화장실에 가려는데 엄마가 와서 휴지 다섯 장을 들고 있는 내 손에서 그 종이를 빼앗으시면서 두 장이면 된다고 야단을 치시는 장면이었다. 그때 나는 이런 생각을 했었다. '아, 나는 휴지 다섯 장보다도 못한 사람이로구나!'

그리고 또 한 가지 장면은 반에서 2등을 하는 반 친구의 모습이었다. 그 친구가 시험 문제를 하나 더 틀렸다고 엄마에게 야단 맞을까 봐 울고 가니까 그 모습을 보고 엄마가 나에게 야단을 치시는 것이었다.

"봐라! 너도 저런 아이처럼 악착같은 점이 있어야 해. 그래야 공부를 잘하지. 너는 도대체 욕심이 없어서 어떻게 하니?"

그래서 나는 그 다음 시험 점수가 좋지 않게 나왔을 때 대문 앞에서 눈에 침을 묻히고 울면서 들어갔다. 그런데 엄마는 오히려 나에게 이렇게 야단치시는 것이었다.

"너는 남자가 억척스럽지 못하고 그만한 일로 질질 짜고 다니느냐?"

하나님은 나에게 이 두 가지 장면을 보여 주신 것이다. 처음에는 잘 이해하지 못했지만, 곧 이 두 장면이 나에게 얼마나 큰 영향을 준 사건인지 깨달았다.

하나는 나의 가치에 대한 것이었다. 나는 내가 바로 그런 가치 없는 인간이라는 생각에 사로잡혀 있었고, 그래서 이것을 극복할 방법은 공부에서 이기는 것밖에 없다고 생각했기에 공부를 열심히 한 것이었다. 그러나 서울에 와서 도저히 내가 이길 수 없는 상대들을 보면서 나는 점점 좌절하고 있었다.

또 다른 하나는, 내가 가장 싫어하는 일관성 없는 엄마의 태도였다. 일관성이 없기에 도저히 엄마의 마음을 만족하게 할 수 없다는 절망감이 내 안에 있었음을 알았다. 이 절망감은 하나님께로 이어졌다. 나는 대학에 와서 신앙에 대해 많은 회의를 가졌는데 특히 구약의 아브라함을 보며 하나님이 일관성 없이 이랬다저랬다 하는 분이라는 생각이 들었다. 그러면서 '이런 하나님을 내가 어떻게 믿을 수 있는가?' 라는 생각이 들었다. 자기 기분대로 끊임없이 요구하시는 하나님!

아브라함에게 아들을 주신다 하고 또 어느 때는 아들을 바치라는 명령을 내리시는 하나님의 태도는 일관성 없는 엄마와 같아 보여서 도저히 그런 하나님을 믿을 수가 없었다. 또한, 그런 하나님께 나 자신을 의지한다는 것은 더더욱 있을 수 없었다. 그래서 내가 믿을 수 있는 확실한 것, 그것을 찾았다. 그것이 바로 공부였고, 그것이 나의 미래를 보증해 준다고 믿었다. 그러면서 나는 끝없는 긴장감 속에서 시달렸다. 하지만 내적치유세미나를 통해 나와 하나님에 대해 새롭게 이해하는 시각을 가졌다. 그리고 진실로 그 하나님께 나의 미래를 기쁘게 맡겼다. 그러자 나를 짓누르던 경쟁심과 시험의 압박에서 벗어나게 되었다.

마음의 치명상을 입히는 성적인 문제의 치유

집회 중 깊은 문제들은 거의 성적인 것들과 관련이 되어 있고, 그러한 문제가 가장 높은 비율을 차지한다. 하지만 성적인 부분을 주님이 치유하신 사례들은 공개적으로 간증하지 않도록 제한했다. 그리고 이 책에서도 자세한 내용은 싣지 않았다. 그러나 너무도 많은 사람이 성적인 피해를 받았고, 그 시기는 매우 어릴 때이며, 주로 가까운 친척 집이나 아는 사람들에게 피해를 입었다는 사실에 충격을 금할 수 없다. 성적인 상처는 거의 치명적으로 성격에 장애를 가져오며 일생 영향을 미친다.

오직 성령의 권능과 십자가의 복음만이 이 상처를 씻어주실 수 있다. 우리는 성적인 상처에서 풀려난 수많은 자들을 보았다.

 실제 20

A씨

그는 간호사였는데 현재는 건강 때문에 휴직하고 집에서 지내는 상태였다. 계속 정신병원에 입원하고 약도 먹고 상담도 했으나 도무지 상태가 좋아지지 않았다고 했다. 정신치료를 받게 된 이유는 지속해서 자살을 시도했기 때문이었는데, 그 자살하는 방법이 너무도 잔혹했다. 염산으로 인해 식도가 거의 망가졌지만 건강을 유지하고 있는 것이 그나마 기적이라고 했다. 면담을 했을 때 그녀는 신혼기간이었으나 삶에 대해 기대나 기쁨이 전혀 없었다. 실제로 결혼한 지 얼마 지나지 않아 그녀는 또 자살을 시도했던 것이다. 말을 하는 그녀의 눈은 그 어느 것도 응시하지 않는 것처럼 초점이 없고 무표정하게 웃기만 했다. 무엇이 그녀를 이렇게 만들었는지 알게 해 달라고 기도하면서 이야기를 나누기 시작했는데, 상담 중에 그녀가 자신을 아주 더럽게 생각하고 있음을 알았다. 그리고 그렇게 생각하게 된 이유의 출발이 어릴 적에 친척에게 당한 성폭행 때문이라는 사실을 알게 되었다. 그 친척은 이 세상 사람이 아니지만, 아직도 마음속에는 그 사건의 영향이 그대로 살아 있었던 것이다.

"너무 어렸기에 내가 당한 일이 무슨 일인지 그때는 알지 못했지만 다만 내가 더럽다는 것, 그리고 무언가 나는 잘못 되었다는 것은 느낄 수 있었어요. 그리고 왠지 이 일은 아무에게도 이야기 해서는 안 되는 것 같았기에 아무에게도 말하지 않았죠. 하지만 내가 더럽다는 생각이 들면서 실제로도 문란한 성생활을 하며 나를 더러운 사람으로 만들어 갔어요."

성적으로 문란한 생활을 하면서 그녀는 심한 죄책감에 사로잡혔고, 죄책감이 주는 고통은 그녀를 아예 무감각한 사람으로 변하게 했다. 그녀에게는 어느 것도 의미가 없었다. 삶이란 것에 대해 미련도, 희망도 없었다. 자살을 시도하다가 다시 눈을 떠도 그 현실은 조금도 변하지 않은 상태였다.

"하지만 나는 그 사건과 아무 상관이 없어요. 그 사람에 대해 아무 원망도 없는 걸요. 그 사람도 모르고 그런 짓을 했을 거예요."

그러나 그녀는 그 사건과 상관이 없는 사람이 아니었다. 그녀는 이 일에 대해 하나님 앞에 기도하기도, 반응을 보이기도 싫어했다. 하지만 나는 모든 사람에게는 살려는 의지가 있음을 믿는다. 비록 계속 자살을 시도한다 하더라도 그것은 오히려 깨끗해지고 싶은 고통스러운 몸짓일 수가 있는 것이다.

그녀에게 하나님이 새롭게 하실 수 있다는 구체적인 이유를 설명했다. 그리고 그 사건 속에서 하나님이 무언가 새롭게 해 주시기를 기도했다. 그녀는 마지못해 나와 함께 기도를 시작했다. 기도해 가면서 그녀의 닫혀 있던 아픔이 열리기 시작했다. 그녀는 이제까지 아무에게도 말할 수 없었던 그 일에 대해 하나님께 말하기 시작했고 고통을 표현했다. 기도가 끝났을 때 나는 주님이 그녀 안에 무언가를 행하셨음을 알았다. 그녀가 눈물을 보인 것이다. 그녀의 눈에서 눈물이란 것이 말라버린지 아주 오래되었을 텐데…. 그 눈물은 기쁨의 눈물이었다. 그녀가 말했다.

"이상하네요. 무언가 달라진 것 같아요. 기도할 때 하나님이 나의 가장 고통스러운 그 밤을 다르게 바꾸어 주시는 것을 보았어요. 어두운 그 밤을 주님이 같이 계셔 주시고 바로 새벽이 되게 하셨어요."

그녀가 말한 것이 무엇인지 제삼자는 알 수 없으나 분명한 것은 성령께서 그녀의 마음속 절망의 방 안에 무언가 새로운 일을 하신 것이다. 이것은 하나님만이 하실 수 있는 일이다. 그녀의 초점 없는 눈에 생명의 기운이 생기는 것 같다고 느낀 것은 나의 지나친 비약만은 아닐 것이다. 며칠 후 그녀에게서 전화가 왔다.

"이제 나도 교회에 가서 앉아 있어요. 아직 기도는 못 하지만 가만히 있어도 마음이 편하고 좋아요. 교회는 나같은 사람은 들어올 수도 없다고 생각했거든요. 나같이 더러운 사람은 못 들어가는 곳이라 느껴져서 무서웠어요. 그래서 교회 근처에도 안 가고 발을 끊었었는데…."

그녀는 다음에 내적치유세미나에 참석했다. 그리고 그곳에서 자신을 이렇게 만든 그 친척을 진실로 용서했다고 했다. 하지만 아직도 마음 아픈 것은 그녀가 자신이 피해자라고 받아들이지 못하고 자신이 무언가 문제가 있어서 그 사람이 그런 짓을 했다고 생각하고 있다는 것이다. 모든 칼을 오직 자신에게 겨누고 있었고 더러운 자신을 하나님도 싫어하실 것이라고 잠재의식 속에서 결론을 내리고 있었다. 이것은 사탄이 성폭행을 당한 사람들 안에서 행하는 보편적인 속임수이다.

그녀가 이제 자신의 가치를 하나님의 눈으로 알아가기까지 많은 시간이 걸릴 것이다. 하지만 적어도 그녀에게 일어난 중요한 일은, 이제는 교회에 가서 편하게 앉아 있을 수 있는 사람이 되었고 하나님과 함께 자신도 새로워질 수 있다는 소망을 갖게 되었다는 것이다.

B씨

그녀는 집회 동안 계속 힘들어하고 있었다. 매우 단정하고 아름다운 얼굴이었지만 어딘가 화를 내고 있는 것처럼 보였다. 개인 상담 시간이 되었을 때 그녀가 상담실 문을 두드렸다.
"저는 그동안 내적치유세미나에 많이 다녔지만, 아직 제 안에 무엇이 문제인지 전혀 모르겠어요. 그리고 이제는 이런 세미나가 화가 나요. 마치 있지도 않은 문제를 억지로 끌어내려는 것 같아요."
그녀는 말을 할수록 더욱 화를 냈다. 하지만 그녀는 무언가 도움을 구하고 있는 것이었다. 말은 그렇게 하면서도 그녀는 계속 이런 집회를 찾아다니고 있고, 그리고 이곳 상담실까지 어려운 걸음을 한 것이다. 그녀가 원하는 도움이 무엇일까? 나는 물었다.
"나에게 무엇이든지 말해 줄 수 있어요?"
그녀는 내 질문에 갑자기 당황하는 것 같았다.
"글쎄요? 사실은 이곳에 오는 것도 너무 힘들고 싫었어요. 하지만 너무 마음이 답답하고 괴로워서 이대로 이번 세미나를 끝내면 너무 절망스러울 것 같아서 오긴 했지만, 자신이 없어요. 그러나…. 한번 해 보지요."

나는 마음속으로 기도하면서 물었다.

"이번 세미나 동안 무엇을 위해 기도했나요?"

"제 마음의 문제들이지요. 성격적인 거예요. 저는 무엇을 해도 마음이 열리지 않아요. 그것이 문제라고 생각해서 고쳐 보려고 했는데도 오히려 더욱 복잡해지는 것 같아요."

"또 어떤 것을 위해 기도했나요?"

"제가 담임하고 있는 학생이요."

"그의 어떤 부분이 염려가 되나요?"

"그것은 그 아이가⋯."

그녀는 여러 가지 말을 하기 시작했다. 하지만 나는 그 모든 말이 정말 그녀가 말을 해야 하는 것을 숨기기 위한 넋두리임을 느꼈다. 정말 이 사람이 말하고 싶은 것은 무엇일까 하고 기도하면서 듣고 있던 나는 그녀가 정말로 말하고 싶은 것이 무엇인지 잡히기 시작했다. 그리고 결국 그녀는 가장 꺼내기 힘든 사건을 꺼냈다.

그녀는 가까운 친척으로부터 성폭행을 당한 것이었다. 그리고 자신과 같은 처지에 놓일 수도 있는 다른 사람에 대해 괴로워하고 있었다. 그녀의 삶은 날카로운 비판과 비난의 연속이었다. 자기 위의 권위자나 상급자들의 조그만 문제나 실수도 용서할 수 없고 치를 떨며 분노했다. 신앙의 연조가 깊어질수록 그녀의 이런 태도는 더욱 구체화되어 갔다. 점점 사람들이 그녀 곁을 떠나가기 시작했고, 이런 일은 더욱 그녀를 분노하는 사람으로 만들었다.

"당신은 이 문제에 대해서 직접 기도한 적이 있나요?"

"아니요! 생각나면 다만 잊으려고 했을 뿐이에요. 기도한다고 해도 이미 저질러진 일인데 아무 소용이 없다는 생각이 들어서요."

"당신은 지금 바로 이 문제를 주님의 빛 앞에 내놓을 수 있어요. 주님은 새로운 것을 창조하시는 분이세요. 주님만이 하실 수 있는 일을 하실 것입니다."

"어떻게 하실 수 있지요?"

"우리는 모르지만, 분명히 그분은 당신 안에 무언가를 하신다는 거지요. 주님이 해결할 수 없는 문제가 있다면 그것은 주님이 전능하신 분이 아니겠지요. 주님이 전능하신 분이라고 생각하시나요?"

"그건 그렇게 생각해요."

"그렇다면 이 문제에 대해 주님에게 일단 말해 보세요. 그 다음은 그분에게 맡기고요."

우리는 함께 그녀의 가장 어두운 그 문제에 대해서 기도하기 시작했다. 기도하면서 그녀는 항거하지 못한 자신이 얼마나 바보 같았는지, 그리고 그 밤이 얼마나 싫고 무서웠는지를 눈물로 이야기하기 시작했다. 기도 중에 그녀의 변해 가는 얼굴을 보며 주님이 그녀의 어두운 문제를 변화시켜 주시기 시작하는 것을 알았다.

"주님이 나에게 새 옷을 입혀 주셨어요. 그리고 내 손을 잡아 주셨어요. 그리고 그 어두운 곳에서 나와 밝은 곳으로 같이 걸어가 주고 계세요."

그녀가 눈물이 범벅된 얼굴로 말했다.

C씨

그녀는 어릴 적에 자신이 겪은 성적인 문제를 친한 친구에게 상담했다. 상담을 받은 그 친구는 이렇게 말해 주었다.

"잊어버려. 어릴 적에 모르고 한 일이고 이미 지나간 문제잖아. 그리고 생각해 봤자 아무 해결책도 없잖아."

그녀는 잊기로 작정했다. 그리고 잊었다. 그런데 문제는 결혼 생활에서 나타났다. 도저히 남편과 관계를 갖기가 어려웠다. 남편과 성적인 관계를 갖는 시간이 고문을 당하는 것처럼 괴로웠다. 시간이 지나도 좋아지지 않았다. 그녀는 남편과의 잠자리를 최대한 피했다. 마침내 두 사람의 결혼 생활에 문제가 나타나기 시작했다. 남편은 부인이 자신을 거부하는 것에 심한 상처를 받고 있었지만, 그것을 표현하기 어려웠다. 그러던 중 남편은 외지 근무를 신청했고, 결국 결혼한 지 몇 달 만에 그들은 내면적인 별거에 들어갔다. 그러한 상황에서 남편은 다른 여자를 사귀기 시작했고, 그녀는 혼자 남아서 열심히 교회 활동을 하기 시작했다. 교회 활동을 하면서 그녀는 자신에게 문제가 없고 남편이 잘못되었다고 생각하게 되었다. 열심히 교회를 다니면서 그녀도 새로운 사람을 사랑하기 시작했다. 하지만 그녀는 크리스천인 자신이 이혼 한다는 것에 대해 도저히 용납할 수가 없었다.

그러나 문제를 어떻게 풀어야 할지 알 수가 없었다. 세미나에 참석했을 때 그녀는 이유 없이 화가 나기 시작했다. 회개하고 싶었다. 하지만 기도는 전혀 되지 않고 더욱 화가 날 뿐이었다. 그녀는 유부녀로서 다른 남자를 사랑한 것에 대해 회개했다. 하지만 여전히 답답했다. 하나님이 자신을 용서해 주시지 않고 있다는 생각이 들었다. 그래서 하는 수 없이 상담실의 문을 두드렸고, 자신의 문제를 말하기 시작했다.

"저는 지금 기도해야 할 상황이거든요. 그런데 기도가 안 돼요. 가슴이 답답하고…. 하나님이 저를 용서해 주시지 않는 것 같아요."

"하나님께 용서받고 싶은 죄가 있나요?"

"네, 결혼한 몸으로 다른 남자를 사랑했거든요."

"당신이 정말 용서받고 싶은 것은 그 죄인가요?"

"글쎄요. 왜 그런 질문을…."

"저는 이 문제가 아닌 다른 문제를 해결해야 하지 않을까 하는 생각이 드는데요?"

"사실은…. 세미나에 와서 첫 시간에 기도할 때 전혀 생각지도 않았던 옛날 일이 생각났어요. 이 일이 생각나자마자 온몸이 답답해지고 헝클어지고 어떻게 해야 할지 알 수가 없었어요. 하지만 저는 인정하고 싶지 않더라고요. 왜냐하면, 그 일만은 다시는 생각하고 싶지 않았거든요. 나는 남편과 내 문제를 풀려고 왔는데 이렇게 엉뚱한 생각이 나니까 기도도 안 되고, 그래서 세미나를 나가려고 했어요. 그런데 이렇게 상담실까지 오게 되었네요."

"주님이 지적하신 것은 이 일이 남편과의 문제를 푸는 데 관련이 있기 때문일 것입니다. 무엇인지 말해 주실 수 있겠습니까?"

그녀는 힘들게 말을 꺼냈다. 그녀의 사건은 아주 어린 아이였을 때에 동네 아이들과 성적인 장난을 한 것이었다. 그러나 내가 그녀와 기도하려고 했을 때 기도가 계속 진행되지 않았다. 우리는 한참 후에 그 이유를 알 수 있었다. 그것은 그녀 자신이 그 일을 좋아했다는 사실이었다.

"저는…… 제가 그렇게 하자고 했어요. 그냥 장난이라고 생각하고…… 엉엉…… 저 자신이 너무 수치스러워요."

이것이 기도를 막는 원인이었다. 그녀는 자신을 용서하지 못하고 있었다.

"우리가 우리 죄를 인정하고 자백하면 그분이 용서하시고 깨끗하게 하신다고 했어요. 당신이 당신 스스로 음란한 죄를 지은 것을 인정하시지요?"

"네, 인정해요."

그녀는 주님께 용서를 구하고 그녀 자신도 자신을 용서했다. 후에 그녀의 가정이 회복되었다는 좋은 소식을 들을 수 있었다.

성적인 상처를 가지고 있을 때 나타나는 결과

성폭행을 당한 피해자는 성에 대해 두 가지 상반된 감정을 갖게 된다. 한 가지는, 성을 아주 더럽다고 생각하고 그렇게 된 자신을 더럽다고 생각한다. 그러면서 동시에 음성적인 방법으로 성을 추구하고 탐닉하기도 한다.

성경에 기록된 대로 성적인 접촉은 상대방의 몸 안에 죄를 짓는 결과가 되어 피해자의 마음 안에도 성에 대한 음란한 집착이 생기게 하는 결과를 만든다. 그래서 성에 대한 지속적인 상상과 습관적인 자위행위를 떨치지 못한다. 이런 습관은 결국 자신을 성적으로 음란하고 더러운 사람이라는 자아상을 갖게 하며 이로 말미암아 성적인 죄를 더 쉽게 짓는 악순환에 빠뜨린다. 마지막은 죄책감과 죽음이다.

어떤 자는 성적인 피해를 당했을 때 강박적으로 자신을 깨끗이 하는 사람이 되기도 한다. 집안이 조금이라도 흐트러져 있으면 안 되고, 옷에 먼지가 한 터럭이라도 묻으면 견딜 수 없다. 그러다 보니 대인관계와 자신의 삶이 피곤할 수밖에 없다.

성폭행에 대한 고통은 혼자서 해결하기 어렵다. 치유적인 상담이 가장 필요한 부분이다. 피해자들이 성폭행 상담을 하지 않으려는 이유는 수치심과 이미 저질러진 일인데 하나님이라도 무엇을 어떻게 하실 수 있겠느냐는 생각 때문이다.

하지만 하나님은 우리의 어떤 문제라도 해결하실 수 있는 분이다. 우리의 상상을 초월하여 하나님은 당신 자녀들의 문제를 해결하시고 치유하신다. 성은 인간의 생명이 잉태되는 곳이다. 생명이 잉태되는 가장 귀중한 부분이기에 사탄은 이 부분을 가장 추하게 더럽히려고 한다. 생명이 잉태되는 곳이기에 영향력이 크며, 그러기에 피해를 봤을 때 파괴적인 영향 또한 치명적이다. 따라서 우리가 성적인 문제를 덮어 두면 그 문제는 활화산처럼 계속해서 분출되어 현재 삶의 여러 부분에 취약한 부분을 만들어 낸다. 이곳은 사탄이 숨어들 수 있는 곳이 되며 사탄은 그곳을 거점으로 계속 그 사람의 마음을 노예로 만들어 괴롭힌다.

하지만 성령의 역사는 노예된 마음에 붙은 죄의 딱지를 떼시고 그 흔적을 십자가 보혈의 능력으로 씻으시고 기쁨의 화관을 씌우시며 거룩한 신부로 만드신다. 예수님은 인간성이 파괴되는 수치심의 고통을 겪은 분이다.

그러므로 성적 피해자들의 친구가 되며 일으키실 수 있다. 예수 그리스도의 배에서 치유의 생명수가 지금도 흘러 내리고 있다. 당신의 발이 이 생명수 안으로 들어 오기를 바란다.

치유의 강물을 흐르게 하시는 성령께서 이 글을 읽고 있는 당신 곁에 지금 함께 계신다.

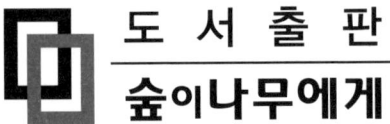

도서출판 숲이나무에게

내적치유의 이론과 실제

내 마음 속에
울고 있는 내가 있어요

1997년 12월 15일 초판 발행
2014년 12월 1일 93쇄 발행
2015년 7월 1일 개정증보판 1쇄 발행
2024년 10월 1일 개정증보판 23쇄 발행

지은이 / 주서택 김선화
펴낸이 / 김선화
펴낸곳 / 숲이나무에게

주소 / 충북 청주시 서원구 내수동로 137
전화 / (043) 272-1761 팩스 / (043) 263-5833
홈페이지 / www.innerhealing.or.kr

등록 / 제 572-2015-000014호
등록년월일 / 2015. 3. 27

잘못 만들어진 책은 바꿔 드립니다.   값 15,000원
본서의 판권은 숲이나무에게 있습니다. 무단 전재 및 복제를 금합니다.

ISBN 979-11-955405-0-1